浙江理工大学科研启动经费：“互联网企业国际化投资风险管控研究”（21092263-Y）
浙江理工大学专著出版资助：“'数字丝绸之路'下互联网企业国际化投资风险的大数据预警与管控研究”（24096080-Y）
国家社科基金“'数字丝绸之路'下互联网企业国际化投资风险的大数据预警与管控研究”（18BGJ013）

江乾坤/著

"数字丝绸之路"下互联网企业国际化投资风险的大数据预警与管控研究

Research on Big Data Early Warning and Risk Management for the Internationalization of Internet Enterprises under the "Digital Silk Road" Initiative

中国财经出版传媒集团

经济科学出版社
Economic Science Press
·北京·

图书在版编目（CIP）数据

"数字丝绸之路"下互联网企业国际化投资风险的大数据预警与管控研究／江乾坤著． -- 北京：经济科学出版社，2024.11． -- ISBN 978 - 7 - 5218 - 6482 - 3

Ⅰ. F279. 244. 4

中国国家版本馆 CIP 数据核字第 20240F94F3 号

责任编辑：杜　鹏　常家凤　武献杰
责任校对：齐　杰
责任印制：邱　天

"数字丝绸之路"下互联网企业国际化投资风险的大数据预警与管控研究
"SHUZI SICHOU ZHILU" XIA HULIANWANG QIYE GUOJIHUA TOUZI FENGXIAN DE
DASHUJU YUJING YU GUANKONG YANJIU

江乾坤／著
经济科学出版社出版、发行　新华书店经销
社址：北京市海淀区阜成路甲 28 号　邮编：100142
编辑部电话：010 - 88191441　发行部电话：010 - 88191522
网址：www. esp. com. cn
电子邮箱：esp_bj@ 163. com
天猫网店：经济科学出版社旗舰店
网址：http：//jjkxcbs. tmall. com
固安华明印业有限公司印装
710 × 1000　16 开　16. 75 印张　300000 字
2024 年 11 月第 1 版　2024 年 11 月第 1 次印刷
ISBN 978 - 7 - 5218 - 6482 - 3　定价：118. 00 元
（图书出现印装问题，本社负责调换。电话：010 - 88191545）
（版权所有　侵权必究　打击盗版　举报热线：010 - 88191661
QQ：2242791300　营销中心电话：010 - 88191537
电子邮箱：dbts@ esp. com. cn）

目　录

第 1 章

绪　　论

1.1　研究背景

世界互联网产业发展理论与实践表明，互联网企业国际化是网络强国建设的必由之路，然而互联网企业国际化投资风险巨大，其关键在于风险预警与管控能力培育。美国是公认的网络强国，其互联网企业国际化程度普遍较高，但亚马逊（Amazon）、谷歌（Google）、易贝（Ebay）、微软网络服务（MSN）、优步（Uber）等在中国市场却纷纷败退。我国互联网企业大而不强，百度、微信（WeChat）等国际化相继受挫、蚂蚁集团并购美国速汇金失败、抖音国际版（TikTok）差点被美国政府强制出售……目前数字经济席卷全球，世界互联网增量潜力最大区域多为"一带一路"共建发展中国家或地区，这些国家或地区人口基数大但互联网渗透率较低，而我国短视频、跨境电商、无线支付、网络游戏、网文、共享出行等互联网产业对此拥有国际比较优势。随着"21世纪的数字丝绸之路"和《"一带一路"数字经济国际合作倡议》的提出，"数字丝绸之路"建设成为"一带一路"倡议的新内涵，抖音国际版电商、虎牙直播（Bigo Live）、米可世界（MICO）、希音（Shein）、蚂蚁集团、腾讯游戏、滴滴出行等互联网新势力正掀起新一轮国际化投资浪潮，但印度封禁中国互联网企业应用程序（App）、印度尼西亚政府发布"社交电商分业经营"禁令而导致抖音国际版电商被迫下线等事件显示，"数字丝绸之路"投资同样风险巨大，如何应对错综复杂的全球投资环境以避免重蹈覆辙？如何利用大数据等新技术进行国际化投资风险预警并提升风险管控能力？这些问题成为我国互联网企业"走出去"和"走进去"必须解决的重大问题。

1.1.1 经济全球化进入3.0时代，全球数字经济持续强劲发展

当前，世界进入经济全球化3.0时代（金碚，2016），国际竞争的本质是"善治"，最重要的是成为充满创新活力国度。虽频频遭受美国等的"脱钩""逆全球化"等冲击，但各国在客观上向着"利益共同体"的方向演变。中国企业全球化迄今经历了四个阶段：萌芽阶段、探索阶段、加速阶段和突破阶段，2020年至今处于升级阶段（见图1-1）。

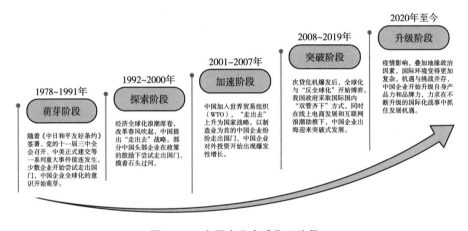

图1-1　中国企业全球化五阶段
资料来源：《中国出海企业现状洞察报告（2023）》。

数字经济时代已经来临，国家数字竞争力格局显现。数字经济的架构包括：底座是IT与电信，互联网平台、电子商务、数字解决方案与数据内容是主要形态，全球经济数据化是趋势。中国信通院发布《全球数字经济白皮书（2022年）》显示，中国、美国、欧盟分别占据市场、技术、规则优势，全球数字经济体三极格局基本形成。其中，中国数字经济实现跨越式发展，数字经济规模仅次于美国，拥有全球最大的数字市场，数据资源领先全球，数字产业创新活跃。美国数字经济规模稳居全球第一，在数字企业全球竞争力、数字技术研发实力上遥遥领先。欧盟成为全球数字经济"第三极"，凭借其在数字治理上的领先，确立了与中美两强优势互补、不可或缺的第三极地位。

2021 年美国数字经济规模继续领先全球（153 181 亿美元），中国紧跟其后（70 576 亿美元），德国位居第三（28 767 亿美元）。

数字经济正在冲击全球投资模式，而投资对数字化发展也具有重要的反向作用（古特雷斯，2017）。自 2016 年二十国集团（G20）杭州峰会通过《G20 数字经济发展与合作倡议》以来，数字经济已被视为关键的全球经济增长动力，G20 峰会连续多年将它列为核心议题之一。2021 年 8 月 5 日，意大利 G20 数字部长会议将数字化促进韧性、强劲、可持续和包容性复苏列为会议主题。2022 年 11 月 15 日，中国政府在印度尼西亚巴厘岛 G20 峰会提出数字转型的三点主张：坚持多边主义，加强国际合作；坚持发展优先，弥合数字鸿沟；坚持创新驱动，助力疫后复苏。

1.1.2 "一带一路"倡议引领国际投资，"数字丝绸之路"建设成为新亮点

随着"一带一路"倡议稳步推进，中国"朋友圈"越来越大，合作伙伴越来越多，项目质量越来越高，发展前景越来越好。根据国家发展改革委官方数据截至 2022 年底，我国已累计与 150 个国家、30 多个国际组织签署 200 余份共建"一带一路"合作文件，形成 3 000 多个合作项目，投资规模近 1 万亿美元。共建国家与中国贸易额累计 12 万亿美元，双向投资累计超过 2 700 亿美元（含中国直接投资 1 640 亿美元）。

据中信证券研究部测算，"一带一路"共建国家和地区（含中国）人口总计 46 亿，占全球人口比例超 60%；经济总量占全球比例 30% 左右，约为 21 万亿美元。2021 年，全球互联网用户渗透率约为 60%，接近流量瓶颈，但存在区域性差异。"一带一路"共建发展中国家多为互联网增量空间较大国家，尤其印度、印度尼西亚、孟加拉国、巴基斯坦人口基数庞大，互联网渗透率分别仅有 28.3%、28.5%、14.8%、31.9%，低于 62.5% 全球互联网渗透率（2021 年底），与我国的 76.4%（2023 年 6 月）相比差距明显，其互联网用户增量空间巨大，互联网产业拥有巨大的发展潜力。

"数字丝绸之路"成为数字时代推动人类共同发展的全球化新方案。2015 年 12 月，习近平主席在第二届世界互联网大会上提出要推进全球互联

网治理体系变革与共同构建网络空间命运共同体。① 2017 年第四届世界互联网大会上，中国、沙特等国发起《"一带一路"数字经济国际合作倡议》。2017 年 5 月，首届"一带一路"国际合作高峰论坛提出"数字丝绸之路"理念，旨在提高"一带一路"共建国家和地区的数字互联互通水平，助推参与国的数字经济发展水平。目前，137 个国家已开展或计划开展数字丝绸之路相关项目；17 个国家已与中国正式签署数字丝绸之路谅解备忘录，与 23 个国家建立"丝路电商"双边合作机制，与周边国家累计建设 34 条跨境陆缆和多条国际海缆，中国与"一带一路"共建国家和地区的数字经济合作正在不断深化。②

1.1.3 互联网行业"出海"已成趋势，中国互联网企业国际化投资渐具竞争优势

互联网行业"出海"已成必然趋势。中国互联网巨头之所以强势，本质是享受到了国内巨大的人口红利。而在存量竞争的大背景下，国内人口红利见顶、内需供给增长变缓、智能手机销量下滑，国内互联网各领域增速在逐渐回落，互联网公司必须拓展新的市场和"走出去"。根据中国互联网络信息中心（CNNIC）第 52 次《中国互联网络发展状况统计报告》数据，截至 2023 年 6 月，中国拥有超过 10.79 亿网民，规模全球居首，互联网普及率达 76.4%，但国内仅 14 亿人，而国外有 60 亿人，按六成算，国外有近 40 亿互联网用户。中国互联网企业"出海"不仅能与国内同行错位竞争，还有机会获得更大的发展空间！

中国互联网企业国际化投资能力日渐增强。2012 年，以猎豹、360 为代表的工具类互联网企业开始尝试海外探索；2014 年，杀毒、清理内存、省电等现象级工具产品爆发；2015 年，电商、直播、短视频、信息流企业也纷纷开启"出海"之路；2017 年，则是游戏、电商、金融等的"出海"大年……2021 年，国内"反垄断""互联互通""未成年人防沉迷"等一系列监管政策成为悬在互联网巨头之上的"达摩克利斯之剑"。"圈地扩张"成为过去式，

---

① 金歆、刘军国. 共同推动构建网络空间命运共同体迈向新阶段 [N]. 人民日报, 2024 – 11 – 20.
② 贾平凡. "数字丝路"造福全球 [N]. 人民日报（海外版）, 2023 – 02 – 13.

"低调生存"成为最重要的关键绩效指标（KPI）。面对大变局，中国互联网出海行业快速升温，"必须走出去"几乎成为所有人的共识。互联网巨头们不约而同地释放明确的"全球化"信号，摆出坚决"出海"的姿态。阿里巴巴成立"海外数字商业"板块，派出核心人物蒋凡掌管全球速卖通、来赞达（Lazada）、时尚网（Trendyol）、达来赞（Daraz）等海外子公司。腾讯游戏成立海外游戏发行品牌水平无限（Level Infinite），将办公室设在了荷兰的阿姆斯特丹和新加坡，宣布其业务团队服务范围覆盖全球。字节跳动、快手、小米、滴滴、美团、爱奇艺等也纷纷加快全球化的步伐。

中国互联网已经走在了全球互联网行业发展前列。从最早的工具应用猎豹移动、茄子快传等，到如今的字节跳动、希音、赤子城、欢聚集团等，中国互联网巨头们和已经出海多年的玩家，正在游戏、网文、跨境电商、短视频和社交等各个赛道以惊人的速度证明着中国企业出海成功的可能性。从早期的"复制到中国（Copy to China）"，到如今的"从中国复制（Copy from China）"，走出去，走进日韩、欧美等发达地区，印证着中国文化的自信与中国互联网行业的非凡创造力。2021 年是中国出海互联网企业名副其实的"丰收之年"，他们终于从东南亚、印度等"五环外"，杀入了引领全球潮流与审美的核心地带——欧美、日韩等发达市场。2022 年，中国"新出海四小龙"即希音、抖音国际版、乒乓智能（PingPong）和菜鸟，已经在时尚快消、移动应用、跨境支付以及跨境物流逐渐拥有了世界范围的影响力。希音登顶2022 年全球电商 App 下载榜单第一名，安装量为 2.29 亿次；抖音国际版蝉联 2022 年全球移动应用下载量榜首，业已突破 20 亿次的下载量；乒乓智能的交易规模超过五千亿人民币，日交易峰值高达 5 亿美元以上；菜鸟在 2022年四季度的日均服务跨境包裹量超 500 万件，已跻身世界一流物流企业梯队。此外，Bigo Live 和 MICO 也长期霸榜多个国家和地区总收入榜或社交应用畅销榜。这些成长和突破，无疑会带给后来者更多的信心。

1.1.4　疫情和地缘政治博弈重塑全球化进程，互联网企业国际化投资面临新格局

2020 年初暴发的新冠疫情对全球政治、经济格局变化影响深重。全球疫情

不仅引发地缘政治风险普遍上升，地区局势不确定性增加，进一步重塑了全球化进程，而且也加速了科技创新，尤其是互联网技术的进一步渗透，改变了人们的工作、生活和医疗等行为模式。新冠疫情期间，保持社交距离的措施推动了视频会议、虚拟课堂、网络购物及订餐、数字支付和远程医疗等技术前所未有的大规模使用。此外，由于新冠疫情导致经济衰退，部分国家出于保护本国企业的目的，加速收紧外商投资审查制度，部分国家以"国家安全"为由，出台行政令或法令，针对外国企业在本国的经营与投资活动予以管制。

当前，中国互联网企业国际化虽然"硕果累累"，却并非"风调雨顺"。事实上，不少中国互联网企业都在艰难承压。首先是来自海外政府的压力。2020年，特朗普政府签署针对抖音国际版、微信国际版等应用在美国境内禁止下载和使用的禁令。印度政府也大规模打压来自中国的应用，封杀了抖音国际版、微信国际版、快手（Kwai）、茄子快传等中国应用，打击了中国"出海"企业们"走出去"的信心。尽管2021年6月，拜登撤销了对抖音国际版的禁令，但"对外国软件进行更为广泛的安全审查"的新行政令迅速出台。中国互联网公司的崛起对美国的全球互联网霸权形成了挑战，美国会一直保持警惕。其次，压力还来自海外生态的把控者——脸书（Facebook）母公司元宇宙（Meta）、谷歌、亚马逊等大平台。2017年以来，猎豹、触宝、汉迪移动等企业接连经历了谷歌等平台的制裁，此后，这些工具企业在海外市场的生存情况变得极为艰难，时至今日仍没有太大好转。谷歌商店（Google Play）和苹果商店（App Store）在2021年上半年下架的App超过80万个，工具产品为主。元宇宙和亚马逊的审查、封号也给出海企业带来了不小的麻烦。尤其是跨境电商，成为2021年平台监管的重灾区。2021年，我国跨境电商相关企业已超过60万家。"封店事件"让整个行业不得不艰难刹车，损失超千亿元。其中，有棵树、泽宝等多家规模较大的跨境品牌损失惨重，但安克创新、中东社交市场的赤子城科技等逆势发展的例子显示，面对外界的各种变化和侵袭，真正的防守只有"做好自己"。

2022年2月24日，俄乌冲突爆发，脸书、推特等社交媒体平台、视频网站油管（YouTube）以及流媒体提供商罗卡（ROKU）、奈飞已采用禁言、限制访问、封号等方式切断俄罗斯官方账号传播渠道；消费电子巨头苹果、爱立信、戴尔、微软、惠普暂停了对俄罗斯的出口和产品销售；云计算巨头甲骨文（Oracle）、思爱普（SAP）已暂停在俄罗斯的业务与产品和服务的销售。随后，以美国为首的多家外国互联网服务商对俄罗斯展开制裁，实施"断网行动"。可见，激化的地缘政治事件中，"科技无国界"更像是一个天真的童话，没有国际法依据的单边制裁也反映出以垄断为本质的美国商业互联网正加速对全球互联网世界的割裂。

1.1.5 "数字丝绸之路"投资风险显现，大数据风险预警与管控提供新思路

中国互联网企业出海，是一条"机遇与风险"并存的艰难之路，参与"数字丝绸之路"建设依然风险巨大。出海是一套系统的工程，是一场持久的客场作战，跨地区政策、文化、经济水平、宗教等差异，注定了中国互联网出海不能是简单的复制粘贴。

宏观上，世界投资环境复杂多变，欧美民粹主义盛行，逆全球化思潮暗流涌动，传统风险与非传统风险交织，如"一带一路"威胁论、印度战略抵制、印度尼西亚社交电商禁令等。同时，数字经济发展也带来了诸多问题，如数字鸿沟、"赢者通吃"等自然垄断、网络空间安全与个人数据保护等。2019 年 7 月《大阪数字经济宣言》发布，建议成立允许跨境自由流动的"数据流通圈"，G20 成员中的印度、印度尼西亚与南非没有在宣言上签字。印度作为推动"数据流通圈"成败的"分水岭"，其互联网未利用者达到 9 亿人，增长空间巨大，将来有可能成为数据大国，故强调本地存储，反对数据跨境流动。在中东，出海企业面临着政策层面的挑战。2021 年，埃及要求社交产品持牌运营，并计划联合阿盟成立媒体监督最高委员会，对来自海外的社交 App 进行整顿，或将无牌照的社交 App 进行封禁。此举是为了维护当地的文化氛围，也是为了更好地把控税收。虽然赤子城已经获得了埃及政府颁发的 001 号社交牌照，但后续无牌照的社交平台可能会面临被封禁的风险。在东南亚，印度尼西亚政府于 2023 年 9 月 26 日出台"社交电商分业经营"禁令，抖音国际版商店被迫下线。

中观上，2018 年 5 月 25 日，欧盟强制执行《通用数据保护条例》（GDPR）；2020 年 7 月 1 日，美国《加州消费者隐私法案》（CCPA）正式实施，两者标

志着互联网行业的数据隐私保护进入严监管时代。2019 年 6 月，美国司法部对互联网四巨头（亚马逊、苹果、谷歌和脸书）反垄断调查；2020 年 10 月，美国众议院推出《数字市场竞争调查报告》，指责上述互联网超级平台滥用市场经济地位，压制竞争；2021 年 2 月 7 日，国务院反垄断委员会发布《关于平台经济领域的反垄断指南》，阿里巴巴与美团因涉及 "二选一" 行为分别被罚 182.28 亿元、34 亿元。① 可见，数据安全与反垄断强监管正日益成为全球互联网企业必须面对的行业共性问题。同时，"一带一路" 共建国家制度迥异，文化差异巨大，营商环境参差不齐，中国互联网企业 "出海" 可能面临 "水土不服" 问题，简单复制国内商业模式显然不行，如何进行本土化创新至关重要。此外，出于市场竞争考虑，脸书、谷歌、亚马逊等海外生态巨头都曾出现过暂停或下架甚至全面封杀中国 App 的情况，包括触宝、小熊博望、猎豹等产品均受到不同程度打压。

微观上，互联网企业全球化投资本身充满风险，例如，易贝、微软网络服务、优步、亚马逊等在中国市场败退、百度与微信等国际化受挫、四维图新并购荷兰 HERE 地图公司被迫撤回、暴风影音因为盲目并购欧洲体育媒体服务公司 MPS 而破产退市、阿里巴巴收购东南亚来赞达后累计注资 74 亿美元仍被虾皮网（Shopee）反超等。《全球投资风险分析报告（2017）》认为，我国对外投资呈现 "一带一路" 区域投资比重增加、由传统行业向信息传输、软件和信息技术服务业等多领域发展的特点，但面临的国际投资环境和投资风险也日趋复杂。

国际化投资风险的传统预警手段主要是企业或专业机构的尽职调查、各类机构发布国家投资风险评估报告等单指标、定性、静态模式，在 "世界是平的" 互联互通时代，这已不能满足风险管控实时决策的需要，互联网企业必须发挥自身优势，借助大数据技术开发多指标、定量、动态模型。那么在大数据下能否构建一个有效、实时的国际化投资风险预警与管控体系呢？大数据下我国互联网企业国际化投资风险管控实现的方式与运行路径如何？这些问题是在 "数字丝绸之路"、网络强国和国家大数据等战略下，我国互联网企业 "走出去" 和 "走进去" 必须解决的重大问题。

① 资料来源：《国家市场监督管理总局行政处罚决定书》（国市监处〔2021〕28 号）。

1.2 研究内容与重点

1.2.1 研究对象

本书以我国互联网企业为研究对象，分析大数据下预测和识别互联网企业在"数字丝绸之路"建设中面临的国际化投资风险的机理和传导路径。采用机器学习等大数据方法，采集宏观、微观政治、经济、社会相关的指标，通过理论研究和实证分析及开发软件，深入系统地解析大数据下互联网企业国际化投资风险相关数据智能采集、智能分析及智能决策的机理和技术方法，建立若干个数据库、系列预警软件模块和实时国际化投资风险预警软件系统，为公司管理层、监管部门及利益相关者提供决策和监督依据。

1.2.2 主要目标

研究大数据下预测和识别我国互联网企业在"数字丝绸之路"建设过程中的国际化投资风险传导机制和路径，构建大数据下国际化投资风险指标自动化采集数据库、风险管控系统，开发互联网企业国际化投资风险预警系统。

（1）剖析大数据下互联网企业国际化投资风险数据挖掘及智能决策的机理，发现互联网企业国际化投资风险相关的新预警指标，创新互联网企业国际化投资风险的传导机制和路径。

（2）剖析互联网企业国际化投资风险大数据治理机制，建立与国际化投资风险相关的公司相关财务风险预警数据库，增强财务信息的决策有用性研究。

（3）建立国际化投资风险管控数据库和相关软件，开发与互联网企业国际化投资风险相关的，具有公信力的，先进、实时的互联网企业国际化投资风险预警智能决策程序和方法。

（4）根据上述理论和方法，仿真模拟互联网企业国际化投资风险形成机制，研发互联网企业国际化投资风险实时预警系统和相关应用软件。

1.2.3 总体框架

本书研究总体框架及具体内容见图 1 – 2。

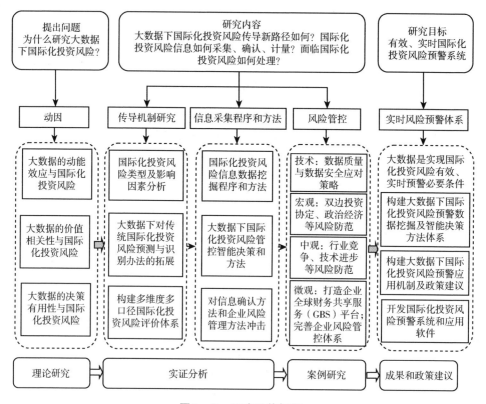

图 1 – 2 研究总体框架

1.2.4 研究重点

1.2.4.1 大数据下预测和识别互联网企业国际化投资风险实时风险预警理论分析框架构建

国际化投资风险预警理论一直缺乏系统的经济理论支持。"数字丝绸之路"背景下，互联网企业国际化投资风险形成的路径纷繁复杂，涉及大国战略之间的博弈，"一带一路"共建国家政治、经济、宗教文化等差异及冲突，互联网行业的竞争性及发展趋势，网络空间安全治理，互联网企业的风险管理能力及用户的使用习惯等。如何对这些企业外部因素进行量化、建立度量指标体系是本书的重点。本书将借助经验研究的方法，在大数据背景下对企业外部因素进行量化、对内部因素进行优化，借助大数据技术构建实时、有效的互联网企业国际化投资风险预警分析框架。

1.2.4.2 大数据下国际化投资风险预警评价指标体系的建立和定量测度

目前主流的国际化投资风险预警研究方法依然采用专家评估定性指标建模，也有学者结合客观数据定量指标的模型，但由于专家评估定性指标存在失真性、滞后反应性和不完全性的特点，客观数据定量指标选择存在片面性和主观性的缺陷。本书运用大数据的思维方式，对从互联网中获取与国际化投资风险相关的全部数据进行深层次挖掘和技术量化分析，获取有效的、反映时事政治经济环境变化的评价指标。合理设计指标体系并定量测度，为实时监测互联网企业国际化投资风险提出政策建议并提供实证基础。

1.2.4.3 预警模型算法的选择和互联网企业国际化投资风险智能决策运行机制及应用软件研发和应用

为了确保模型在大数据环境下运行过程中具有稳定的预警能力，本书采取堆积（Stacking）集成学习的机器学习算法进行测试，研发数据的自动采集和实时生成软件，机器学习和智能决策模型，反网络传播噪声系统，实时风险预警智能决策方法库和相关预警应用软件等也是研究重点。

1.3 思路方法与研究价值

1.3.1 研究思路

本书研究思路为：理论研究—大数据下互联网企业国际化投资风险平台—软件应用，见图 1-3。

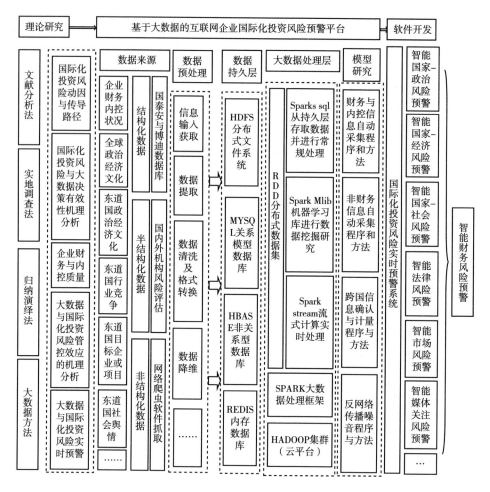

图 1-3   研究思路

1.3.2   研究方法

1.3.2.1   比较研究法

通过收集国内外专业文献，对比分析科索企业风险管理（COSO - ERM，2017）、国际标准化组织风险管理标准（ISO31000，2018）、企业内部控制框架等互联网企业国际化投资风险管理体系，比较分析风险结构法、流程风险分析法、风险演化链、大数据风控等互联网企业国际化投资风险管控方法。

1.3.2.2 案例研究法

通过选取四维图新、茄子科技、蚂蚁集团、滴滴出行、猎豹移动、字节跳动、来赞达等典型案例，结合文献收集、访谈和问卷调查等方法对企业利益相关者包括政府、企业管理者、企业员工、研究学者、中介等机构和群体进行访谈，为预测和识别"数字丝绸之路"下互联网企业国际化投资风险运行路径的设计提供参考。

1.3.2.3 大数据分析法

本书的风险预警大数据来源于中国商务部、美国传统基金会、外国直接投资情报（FDI Intelligence）、迪罗基（Dealogic）、国泰安、清科研究等，互联网企业财务和内控指标数据源自国泰安与博迪数据库，政治风险等指标数据源自美国商业环境风险评估公司（BERI）、国际报告集团、世界银行、国家发展和改革委员会、中国信保、"新华丝路"数据库、社科院世经政所等国内外机构的全球投资风险评估报告，并利用网络软件技术获取股吧评论等网络数据。结构化数据保存在结构化查询语言（mysql）数据库中，非结构化数据保存在海杜普（Hadoop）分布式文件系统（hdfs）及海杜普数据库（hbase）非结构化查询语言（sql）数据库中，实时的流式数据保存在远程字典服务（redis）内存数据库中。数据预处理过程中，对于网络抓取的数据，进行除重、清洗、格式转换、量化等预处理操作。本书的大数据预警模型采用堆积机器学习方法进行风险因子挖掘。

本书的媒体关注大数据，国内数据来源于百度搜索与股吧评论，国外数据来源于全球事件、语言和音调数据库（Global Database of Events，Language and Tone，GDELT）中的事件数据库（Event Database）。该数据库每时每刻监控着 200 多个国家（地区）的超过 100 种语言的新闻媒体（包括全球网络空间、门户网站、印刷媒体、电视广播、网络媒体、网络论坛中的新闻事件），每 15 分钟更新一次，并依托机器学习、语义网络（Word Net）情感词库等自然语言处理技术，对每一篇新闻的事件参与者、事件类型、事件发生地和新闻链接等关键内容进行提取，并计算出每一篇新闻的情感值，集成亿万量级的互联网语料。本书通过多元回归实证分析了东道国媒体情绪大数据与互联网企业海外进入模式、海外子公司绩效的相关性。

1.3.3　研究价值

1.3.3.1　理论价值

（1）结合国际政治与经济、管理学、财务学、传播学、计算机科学等理论，通过大数据构建我国互联网企业在"数字丝绸之路"下进行国际化投资的风险预警数据库、风险管控数据库和相关模型，探讨大数据下预测和识别我国互联网企业国际化投资风险机理、路径等方法体系，进一步丰富和完善企业国际化风险识别模型和国际化风险管控理论、方法及应用研究。

（2）通过大数据下对国际、国内政治、经济动态、行业、企业相关数据自动采集和分析，发现重要预测和识别互联网企业国际化风险的价值指标，通过互联网企业国际化风险管控实时决策机理研究，建立科学有效的国际化投资风险管控模型，进一步丰富了大数据下信息决策有用观和治理观，为互联网企业国际化投资适应新的国际形势提供参考建议。

1.3.3.2　应用价值

（1）帮助互联网企业管理者建立"数字丝绸之路"国际化投资风险识别数据库和风险监控体系，进一步增强了互联网企业信息资源获取能力、管理决策力和风险管理能力，提升互联网企业全球价值链。

（2）有利于投资者、债权人、注册会计师、政府部门等通过对互联网企业国际化投资风险预警模型的使用，进行各种风险决策，提高业务效率和决策的正确率。

1.3.3.3　政策价值

（1）企业方面，有助于监控国际化投资项目进展情况，监控国际化投资动态风险，调整企业国际化投资战略。

（2）行业方面，有利于根据互联网企业国际化投资风险预警指数变动调整产能，适应世界经济、国家经济形势和行业周期变化，制定前瞻性、指导性的产业投资政策。

（3）政府方面，通过数据挖掘和使用我国互联网企业在"数字丝绸之路"国际化投资风险预警指标数据库、风险管控数据库和相关模型，了解动态、全球、实时的互联网企业经济运行数据，及时调整"数字丝绸之路"指导策略，推动政府部门更好地进行互联网企业国际化风险管控改革。

1.4　创　新　点

1.4.1　学术思想创新

本书将 COSO‑ERM 框架、ISO31000 标准、企业内部控制框架等风险管理体系与风险结构分析法、流程风险分析法、风险演化链、大数据风险控制等跨国并购风险分析方法相融合，构建了互联网企业国际化投资大数据风险预警系统，并利用 GDELT 实时数据库实证分析了东道国情感大数据与互联网企业国际化进入模式、海外子公司经营绩效的相关性，补充了现有研究的不足，充分发挥了大数据来源多样化、速度快和体现群体智慧的特点，展示了大数据的国际化风险治理功能和决策有用性。

1.4.2　学术观点创新

本书针对我国互联网企业管控国际化投资风险和实时财务系统相结合的管理需求，研究了互联网企业国际化投资风险来源的四大宏观挑战、两大显性劣势和三大隐性劣势，将其风险类型划分为国家风险、法律风险、市场竞争风险、社会文化风险、并购财务风险、社会责任风险和媒体关注风险，运用 Stacking 集成学习的大数据预警系统提炼出若干财务与非财务预警指标，针对国家风险与互联网企业跨国并购二元边际进行了重点研究，利用 GDELT 实时数据库实证分析了东道国情感大数据与互联网企业国际化进入模式、海外子公司经营绩效的相关性，辅以四维图新、茄子科技、抖音国际版、蚂蚁集团、猎豹移动、滴滴出行、字节跳动、来赞达等典型案例进行佐证，既符合推进"数字丝绸之路"建设需要，又满足互联网企业"走出去"的迫切需求，符合时代特色，具有前瞻性。

1.4.3 学术方法创新

本书依靠大数据技术加强信息搜寻，将案例研究、多元线性回归、二元边际分析、网络搜集、文本分析（含情感分析）、Stacking 集成学习、GDELT 数据库东道国情感大数据分析等先进的研究方法运用于互联网企业国际化投资风险识别、预警与管控，融合了国际政治经济学、传播学、数据科学、机器学习等进行多学科交叉研究，开发了与国际化投资风险相关的各种数据库和智能决策软件，丰富了现有研究成果，提高了复杂社会环境中企业国际化投资风险预警与管控的有效性。

第 2 章

概念解析与文献回顾

2.1 概念解析

2.1.1 "数字丝绸之路"的含义

2.1.1.1 "数字丝绸之路"的提出

2017 年，首届"一带一路"国际合作高峰论坛提出，我们要坚持创新驱动发展，加强在数字经济、人工智能（AI）、纳米技术、量子计算机等前沿领域合作，推动大数据、云计算、智慧城市建设，连接成 21 世纪的"数字丝绸之路"。

从时间轴来看，"数字丝绸之路"从提出到发展，历经"一带一路"建设前期布局（2013～2015 年）、"一带一路"发展搭载数字经济（2015～2017 年）和正式推动共建"数字丝绸之路"（2017 年至今）三个阶段，它既是数字经济背景下持续推进"一带一路"建设高质量发展的关键举措，也是新发展格局下积极践行人类命运共同体理念的一项生动实践（王业斌等，2023）。

2.1.1.2 "数字丝绸之路"的学理内涵

当前，学者们主要从"构词说"和"复合说"两个维度解析"数字丝绸之路"的学理内涵（曾婷等，2023）。"构词说"认为"数字丝绸之路"由"数字＋丝绸之路"两部分构成，其实质为数字经济发展和"一带一路"倡议的结合，是数字经济全球化的产物。"复合说"则将"数字丝绸之路"视为"新路径＋新模式＋新项目"的复合型概念，其既是解决全球和国内发展不平衡的新路径，也是发展中国家科学和谐发展的新模式，还是中国与沿线国家共同参与的国际合作的新项目。由此，"数字丝绸之路"具有开放性、长效性、合作性、前瞻性与深层性等特点（曾婷等，2023）。

2.1.1.3 "数字丝绸之路"的地理分布

《现代物流报》资料显示，截至 2023 年 10 月，全球共有 197 个国家，中国已与 150 多个国家签署了共建"一带一路"合作文件。加入"一带一路"的国家数量占全球国家数量的 77%，国家面积占 197 个国家总面积的 65%，人口数量占全球人口总量的 65%。

基于是否签署"一带一路"合作文件，本书将"数字丝绸之路"的相关国家名单进行整理。其中，七国集团（G7）国家（美国、日本、英国、德国、法国、意大利、加拿大）属于互联网发达市场，除意大利先签后退外，它们未与中国正式签署"一带一路"合作文件，一些国家近年来对中国互联网企业国际化投资行为存在明显的监管歧视，尤其美国的"长臂管辖"行为会对其盟友国家及"数字丝绸之路"国家产生不良的"溢出效应"，故该类市场虽然不属于本书的主要研究对象，但在研究中也需要进行必要阐释；印度属于新兴市场，很多文献将其列为"一带一路"共建国家，但它未与中国签署"一带一路"合作文件，且 2020 年 6 月以来对中国企业 App实行禁令，故本书将其列为"数字丝绸之路"非合作国家，但因其特殊性，书中多处也会对其进行必要分析。在新兴市场中，东南亚与中东（或西亚北非）地区的互联网市场属于两个典型区域，属于本书的重点研究对象。此外，由于国际形势错综复杂，"一带一路"合作文件是否签署涉及政府间的政治决策，而"数字丝绸之路"建设偏向于企业间的商业化决策，故两者之间可能存在交叉关系，例如，澳大利亚与巴西未与中国签署"一带一路"合作文件，但属于"丝路电商"双边合作国家，理论上也属于"数字丝绸之路"建设国家。

2.1.1.4 "数字丝绸之路"的建设内容

"数字丝绸之路"以平等为基础，以开放为特征，以信任为路径，以共享为目标，建设内容包括数字技术创新、数字贸易、数字产业、数字基础设施、数字交通物流、数字科技合作、数字文化旅游等（任保平，2022）。此外，面临百年变局的战略机遇，"数字丝绸之路"建设与全球价值链重塑（地理和科技重塑）、自主科技创新（人工智能、物联网、地球科学等基础科学领域）等密切关联（刘玉书，2023）。

2.1.2 互联网企业的含义

2.1.2.1 互联网企业的定义

互联网企业的定义有广义和狭义之分。广义的互联网企业是指获取收入的方式是通过网络平台创建服务的企业。它可以分为以下三大类。第一类，基础层互联网企业，包括以销售和提供互联网运营的硬件技术为主的企业，如华为、诺基亚、爱立信等；电信网络运营提供商，如中国移动、中国电信等；宽带接入服务提供商，如华数宽带等；云服务供应商，如亚马逊云、微软云、阿里云等。第二类，服务层互联网企业，如微软、国际商业机器公司（IBM）、金山毒霸等。第三类，终端层互联网企业，电商平台如亚马逊、淘宝等；搜索引擎如谷歌、百度等；社交平台如脸书、微信等。狭义的互联网企业是指互联网应用、服务及其相关技术（中国互联网经济白皮书；BCG，2017），相当于终端层互联网企业，即有专属网站并提供相应服务的企业。

2.1.2.2 互联网企业的分类

根据中国互联网络信息中心（CNNIC）2019 年 8 月 30 日发布的第 44次《中国互联网络发展状况统计报告》，我国互联网应用发展分以下 6 类，见表 2 - 1。

表 2 - 1　　　　　　　　　　中国互联网企业的分类

一级类别	二级类别	典型公司
基础应用类应用	即时通信	腾讯、网易、字节跳动、陌陌
	搜索引擎	百度、搜狗、神马
	网络新闻	新浪、搜狐、今日头条

一级类别	二级类别	典型公司
商务交易类应用	网络购物	阿里巴巴（淘宝、天猫）、京东、苏宁易购、拼多多
	网上外卖	美团、口碑网、饿了么
	旅行预定	携程、同程、去哪儿
网络金融类应用	互联网理财	陆金所、宜人贷、拍拍贷；人人投、淘宝众筹
	网络支付	支付宝、微信支付
网络娱乐类应用	网络音乐	腾讯音乐、网易云音乐
	网络文学	阅文集团、起点国际网
	网络游戏	腾讯游戏、网易游戏
	网络视频	爱奇艺、腾讯视频、抖音
	网络直播	欢聚时代（YY）直播、虎牙直播、蘑菇街、淘宝直播、快手
公共服务类应用	网约车	滴滴出行、美团、高德、易到、首汽约车、神州约车
	在线教育	零起点英语（VIPKIDS）、网易云课堂

资料来源：中国互联网络信息中心（2019）。

从国际化（"出海"）角度，我国互联网企业分为 5 大类（宋昱恒，2017）：一是工具类，包括手机优化与管理（如猎豹移动、茄子科技等）、摄影（如美图秀秀等）、其他细分领域（如 UC 浏览器等）；二是内容类，包括新闻资讯（如今日头条等）、社交（如抖音国际版等）、游戏（如腾讯游戏、网易游戏等）；三是第三方支持，如百度、猎豹移动等；四是新兴技术，如支付宝、腾讯支付等；五是新商业模式，如共享单车等。

2.1.3 数据及其跨境流动的含义

所谓数据是指基于特定使用目的形成的以数字信息载体表现出来的信息集合体（莫纪宏，2019）。综合欧盟出台的《通用数据保护条例》（GDPR；2018 年 5 月 25 日）、我国实施的《信息安全技术—个人信息安全规范》（2020 年 1 月 1 日）、国家互联网信息办公室发布的《数据安全管理办法》（2021 年 6 月 10 日）、《儿童个人信息网络保护规定》（2019 年 10 月 1 日）

以及《中华人民共和国网络安全法》（2017 年 6 月 1 日）等，本书将数据类型的范围进行界定，见表 2 - 2。

表 2 - 2　　　　　　　　　　　　数据类型的范围界定

数据范围	具体含义	相关法律
个人信息	以电子或者其他方式记录的能够单独或者与其他信息结合识别特定自然人身份或者反映特定自然人活动情况的各种信息，包括姓名、出生日期、身份证件号码、个人生物识别信息、住址、通信联系方式、通信记录和内容、账号密码、财产信息、征信信息、行踪轨迹、住宿信息、健康生理信息、交易信息等	《信息安全技术个人信息安全规范》
个人敏感信息	一旦泄露、非法提供或滥用可能危害人身和财产安全，极易导致个人名誉、身心健康受到损害或歧视性待遇等的个人信息，包括身份证件号码、个人生物识别信息、银行账号、通信记录和内容、财产信息、征信信息、行踪轨迹、住宿信息、健康生理信息、交易信息、14 周岁以下（含）儿童的个人信息等	《信息安全技术个人信息安全规范》；《儿童个人信息网络保护规定》
重要数据	一旦泄露可能直接影响国家安全、经济安全、社会稳定、公共健康和安全的数据（包括原始数据和衍生数据），如未公开的政府信息，大面积人口、基因健康、地理、矿产资源等。一般不包括企业生产经营和内部管理信息、个人信息等	《数据安全管理办法》第三十八条
关键信息基础设施	国家对公共通信和信息服务、能源、交通、水利、金融、公共服务、电子政务等重要行业和领域，以及其他一旦遭到破坏、丧失功能或者数据泄露，可能严重危害国家安全、国计民生、公共利益的关键信息基础设施，在网络安全等级保护制度的基础上，实行重点保护	《中华人民共和国网络安全法》第三十一条

资料来源：笔者整理。

不过，各个国家或组织对于儿童数据的范围界定存在差异，往往需要单独说明。此外，根据 GDPR，个人对数据保护拥有 7 项权利：知情权、访问权、更正权、可携带权、删除权、反对权、限制处理权。

数字经济时代，数据已成为各个国家和地区的"战略资源"和互联网企业的核心资产。数字时代（*Data Age*）2025 报告显示，2018 年全球数据量分布情况为：中国 23.4%，美国 21.0%，亚太（不包括中国）18.2%，欧洲、中东与非洲 28.8%、其他地区 8.6%，预计 2025 年，上述地区占比分别为 27.8%、17.5%、19.3%、27.6% 和 7.8%。可见，中国在全球数据资产领域将占据越来越重要的位置。

数据跨境流动是指通过各种技术手段实现数据跨越国境的流动。在数字经济时代，数据跨境流动广泛存在。《数据全球化：新时代的全球性流动》报告认为，数据流动对全球经济增长的贡献已经超过传统的跨国贸易和投资，并发挥着越来越独立的作用，数据全球化成为推动全球经济发展的重要力量（麦肯锡全球研究院，2016）。不过，随着数据全球化日趋明显，数据风险正成为互联网国际化的重要阻碍因素。

2.1.4　大数据风险预警的含义

2.1.4.1　大数据的内涵

大数据（Big data）或称巨量资料，是需要新处理模式才能具有更强的决策力、洞察发现力和流程优化能力来适应海量、高增长率和多样化的信息资产（Gartner，2001）。国际商业机器公司认为，大数据具有 5 大特征：大量（volume）、高速（velocity）、多样（variety）、低价值密度（value）、真实性（veracity）。大数据的类型可分为结构化、半结构化与非结构化数据。其中，结构化数据主要通过关系型数据库进行存储和管理，如企业资源规划（ERP）、财务数据等。非结构化数据是没有预定义的数据模型，如文本、图片、图像和音视频信息等。半结构化数据和普通纯文本相比具有一定的结构性，但具有严格理论模型的关系数据库的数据相比更为灵活，如可拓展标记语言（XML）与爪哇对象简谱（JSON）数据。三类大数据中，非结构化数据占企业数据的80%以上。

2.1.4.2　大数据风控

大数据风控即大数据风险控制，是指通过运用大数据构建模型的方法对研究对象进行风险控制和风险提示。传统的风控技术多由各企业组建风控团队，以人工方式进行经验控制。随着互联网技术的不断发展，整个社会大力提速，传统的风控方式已经逐渐不能支撑企业的业务扩展；大数据对多维度、大量数据的智能化处理，批量标准化的执行流程，更能贴合数字经济时代风控业务的发展要求；越来越激烈的行业竞争，也是大数据风控迅猛发展的重要原因。

数字经济背景下，云计算、大数据、人工智能等日渐兴起，应用大数据进行用户画像、行业分析以及风险防控已成为时代发展的主流。大数据风控的核心点在于有效数据的数量和质量，理想状态下，存在超级部门通过统一数据标准构建完整的大数据平台，从而实现"万物互联、数据互联互通"。然而，现实情况却是有效数据散落在各个角落，成为"信息孤岛"，数据整合与数据分享存在障碍。

2.1.4.3 大数据预警

大数据预警全称为大数据风险预警，它属于大数据风控的事前控制。

2.2 文献回顾

2.2.1 国外研究

根据大量文献查阅，国外关于该问题的相关研究可归纳为以下几个方面，见表2-3。

表2-3 国外文献综述

视角	主要观点	代表人物
数字经济、互联网企业国际化投资与"一带一路"倡议	数字经济：数字化生存，网络社会，数字经济战略，数字经济倡议，数字经济影响全球投资模式，数字鸿沟； 互联网企业国际化：摩尔定律、吉尔德定律与迈特卡尔定律，竞争优势，动态竞争、可持续竞争，垄断竞争优势，滥用市场支配地位；注意力资源，网络外部性，马太效应，长尾理论，双边市场效应；网络政治，网络空间安全治理，发展时差理论，构建全球化社区，中美互联网竞争； 数字丝绸之路：政治挑战，剩余回收机制	Tapscott（1998），Negroponte（1995），Castells（2001），Japan（1997），USA（1998），U. K（2017），G20（2016），UNCTAD（2017a，b）；Moore（1965），Gilder（1980s），Metcalfe（1980s）；Porter（1985），Day and Reibstein（1996），Chen（1992），Barney（1991），Garud and Karne（2001），Page and Lopatka（2007）；Goldhaber（1997），Shapiro and Varian（1999），Merton（1968），Anderson（2004），Rochet and Tirole（2004）；Choucri（2000），Waller（2012），大西孝弘（2016），Zuckerberg（2017），Mary Meeker（2017）；Cooley（2016），Chohan（2017）

续表

视角	主要观点	代表人物
国际化投资主体、动因、进入方式及其影响因素	主体：成熟企业（企业规模），天生全球化企业及其成因：特殊企业组织知识、全球利基市场、企业家精神； 动因：垄断优势论，内部化，国际生产折衷理论（OLI），产品生命周期，投资发展周期（发展阶段论），比较优势论，小规模技术理论，技术地方化，技术改变，技术创新产业升级，对外投资不平衡，战略性资产寻求； 进入方式：新建投资、工程承包、合资、跨国并购； 影响因素：企业异质性、东道国市场、资源与制度、交易成本等	Oviatt and McDougall（1994），Preece（1999），Madsen and Servais（1997），Madsen（2000），Zahra and George（2002）； Hennart（1991），Zhao et al.（2004）； Hymer（1960），Buckley and Casson（1976），Dunning（1977），Vemon（1966），Dunning（1981），Kojima（1978），Wells（1983），Lall（1983），Tolentino（1990），Cantwell（1990），Moon and Roehl（2001），Dunning and Lundan（2008）； Dunning（1977），Root（1994），Nakos and Brouthers（2002）； Nocke and Yeaple（2007），Raff et al.（2009），Meyer and Peng（2009）
国际化投资风险的源泉、类别与分析框架	源泉：企业行为（国际化动态模型），交易成本（OLI范式），国际财务管理（CAPM模型），组织行为（群体生态模型），并购（多元化战略），特定风险，大国博弈； 类别：不确定性来源，宏观和微观风险，东道国政治风险，环境变量（东道国风险、地区不熟悉性、需求不确定性、竞争强度），金融风险（汇率风险、利率风险），经营风险； 分析框架：一体化国际风险感知模型，战略性国际风险框架，组织行为（竞争与行为不确定性）	Johanson and Vahlne（1977），Dunnin（1988），Root（1986），Porter（1986），Montgomery and Singh（1984），Lubatkin and Roger（1984），Oviatt and McDougall（1994），Ganitsky（1989），Jolly et al.（1992），Dorsey（2016）； Robock（1971），Ting（1979），Root（1972），Kobrin（1979），Simon（1982），Miller and Snow（1978），Kim and Hwang（1992），Andersen（1995）； Miller（1996），Brouthers（1995），Kulkarni and Subodh（2001）
国际化投资风险识别与测度方法	宏观政治风险：ICRG（国家风险国际指南）、政治制度稳定指数、失衡发展与国家实力模型、国家征收倾向模型、指数评估法（富兰德指数、WPRF模式，清廉指数）； 微观政治风险：维农渐逝协议因素、丁氏渐逝需求模型、产品政治敏锐性测定，财务风险（财务预警系统），金融风险（汇率风险），特定风险（欧洲货币国家风险等级表）、一体化风险（风险感知问卷调查，PEU2）；计算机模拟，机器学习预测国际冲突，大数据与国际关系	PRS（1980），MIGA，Haendel et al.（1975），Johson（1981）、Kunden（1979），BERI，Frost and Sullivan，Transparency International（1995）； Vernon（1971），Ting（1988），Robinson（1988）； Chen and Shimerda（1981），Shim（1992），野田武辉（1998）；Argrwal and Ramaswami（1992），Kim and Hwang（1992）；Euromoney；Miller（1992），Brouthers（1995，1996）；Schelling（1971），Lagazio and Russett（2008），Cukier and Viktor（2013）

视角	主要观点	代表人物
国际化投资风险管控策略	宏观：海外投资保险制度、双边投资保护协定、多边投资担保机构、海外安全治理市场化、投资争端解决机制、加强邻国建设性关系； 微观：竞争情报循环，综合套期保值，ISO31000 标准，COSO - ERM，项目弹性力 + 灵活力	Meron（1976），Doljer（1995），Comeaux and Kinsella（1997），Singer（2012），Bath（2016），Wolf（2016）； Gilad and Herring（1996），MIGA（1988），ISO（2009），COSO - ERM（2017），Irshad et al.（2015）

资料来源：笔者整理。

2.2.1.1　数字经济、互联网国际化投资与"一带一路"倡议

数字经济是指将互联网数字技术应用于货物和服务的生产和贸易，它正成为全球经济中日益重要的一部分（UNCTAD，2017）。现有文献主要探讨数字经济的启蒙与发展前景，日美英等国政府相继制定数字经济发展战略，并形成数字经济全球共识。关于互联网企业竞争问题，学者们探讨了网络三定律、互联网企业的竞争理论、特殊效应与国际化问题，但较少关注"数字丝绸之路"主题。

2.2.1.2　国际化投资的主体、动因、进入方式及其影响因素

现有研究发现，国际化投资主体包括成熟企业与天生全球化企业，尤其后者适用于互联网企业；同时，基于发达国家背景建立跨国公司对外直接投资动因理论，阐释了发展中国家企业国际化动因理论，研究了国际化投资进入方式及其影响因素，但没有针对互联网企业国际化投资进行专门阐述。

2.2.1.3　国际化投资风险的源泉、类别与分析框架

现有研究探讨了企业国际化投资风险的理论源泉、类别，构建了国际化投资风险的理论分析框架，但缺乏对互联网企业国际化投资风险的关注。

2.2.1.4　国际化投资风险识别与测度方法

现有研究分别针对国际化投资中的宏微观政治风险、财务风险、金融风险、特定风险、一体化风险提出了测度方法，尤其尝试运用机器学习、大数据等智能方法，但主要针对一般企业国际化投资的政治风险测度。

2.2.1.5　国际化投资风险管控策略

现有研究从政府宏观与企业微观层面提出了企业国际化投资风险管控策略，但这些策略可能难以适用于数字经济环境下的互联网企业。

2.2.2　国内研究

国内关于该问题的相关研究可归纳为以下几个方面，见表2-4。

表2-4　　　　　　　　　　　　　国内文献综述

视角	主要观点	代表人物
"一带一路"倡议、数字经济与数字丝绸之路	"一带一路"倡议：战略内涵、机遇与挑战、推进路径，中美博弈，战略支点国家、"一带一路"3.0版（技术与模式等输出）、PPP模式、共建国家侨情、共建国家综合发展水平，新型全球化，热点领域（法律机制、对外援助、贸易互补性，产能过剩、出口贸易、亚投行、人民币区域化、核心区、六大经济走廊）；数字经济：发展趋势，国际比较，未来挑战（数字鸿沟、数字安全、法律法规、产业结构、监管机构和税收规则）；数字丝绸之路：建设内涵，结构，核心产业（电子商务、数字经济、智慧城市、科技园区等），eWTP，区块链与人工智能，沿线国家互联网发展不均衡，全球互联互通能力	李建民（2013），剧锦文（2015），薛力（2016），郝琦（2017），王义桅（2016）、叶其明（2017），陈琮渊和黄日涵（2016），胡必亮和潘庆中（2017）、宋文阁等（2017），史志钦（2017）；腾讯研究院（2017），中国信息通信研究院（2017），何枭吟（2013），逄健和朱欣民（2013），钟春平和刘诚（2017），张斌（2016），陈璋等（2017）；张效羽（2017），国家信息中心（2016），诸云强（2015），王亚玲（2017），马云（2016），吴韬（2017），宋文阁等（2017），邱佳慧（2016），吴泽林（2017）
我国互联网企业与"一带一路"倡议	互联网企业：动态竞争，竞争互动，大数据共享能力，滥用市场支配地位，社会责任报告，网络空间全球治理，隐私保护与数据利用效率两难选择；中国互联网特色（大、快、变），路径选择（网络基础设施建设、数字内容产业、网络安全），发展趋势，先行优势（跨境电商、社交平台、商业游戏、O2O商业模式），面临挑战（文化冲突、投资法规制约、本地化不足）	蓝海林（2011），范敏（2016），彭赓等（2010），傅强（2013），尚芹（2014），屈珠丽（2016），檀有志（2013），王义桅（2017），江小涓（2017）；阿里研究院（2017），崔书锋和杨扬（2017），马述忠等（2017），张效羽（2017），郭梦仪（2017），马云（2017），杨继平和白倩（2017），郭全中（2017），刘一鸣（2017）

续表

视角	主要观点	代表人物
我国企业国际化投资概况	主体：成熟企业，天生全球化企业； 动因：赢得优势论，吸收垄断优势论，比较所有权优势理论，经济发展阶段论，复合基础观，双赢理论； 进入方式：新建投资、合资或跨国并购； 影响因素：企业生产率，交易成本，东道国工程建设速度、经济增长率、市场需求不确定性，东道国政策引导，企业异质性优势； 经营模式：国家战略、联合经营、商产融结合、产业园区、工程承包； "一带一路"对外直接投资总体特征	吴晓波（2016），王少晖（2016）；康荣平和柯银斌（2002），霍跃（2010），孙黎等（2009），杨智全（2013），陆亚东和孙金云（2013），王凤彬和杨阳（2010）；田巍和余淼杰（2012）；李善民和李昶（2013），蒋冠宏（2017），王嫣（2017）；王永中和李曦晨（2017）；李坤（2016）、王耀辉和苗绿（2017）；国家发展和改革委员会（2017）
我国企业国际化投资风险类别与影响因素	类别：宏中微观角度，政治风险、经营风险、文化风险、生态风险、竞争风险、财务风险、金融风险（汇率风险、利率风险）、其他风险； 影响因素：市场环境变数（东道国特性与市场因素），环境不确定性（政经、社会与科技），制度风险偏好，"一带一路"威胁论，组织合法性，双边政治关系	许晖（2008，2010），姚凯和张萍（2012）、陈菲琼和钟芳芳（2012），余永定（2017），武常岐（2015）；吴长生（2001），缪敏志（2002），冯润祥和李良松（2017），杨娇辉等（2016），王义桅（2016），程聪等（2017），杨连星等（2016）
我国企业国际化投资风险识别方法与大数据应用	识别方法：宏中微观风险分类测度，全球投资风险报告，国家投资风险报告，对外投资合作国别指南，中国对外投资合作发展报告，国家风险评级，机器学习预测国际冲突； 大数据应用：国际关系中的大数据变革（数据主权），空间信息走廊，大数据决策支持系统，"一带一路"信息化平台，信息可视化管理系统，互联网企业数据挖掘，竞争情报危机预警	许晖（2010），中国出口信用保险公司（2010-2017），中国商务部（历年），中国社科院世经政所（2013-2017），董青岭（2017）；蔡翠红（2014），于施洋等（2017），郭华东和肖涵（2016），阚文生（2017），陈文露（2016），胡伟等（2015），王嵩（2016）
我国企业国际化投资风险管控策略	经济手段（东道国合作、国际风险担保制度、境外投资保险制度、综合套期保值、引入PE），政治手段（签署政府间协议、政府引导、政府救济）； 国家：国家形象塑造与传播，境外投资协调机制，国际金融监管合作，双边投资保护协定（BITs），开发性金融支持； 企业：风险预警系统，内部控制制度，全球财务共享服务中心，境外安全治理市场化	马斌（2015），尹立博和韩立岩（2014），栗亮和张辉（2017），王文（2017），李皓（2018）；刘英（2016），徐奇渊等（2017），贾晋京和刘典（2017），韩冰（2017），刘东民等（2017），殷勇（2017）；刘红霞（2006），赵思瑀（2017），陈立泰（2012），陈虎（2017），赵可金（2015）

资料来源：笔者整理。

（1）"一带一路"倡议、数字经济与数字丝绸之路。现有研究以概况性介绍为主，均认为随着"一带一路"倡议的深入推进，在全球数字经济大发展背景下，"数字丝绸之路"成为新趋势，世界电子贸易平台（eWTP）、智慧城市等成为新热点。周婷婷和王舒婷（2021）证实，"一带一路"倡议具有显著的政策效应；中国上市公司在"一带一路"共建国家的跨国并购绩效在"一带一路"倡议提出后显著提升。

（2）我国互联网企业与"一带一路"倡议。现有研究已对我国互联网企业发展的独特性进行了多角度研究，认为它们在跨境电商、社交平台、商业游戏、线上线下（O2O）商业模式等领域具有先行优势，涌现了百度、阿里巴巴与腾讯（BAT）、小米、滴滴等典型企业，但也面临诸多挑战。

（3）我国企业国际化投资概况。现有研究已对我国企业国际化投资的主体、动因、进入策略、经营模式、"一带一路"对外直接投资（OFDI）总体特征等进行了深入研究，其中互联网企业具备天生全球化企业特性，它们的国际化动因、进入方式、经营模式等更具创新理念。随着中国互联网用户数、用户时长与手机出货量的相继见顶（CNNIC，2019）以及"数字丝绸之路"建设的深入推进，借助跨国并购等方式进行国际化拓展已成为中国互联网企业发展的新路径。

（4）我国企业国际化投资风险类别与影响因素。现有研究围绕我国企业国际化投资的政治风险、经济风险等一般性风险及其影响因素展开，缺乏对互联网企业国际化投资的特殊风险进行挖掘。在欧美国家掀起的"逆全球化"暗流等背景下，数据风险正成为遏制中国互联网企业国际化的新因素。例如，蚂蚁集团因数据安全审查被迫终止并购美国跨境支付公司速汇金（MoneyGram）并赔偿3 000万美元分手费，四维图新等因未获美国外国投资委员会（CFIUS）数据安全审查通过而主动放弃并购欧洲数字地图公司赫兹等。

（5）我国企业国际化投资风险识别方法与大数据应用。现有研究借鉴国外研究中的国家投资风险等级评估模型，再引入中国元素进行本土化开发，大数据方法也开始引入，但主要是理念介绍和初步应用，缺乏对互联网企业国际化投资风险的具体应用。

（6）我国企业国际化投资风险管控策略。现有研究已从经济手段、政治手段，国家、企业等角度提出建议，但对互联网企业国际化风险管控缺乏针对性。

2.2.3　简要评述

（1）国外研究侧重政治风险、财务风险、金融风险等的评估、管理及防范措施分析，并逐渐将机器学习引入政治风险识别研究中，越来越多地借助高深的数学或计算机智能方法手段设计风险识别模型，侧重于技术的开发运用，而较少关注与国际化投资风险相关信息的数据挖掘、信息自动化采集和分析及综合应用。研究多以欧美发达国家为背景，缺乏对"一带一路"共建国家及互联网企业的专门研究，既有理论框架和研究方法并不能完全适应于中国。

（2）我国国际化投资风险的相关研究目前处于模仿国外的状态，主要以政府部门或专业机构发布国家投资风险评估报告为基础进行研究，研究结论很不一致，缺乏一体化的风险识别方法和模型。研究成果集中在概念性的框架设计和国际化投资风险识别的主观、静态分析，实用性具有局限性，没有大数据下的互联网企业国际化投资风险预测路径和识别研究。

（3）本书的价值在于使用大数据技术解决财务风险指标滞后性问题和非财务风险指标选取的片面性问题，将数据挖掘、情感分析、机器学习等先进方法运用到财务风险信息和非财务风险信息的预测与计量中，构建有效的互联网企业国际化投资风险实时预警体系。

第 3 章

"数字丝绸之路" 建设与中国互联网企业国际化投资现状

3.1　"数字丝绸之路"互联网市场发展概况

3.1.1　全球互联网行业及企业发展现状

3.1.1.1　全球互联网行业持续创新发展

互联网行业自发展以来，经历了 PC 互联网时代、移动互联网时代以及正在经历的元宇宙时代。不同时代体现不同特点，从基本社交、信息获取等功能逐步完善，到网速、硬件性能提升，娱乐体验提升，本地化需求提升，场景应用逐渐拓展，再到更为沉浸式交互体验，用户、时长有望打破现有天花板的元宇宙时代，见图 3－1。

图 3－1　互联网行业发展历程

资料来源：华经产业研究院，《2023 年中国互联网行业发展历程及投资战略规划研究报告》。

《世界互联网发展报告 2022》指出："从总体上看，全球互联网仍在曲折中前进、在竞争中发展。"当前世界互联网领域，信息基础设施优化升级，卫星互联网商用部署加快;数字技术发展驶入快车道,人工智能技术应用场景拓宽;数字经济助力全球经济复苏,地区间"数字鸿沟"加大;数字政府建设水平提升,各国差距明显;互联网媒体多元化发展,社交媒体成为舆论主战场;网络安全漏洞频现,网络攻防对抗加剧;网络立法进程加快,数字市场监管日益强化;网络空间国际竞争加剧。

3.1.1.2　全球各国互联网行业发展不均衡

(1) 各国用户规模及渗透率差距明显。2021年全球互联网用户规模达49.01亿,全球互联网渗透率达62.5%(见图3-2)。从全球区域分布来看,欧美互联网渗透率较高,非洲互联网渗透率提升空间较大。截至2022年7月,全球互联网渗透率最高的5个地区为:北欧、西欧、北美、南欧、东欧,其中北欧渗透率达到98%。

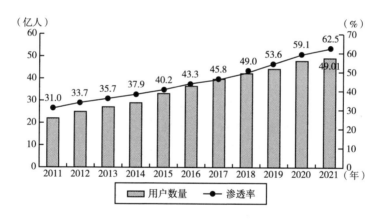

图3-2　2011~2021年全球互联网用户规模及渗透率

资料来源:思迈特(Statista)2022年全球统计数据,华经产业研究院。

(2) 各国互联网发展水平不均衡。《世界互联网发展报告2022》从基础设施、创新能力、产业发展、互联网应用、网络安全和互联网治理六个维度,对五大洲具有代表性的48个国家和地区进行了综合评估(见表3-1),2022年排名前五的国家为:美国、中国、德国、瑞典、荷兰。总体来看,美国和中国的互联网发展水平仍较为领先;韩国、新加坡、日本等亚洲国家的互联网发展指数得分突出;德国、瑞典、荷兰等欧洲国家普遍维持较为强劲的互联网发展实力；拉丁美洲及撒哈拉以南非洲地区的互联网发展实力仍有较大提升空间。

表 3 - 1　　　　　　　　2022 年 48 国互联网发展指数排名

序号	国家	序号	国家	序号	国家	序号	国家	序号	国家	序号	国家
1	美国	9	芬兰	17	澳大利亚	25	马来西亚	33	土耳其	41	哈萨克斯坦
2	中国	10	丹麦	18	西班牙	26	印度	34	智利	42	阿根廷
3	德国	11	新加坡	19	爱沙尼亚	27	俄罗斯	35	乌克兰	43	肯尼亚
4	瑞典	12	瑞士	20	爱尔兰	28	波兰	36	墨西哥	44	伊朗
5	荷兰	13	法国	21	新西兰	29	阿联酋	37	埃及	45	尼日利亚
6	韩国	14	日本	22	意大利	30	沙特	38	南非	46	巴基斯坦
7	英国	15	以色列	23	比利时	31	泰国	39	越南	47	埃塞俄比亚
8	加拿大	16	挪威	24	葡萄牙	32	巴西	40	印度尼西亚	48	古巴

资料来源：《世界互联网发展报告 2022》。

3.1.1.3　全球互联网企业竞争呈现新趋势

在数字经济时代，平台企业呈现出新的竞争热点：用户规模、用户黏性和转换成本（刘洁，2016）。平台企业常见的市场竞争策略包括：非对称定价（Bolt and Tieman，2007）、交叉补贴、差异化产品与服务、高额转移成本、排他性与兼容性（丁宏和梁洪基，2014）。其中，兼容性策略是指平台间共享用户群，是两家及以上平台型企业合作的结果。平台企业之间的竞争结果往往走向并购重组。孙军和高彦彦（2016）证实：在互联网时代，企业之间的竞争形态正在发生着快速的跃迁，平台竞争成为新的制高点；鉴于网络效应大于竞争效应，为了获取更大的平台价值，企业之间的兼并重组将是一个更好的战略选择。

全球互联网企业逐渐进入存量竞争阶段，中信证券研究院发布的《2020全球互联网行业回顾与展望》预计未来的发展趋势如下：

（1）头部企业：中美互联网企业继续领先全球。截至 2019 年 8 月底，以市值排序的全球 Top50 互联网上市企业分布 9 个国家、涉及 18 个领域、总市值超 6 万亿美元。无论是企业数量还是企业营收，中美互联网企业均表现突出。其中，美国和中国企业数量分别为 33 家和 10 家，日本、澳大利亚、加拿大、阿根廷、西班牙、德国和瑞典各 1 家。

（2）成长性：全球互联网产业持续快速发展，预计未来 3～5 年仍将保持近 20% 的增速。从 PC 到移动，全球互联网产业持续快速发展，其未来增长动力预计来自以下几个方面。一是新兴和下沉市场将驱动用户数量持续提升：全球互联网用户已达 49.01 亿人，渗透率 62.5%（2021 年底），美国互联网用户渗透率近八成，但印度、印度尼西亚等地区渗透率仍不足 40%，中国互联网渗透率 74.4%，但下沉市场渗透率不足 50%，仍具有发展空间；二是视频应用驱动全网用户时长提升：全球人均互联网日使用时长达 403 分钟，移动占比超过 50%，视频占比持续提升；三是 5AIoT 技术带来更多数字消费场景：移动互联应用将进一步拓展至更多终端设备和更多场景，如虚拟现实与增强现实（VR/AR）、可穿戴设备、汽车、智能家居等设备，以及视频、直播、游戏、教育、生活服务、企业服务等场景，带来更多增量可能。

（3）产品形态：技术演变从 PC 网络到应用生态，互联网原有产品形态发生巨变。互联网技术已从网际网络（1980）、电子商务（2000）、移动互联（2010）演变到应用生态（2019）。随着移动互联网的深入发展，原有产品形态发生巨变。例如，门户与搜索演变为信息找人，电子商务演变为商务在线化，在线支付演变为移动支付，娱乐社交演变为泛娱乐。

（4）行业格局：互联网科技创新阶段性放缓，头部公司和视频类公司增长较快。当前，移动互联红利逐渐减弱，5AIoT 红利即将到来。在科技创新阶段性放缓的阶段，头部互联网公司凭借庞大的用户基础和流量红利，持续拓展变现领域，视频应用类公司快速成长，其他中小互联网公司相对乏力。互联网巨头凭借更强的研发实力、人才储备与现金流，有机会在更多场景实现突破和提升变现。截至 2023 年 2 月 8 日，全球人口数量 78.98 亿，全球互联网用户约 50 亿，其中社交媒体有超过 45 亿人使用。尽管社交媒体的种类及受众广泛且多样化，但真正掌控着最受欢迎的社交媒体的只有寥寥数家公司。2021 年全球最受欢迎的社交媒体应用排名前 20 名中，美国占据 12 家，中国占据 7 家。此外，生成式预训练变换模型（ChatGPT）成为史上用户增长速度最快的消费级应用程序，是 OpenAI 公司开发的智能聊天机器人。ChatGPT = 聊天机器人 + 搜索工具 + 文本创造工具，正在成为提高办公、学习效率的工具。ChatGPT 于 2022 年 11 月推出，仅两个月后，其月活用户已突破 1 亿，而抖音国际版达到 1 亿用户用了 9 个月，照片墙（Instagram）则花了两年半的时间。

（5）场景扩展：从"Copy to China"到"Copy from China"，5G 有望带来更多应用可能。全球互联网公司主要变现模式包括广告、订阅、佣金抽成等。2019 年，全球数字广告开支 3 356 亿美元（＋14%），游戏市场规模 1 519 亿美元（＋10%），均进入平稳增长期。4G 时代，中国依靠庞大的本土消费市场，在电商、在线支付、短视频、直播等领域快速增长，形成独特的中国模式，并向海外复制扩张。2022 年，抖音国际版全球下载量 6.72 亿次，日活跃用户量也达到了 10.5 亿人次，连续三年蝉联年度 App 热门榜单的冠军宝座，字节跳动旗下视频剪辑应用剪映（CapCut）以 3.57 亿次下载量排名第四。脸书下载量出现了大幅下降，但元宇宙公司旗下的社交应用照片墙、瓦茨普（WhatsApp）均有不错表现，故从整体上来说表现良好。未来，5G、AI、IoT 等技术综合应用，有望驱动更广泛的数字消费场景以及科网巨头的收入扩张。

（6）产业互联网：云化进程加速驱动全面数字化，2B 的产业互联网将为中国科技互联网巨头提供更持久的业绩和估值增长空间。2019 年全球数据量达 41ZB，十年复合年增长率（CAGR）近 50%。互联网数据中心（IDC）预计到 2025 年全球数据量达 175ZB，CAGR 近 30%。云计算、5G 等数字基础设施发展，驱动属全球数字化进程。其中，伴随产业演变，大市值公司从雅虎、易贝、亚马逊等门户网站转变到苹果、微软、亚马逊、谷歌、脸书等数字消费公司；AI 进步催生新的应用生态。

（7）竞争格局：头部效应持续凸显。根据万德和中信证券研究部数据统计，个人电脑时代（1984～2012 年），谷歌、亚马逊、易贝等领先全球，但百度、阿里巴巴和腾讯等中国互联网企业快速崛起；移动时代（2011～2020 年），尽管亚马逊、谷歌等美国互联网公司市值仍然领先，但 BAT 等中国互联网企业已快速拉近距离。从中美互联网行业竞争格局来看，2018～2020 年，亚马逊、谷歌与脸书遥遥领先其他美国互联网公司，阿里巴巴与腾讯也远远领先其他中国互联网公司，两国均持续凸显出头部效应，互联网巨头市值均高速增长。

（8）以社交媒体脸书、微信及 QQ 为代表，互联网用户增长逐步放缓；根据奈飞财报与中信证券研究部数据，从脸书、推特（Twitter）、闪聊（Snap）、百度等来看，互联网用户每用户平均收入（ARPU）值的增长逐步放缓。面对这种放缓趋势，最好的应对策略可能是向国际市场寻求增长，如奈飞。

3.1.2 "数字丝绸之路"互联网市场发展现状

3.1.2.1 "一带一路"共建国家数字经济发展概况

随着共建"一带一路"深入推进、"数字丝绸之路"加速建设，"一带一路"共建地区正在成为全球经济数字化发展最快、最具潜力的地区之一。基于全球数字经济发展指数（TIMG 指数），通过对全球 106 个经济体在 2013～2021 年的数字经济发展程度进行度量，张明等（2023）发现：整体来看，2013 年以来"一带一路"共建地区经济数字化水平显著提升，2017 年之后已超越非"一带一路"共建地区，呈加速发展态势。其中，新加坡、中国、阿联酋的经济数字化程度最高。从发展特征来看，"一带一路"共建地区的经济数字化水平与经济基础具有较强相关性，但区域内国家的经济数字化水平存在显著差距，呈现出动态收敛趋势。从细分维度来看，数字市场扩张和数字基础设施建设成效显著，数字治理水平加快发展，数字技术水平发展相对缓慢。从区域发展来看，"一带一路"共建地区的经济数字化发展各具特色。其中，东亚地区居于区域领先地位，东南亚的经济数字化较为发达，中东欧、西亚北非、独联体和南亚地区的数字经济表现相当，中亚是"一带一路"共建地区整体水平偏弱的区域。

3.1.2.2 "数字丝绸之路"主要互联网市场现状

中国互联网企业诞生以来长期固守自身市场，以其 14 多亿人口的庞大市场培养出本土互联网巨头"BAT"（百度、阿里与腾讯）"TMD"（今日头条、美团与滴滴出行）等。中国与美国已是公认的全球两大互联网强国。然而，美国互联网巨头"FAANG"（脸书、苹果、亚马逊、奈飞、谷歌）或"MAGA"（微软、苹果、谷歌、亚马逊）早已渗透全球互联网市场，而中国互联网企业仍然主要服务国内市场，直到近些年抖音国际版、希音、滴滴出行、蚂蚁科技、茄子科技等中国互联网新势力才开始在海外市场崭露头角。因此，能否布局"一带一路"经济带，成为中国互联网行业能否继续匹敌美国互联网行业的关键。

"一带一路"共建国家多为欧亚大陆上的发展中国家，各区域互联网的发展现状各有优劣及特点（邱佳慧，2016）：独联体国家的俄语互联网市场以俄罗斯为主力，形成了区域范围内的强势；中东欧多数国家的基础设施几近饱和，而多国、多语言的市场环境使其没能在区域内培养出互联网巨头；阿拉伯世界的富裕国家互联网现状堪比欧洲，而贫穷国家却多因时局动乱甚至无法发展互联网基础；东南亚与南亚人口庞大，互联网发展普遍薄弱，多数国家需要外界援助才能发展互联网，印度因其人口基数大，未开发的市场潜力难以估量而成为互联网界的兵家必争之地。

"数字丝绸之路"建设以来，《互联网出海白皮书2022》通过全面洞察，认为以东南亚、拉美、中东、非洲为代表的新兴市场前景无限，其庞大的人口基数、逐渐完善的网络基建、网民日益增长的需求都为"出海"互联网企业提供了广阔的发展空间（见表3-2）。东南亚作为亚太地区经济增长较快的地区，拥有相对完善的产业链基础、相对稳健的经济增长和庞大的人口基数，互联网市场重点关注印度尼西亚、越南、泰国、新加坡、菲律宾、马来西亚等及电商、金融科技、游戏等行业；中东北非是全球第二年轻的区域，同时区域内的海湾国家拥有规模庞大的高收入高消费人群，经济增长相对较好，互联网市场重点关注沙特、阿联酋、土耳其等国及游戏、电商、金融科技等行业；撒哈拉以南非洲是人口年龄最年轻的区域，经济持续增长，互联网市场重点关注南非、尼日利亚、肯尼亚、科特迪瓦、加纳、坦桑尼亚等国及金融科技、电商等行业；拉丁美洲拥有以墨西哥、巴西为代表的人口大国和较快的移动互联网增速，且区域内各国文化差异相对较小，互联网市场重点关注巴西、墨西哥、阿根廷、智利、哥伦比亚、秘鲁等国及金融科技、电商、社交娱乐、游戏等行业；西欧作为成熟的经济发达区域发达市场，拥有较强的消费能力和成熟的互联网产业基础，区域经济发达，消费能力强，互联网市场重点关注瑞士、法国、德国、西班牙、意大利、荷兰等国及电商、游戏、泛娱乐等行业。

表 3 - 2   "数字丝绸之路"主要市场的宏观特征与出海机遇行业

区域	概况	主要推荐行业
东南亚	亚太地区经济增长较快的地区,拥有相对完善的产业链基础、相对稳健的经济增长和庞大的人口基数	电商、金融科技、游戏
中东及北非	全球第二年轻的区域,同时区域内的海湾国家拥有规模庞大的高收入高消费人群,经济增长相对较好	游戏、电商、金融科技、社交娱乐
撒哈拉以南非洲	人口最年轻的区域,同时相对较低的网络渗透率带来了可观的互联网人口增长红利	金融科技、电商
拉丁美洲	拥有以墨西哥、巴西为代表的人口大国和较快的移动互联网增速,且区域内各国文化差异相对较小	金融科技、电商、社交娱乐、游戏
西欧	作为成熟的发达市场,拥有较强的消费能力和成熟的互联网产业基础	电商、游戏

资料来源:《互联网出海白皮书 2022》。

3.1.2.3 "数字丝绸之路"的建设成效

"数字丝绸之路"建设 5 年来,亮点纷呈。截至 2022 年底,中国已与 17 个国家签署"数字丝绸之路"合作谅解备忘录,与 30 个国家签署电子商务合作谅解备忘录(见表 3 - 3),与 18 个国家和地区签署《关于加强数字经济领域投资合作的谅解备忘录》,提出并推动达成《全球数据安全倡议》《"一带一路"数字经济国际合作倡议》《中国—东盟关于建立数字经济合作伙伴关系的倡议》《中阿数据安全合作倡议》《"中国 + 中亚五国"数据安全合作倡议》《金砖国家数字经济伙伴关系框架》等合作倡议,牵头制定《跨境电商标准框架》。中国—东盟信息港、数字化中欧班列、中阿"网上丝绸之路"等重点项目全面推进,"数字丝路地球大数据平台"实现多语言数据共享。国内众多企业积极参与"数字丝绸之路"建设,持续输出优质数字公共产品,数字技术广泛融入"一带一路"经济合作,有力彰显了中国数字经济的实力与魅力(贾少学和崔百胜,2023)。综合来看,"数字丝绸之路"建设成效显著、动能充足,主要体现为数字政策密切沟通,数字设施加速联通,数字贸易更加畅通,数字金融普惠融通,数字文化民心相通(刘玉书,2023)。

表 3 - 3   "数字丝绸之路" 建设合作国家

项目	具体国家
"数字丝绸之路" 建设合作国家 (17 个)	老挝、柬埔寨、缅甸、泰国、越南、捷克、古巴、哈萨克斯坦等
"丝路电商" 双边合作国家 (30 个)	印度尼西亚、菲律宾、老挝、泰国、巴基斯坦、新加坡、白俄罗斯、塞内加尔、乌兹别克斯坦、瓦努阿图、萨摩亚、哥伦比亚、意大利、巴拿马、阿根廷、冰岛、卢旺达、阿联酋、科威特、俄罗斯、哈萨克斯坦、奥地利、匈牙利、爱沙尼亚、柬埔寨、澳大利亚、巴西、越南、新西兰和智利

资料来源：赵玉宏. 缩小"数字鸿沟"，加快"数字丝绸之路"建设［N］. 光明日报，2024 - 01 - 04.

3.1.2.4 "数字丝绸之路" 的建设挑战

由于国际形势错综复杂，"数字丝绸之路"建设也面临诸多挑战。从国际社会认知来看，国家间的技术落差、数据安全与隐私保护、应对竞争性障碍、美国的干扰措施对第三方国家造成的困扰等问题制约"数字丝绸之路"建设（那朝英，2023）。大部分"一带一路"共建国家和地区仍处于数字化转型的起步期，"数字丝绸之路"建设存在如下障碍（张盼盼和杨倩，2022）。第一，我国数字贸易的国际话语权不足；第二，"数字鸿沟"制约发展速度和成果共享；第三，我国企业国际化发展的数字化转型不充分；第四，数字贸易引发数据安全风险；第五，数字化人才不足。对此，曾婷等（2023）总结如下。认知层面，美国、印度、澳大利亚等部分大国对此持有负面态度以及部分合作国存在宗教文化风险；制度层面，政策与法律的对接存在障碍；技术层面，硬件基础设施与网络安全保障较为薄弱；运行层面，不同经济体在"一带一路"共建国家（如越南、乌兹别克斯坦）进行竞争性布局造成数字经济合作的不确定性。

由于个别国家大搞数字霸权主义，引发数字鸿沟等治理赤字，导致"数字丝绸之路"建设环境日趋复杂（贾少学和崔百胜，2023）。其一，公平正义价值失衡。数字资本具有资本增值与不断扩张的固有特性。少数发达国家依靠数字技术推行数字资本的全球扩张，试图抢占先发位置；广大发展中国家大体处于从属与被动地位，停留在数字技术边缘地带，全球分工"中心—边缘"的格局恐进一步固化。"数字丝绸之路"相关国家属于发展中国家，数字基础设施薄弱，数字技术能力不足，数字产品供给匮乏；部分国家还处于"数字隔离"状态，无法保证有效的信息沟通、经验交流与技术分享，成为"数字孤岛"。数字时代呼唤公平正义的数字发展环境。其二，国际治理规则失范。目前国际上尚未建立统一的数字治理规则，数字治理格局呈现分裂化、区域化、碎片化特征。跨国数字流通与交易中存在个人信息泄露、数字平台垄断、网络攻击等各类安全威胁；各国关于数字利益、立场原则与规则的博弈较量日趋激烈。数字治理问题逐渐带有浓厚的政治色彩，数据、算法、算力变为大国政治博弈的工具与竞争筹码。少数发达国家试图通过法律手段、技术优势等为数字贸易立规定矩，打造"小院高墙"。如何在数字时代维护国家主权并利用数字技术助力经济合作，已成为重大议题。

3.2　中国互联网企业国际化投资动因分析

中国互联网企业国际化投资俗称"出海"，即中国以移动互联网、人工智能、共享经济等新技术和新商业模式向海外拓展的行为，其本质是新兴技术产业出口（宋昱恒，2017）。从实务角度来看，中国互联网企业国际化过程既有面向发达国家的"仰攻"，也有针对新兴市场的"俯冲"，兼具 LLL 框架，即资源连接（linkage）、杠杆（leverage）、学习（learning），跳板视角和国际生产折衷理论（OIL 理论）等多种国际化投资理论。

3.2.1　跨国企业国际化投资代表性理论

自 20 世纪 60 年代以来，国内外学者开始研究跨国公司国际化现象，重点关注跨国企业国际化投资的区位选择、决定因素、投资动机等议题。按照研究对象的差异，本书将跨国企业国际化投资动因理论分为发达国家、发展中国家与新兴市场经济体三类（见表 3 - 4）。

表 3 - 4 跨国企业国际化投资代表性理论

主要适用国家	代表性理论与代表学者
发达国家	垄断优势论（Hymer，1960）；产品生命周期理论（Vernon，1966）；内部化理论（Buckley and Casson，1976）；国际生产折衷理论（Dunning，1977，1981，1988）；国家竞争优势理论（Porter，1990）；企业异质性理论（Helpman et al.，2004；Yeaple（2009）；投资新动机（Contractor et al.，2016；Kumar et al.，2019）
发展中国家	小规模技术理论（Wells，1977，1983）；技术地方化理论（Lall，1983）；技术累积理论（Cantwell and Tolentino，1987）；边际产业扩张理论（kiyo shi Kojima，1977）；投资发展周期理论（Dunning，1981）；一体化国际投资发展理论（Ozawa，1992）；对外投资不平衡论（Hwy-Chang and Roehl，2001）
新兴市场经济体	LLL 分析框架理论（Mathews，2006）；跳板理论（Luo and Tung，2007）；投资新动机（Benito，2015；Paul et al.，2018）

资料来源：根据宋跃刚（2017）、丘俭裕（2022）等资料整理。

3.2.1.1 发达国家跨国企业国际化投资动因

传统对外直接投资理论主要基于发达国家跨国公司的实践经验，如垄断优势论（Hymer，1960）、产品生命周期理论（弗农，1966）、内部化理论（巴克利和卡森，1976）等、OLI 理论（邓宁，1977）。其中，OLI 理论框架认为企业 FDI 的动机主要是发挥自身垄断优势向境外拓展、利用产品生命周期向境外转移成熟产品、为了节约交易费用而向境外子公司进行内部化行为等，故寻求境外市场、低价劳动力及其他要素资源是其主要目的（刘文勇，2020）。OIL 理论几乎集西方直接投资理论之大成，但它仍是一种静态、微观的理论。近几年，发达国家跨国公司 FDI 动机正转向寻求全球优势与市场、获取创新源（刘文勇，2020），如谋求本土化竞争优势、挖掘东道国创新源、关注"经济金字塔"中下层客户（Contractor et al.，2016；Kumar et al.，2019）。

对于互联网行业而言，"时间机器"或"时光机"理论是产品生命周期的一种新阐释。该理论是指某些行业先在发达国家开展新业务，待时机成熟后进入该行业相对落后的国家，仿佛坐着时间机器返回若干年前的发达国家（孙正义，2012）。对于互联网产业而言，美国、日本、中国、印度、东南亚等不同国家或区域的 IT 技术发展水平不同，互联网企业可以先到美国、日本等地研发新产品，再伺机进入中国、印度等发展中国家快速复制美国、日本等的成熟的产品经验。该理论先前大多用在中国互联网企业对美国互联网企业的"学习借鉴"，将美国火爆的商业模式拿到中国，做相似的产品，现在也用于中国互联网企业将国内相对成熟的商业模式复制到新兴市场、发展中国家乃至欧美发达市场。

3.2.1.2 发展中国家跨国企业国际化投资动因

1970～2000年，一些发展中国家的跨国企业纷纷在国际化投资领域崭露头角，呈现出与以发达国家跨国企业国际化投资为主的传统理论不一致的"逆向对外直接投资（OFDI）"现象，许多学者开始从技术，如小规模技术（Wells，1977，1983）、技术地方化（Lall，1983）、技术积累（Cantwell and Tolentino，1987）等，边际产业扩张（小岛清，1977），投资发展周期（邓宁，1981，1986），一体化国际投资发展（Ozawa，1992），对外投资不平衡（Hwy-Chang and Roehl，2001）等角度进行阐释。其中，坎特威尔和托伦蒂诺（Cantwell and Tolentino，1987）认为，发展中国家跨国公司进行FDI遵循如下次序：周边国家（种族联系）、其他发展中国家、发达国家投资，即从资源依赖型到技术依赖型投资。基于动态视角，邓宁（Dunning，1981，1986）提出人均国内生产总值（GNP）直接决定一国企业的FDI活动。常公路和勒尔（Hwy-Chang and Roehl，2001）认为，发展中国家跨国企业可以通过FDI在东道国寻找技术等补偿性资产。虽然上述理论阶段性符合发展中国家跨国企业对外投资的实践，但也存在适合解释全球价值链低端投资、适用于FDI初期国家等缺陷。

3.2.1.3 新兴市场经济体跨国企业国际化投资动因

21世纪以来，中国、印度等新兴跨国公司的快速崛起引发了新一轮国际化投资理论创新。传统理论强调新兴市场经济体企业对外直接投资的动因是"规避贸易壁垒与税收负担"或"学习先进技术与管理经验"，但新近研究表明，"谋求合作"与"实现跨越式发展"显得越来越重要（刘文勇，2020）。

（1）LLL框架。马修斯（Mathews，2006）发现，亚太等周边区域的跨国企业挑战者具有加速国际化、组织创新和战略创新等新特征，LLL框架是其国际化拓展的驱动力。其中，连接是指这些新来者与后来者高度重视如何从外部获得优势，故全球导向是其优势的来源；杠杆是指新来者和后来者会不断探索与在位企业或合作伙伴的连接方式，以杠杆化地利用外部资源及其潜力；学习是指重复应用连接和杠杆流程可能会导致公司学会更有效地执行此类操作。总之，优异的网络连接能力帮助新兴跨国企业赢得了初始的竞争优势并为顺利开展跨国经营提供了可能（吴先明，2019）。

（2）跳板视角。罗和董（Luo and Tung，2007）指出，新兴跨国企业以对外投资为跳板（springboard），目的是更有效地获得全球竞争所需要的战略性资产。跳板行为的特点是通过积极收购或购买成熟跨国公司的关键资产以弥补其竞争弱点，通过一系列积极的风险承担措施，克服其国际化投资过程中的后发劣势（吴先明，2019）。按照该理论，新兴市场企业利用跨国并购等方式快速国际化，是为了克服由于母国制度和市场条件所导致的自身资源基础的不足。

（3）新动机理论。许多新兴市场国家将激烈的国际竞争看作难得的发展机遇，以融入全球价值链等方式作为"跳板"来获取发达国家的部分战略性优势资源（Benito，2015），由学习先进经验与技术转为追求实现跨越式发展（Paul et al.，2018）。

3.2.2　中国互联网企业国际化投资动因

当前，中国互联网企业"出海"正迎来总结经验、持续发力的"中场时刻"。2022 年 5 月，华为云联合易观分析发布《互联网企业出海白皮书 2022》，指出中国互联网出海发展驱动因素为国内推动力叠加全球吸引力。

3.2.2.1　国内背景：增长触顶、经验丰富、政策支持

核心产业增速触顶。中国互联网产业已经进入相对成熟的发展阶段。2021 年、2022 年，我国互联网渗透率分别高达 73.0%、75.6%，同比提升均仅 2.6 个百分点；电商、互联网广告和移动游戏等核心互联网产业规模增速已持续多年放缓，2021 年均位于 10% 左右。拓展海外市场以寻找更加新的增长机会，已经成为中国互联网产业的重要共识。

互联网业务经验丰富。中国拥有全球领先的互联网产业发展经验，例如，相比全球，中国电商产业规模排名第一，且是排名第二的美国的两倍以上。庞大的产业规模培育了大量全球领先的互联网企业，拥有丰富业务运营、产业协作和用户服务等经验。中国互联网企业"出海"能够使自身业务经验进一步变现，也意味着其在海外市场拥有经验方面的竞争优势。

国家支持企业"出海"。国家始终关注并支持企业发展海外业务，并从上到下为企业提供多维度的支持和帮助。国家部委及北上广等地方政府均出台了多项扶持政策，或提供诸多帮扶机制，为中国互联网企业的"出海"业务和发展提供了全方位的支持。例如，《国务院办公厅关于对推进对外贸易创新发展的实施意见》指出，要充分运用第五代移动通信网络（5G）、虚拟现实与增强现实（VR/AR）、大数据等现代方式开拓国际市场，培育新形势下的竞争优势；《国务院办公厅关于加快发展外贸新业态新模式的意见》则指出，要培育一批优秀海外仓企业，鼓励传统外贸企业、跨境电商和物流企业参与海外仓建设，提高海外仓数字化、智能化水平。

3.2.2.2 全球机遇：新兴市场红利大，拉美金融、中东游戏、东南亚电商等正在加速爆发

相比较为成熟的国内市场，海外无论是新兴市场还是发达市场均存在诸多宏观红利及增速较快的行业机遇，尤其"数字丝绸之路"的电商、游戏、金融科技、社交娱乐等行业。总之，全球市场的发展红利和行业机遇，不断吸引着中国互联网企业"走出去""走进去"。

3.2.2.3 理论分析

当前，我国互联网企业实施国际化因其市场选择不同而呈现不同的动因。选择美欧日韩等发达市场的互联网企业适用于 LLL 框架、跳板视角等国际化动因，选择"数字丝绸之路"新兴市场的互联网企业则适用于 OIL 理论及"时间机器"或"时光机"理论。

3.3 中国互联网企业发展概况

3.3.1 发展概况

自 1998 年以来，随着中国网民数量的快速增至全球第一，中国互联网企业也如雨后春笋般茁壮成长直至走向全球（见图 3-3）。根据中国互联网络

信息中心发布的第52次《中国互联网络发展状况统计报告》，截至2023年6月，我国网民规模为10.79亿人，互联网普及率达76.4%。十亿用户接入互联网，形成了全球最为庞大、生机勃勃的数字社会。

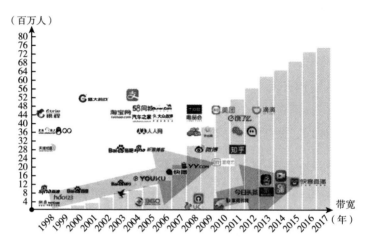

图3－3　中国互联网20年周期表

根据中国互联网络信息中心发布的第52次《中国互联网络发展状况统计报告》，截至2023年6月，我国各类互联网应用持续发展，多类应用用户规模获得一定程度的增长。一是即时通信、网络视频和短视频的用户规模仍稳居前三，分别达10.47亿人、10.44亿人和10.26亿人，用户使用率分别为97.1%、96.8%和95.2%。二是网约车、在线旅行预订和网络文学等用户规模实现较快增长，较2022年12月分别增长3 492万人、3 091万人和3 592万人，增长率分别为8.0%、7.3%和7.3%。

3.3.2　三个阶段

中国互联网产业在经历了"复制到中国"（copy to China）、"从中国复制"（copy from China）时代之后，如今来到"天生全球化"（born to be global）阶段（张一鸣，2017），其主要原因如下：一是中国庞大的用户基数助力消费科技企业腾飞；二是资本重心正在发生转移，中国大量新兴的风险投资（VC）、私募股权投资（PE）为中国创业者提供了更多资金支持及创新机会；三是中国成功的商业模式可以复制全球；四是中国年青一代崛起为创新主力。

3.4 中国互联网企业国际化投资的路径、特点

3.4.1 两种路径

根据国际化投资区位来看，中国互联网企业"出海"姿势可分为"仰攻"与"俯冲"，前者是指主攻欧美市场，例如抖音国际版、希音、拼多多国际版、猎豹移动等；后者是指瞄准新兴市场，如速卖通（阿里巴巴国际站）、蚂蚁科技、滴滴出行、茄子科技等。其中，也有部分中国互联网企业全球市场通吃，如阿里巴巴、腾讯、字节跳动等。当然，两者之间本质上没有对错，只有适合与否。"仰攻"前期其实就是"摆地摊"，以价格优势吸引买家，近年来部分公司开始出现品牌效应，拥有附加值；"俯冲"的优势则在于由经验带来的可预知性：新兴市场正在发生的事情或即将发生的事情在中国市场内都已经发生过了，但切忌傲慢与偏见，勿固守"时光机"理论，重视本地化特色与当地竞争对手。从"数字丝绸之路"建设来看，中国互联网企业"出海"路径是以"俯冲"为主，"仰攻"为辅。

3.4.2 六大特点

综合来看，中国互联网企业国际化投资内容及方式显现出以下六大特点（华兴资本，2020）。

一是科技金融成为重点方向。腾讯是投资海外标的最为活跃的巨头之一，在市场大环境相对下滑的情况下实现逆向增长，阿里巴巴则位列第二。金融、科技领域成为腾讯、阿里巴巴两大巨头的核心重点关注领域。在其他领域，巨头业务的布局更贴近自身业务的内容特点，核心逻辑为希望通过外延投资并购，强化自身业务协同性，实现海外拓展，其中腾讯更加关注文娱领域，阿里巴巴更加关注物流等领域。

二是科技领域成为海外投资的热点。国内产业结构近年来开始转型，AI、云计算、大数据快速发展，头部公司建立起了一定高度的产品和技术壁垒。

伴随近年来国内出现爆发式投资热潮，技术类企业面临的市场竞争越来越激烈，海外市场则相应出现了新的增长空间。在科技领域的细分板块，企业服务仍是巨头共同关注的热点，阿里巴巴、腾讯均结合自己的业务拓展了不同领域，如 VR/AR、AI 等。

三是海外支付类金融资产受到巨头青睐。互联网巨头金融国际化战略中，渠道和用户流量是其获取的重点，而支付是最直接建立渠道、批量获取初始用户的最有效方式，故巨头在进行金融国际化布局时往往选择支付作为切入点。其中，东南亚地区由于网络基础设施完善较晚，成为巨头拓展业务的重点地区。阿里巴巴的金融国际化扩张战略主要围绕支付展开，主要布局地区为东南亚、欧洲（如英国）等地。腾讯的海外金融投资仍以支付类标的为主，但更为多元化，主要布局地区包括东南亚、南美洲、欧洲。

四是基于自身业务边界拓展国际化。字节跳动、小米、美团等互联网巨头也纷纷基于短视频、智能手机、本地生活等自身业务积极进行国际化布局。

五是偏爱海外客户资源及技术优势的资产。巨头国际化的业务扩展通常基于跨国并购、自建等多元化方式展开。自建模式下，巨头通过自有业务的外延式扩张，向外输出国内的运营经验及集团管控，实现海外赋能或模式复制，完成国际化拓展；而相较自建模式，巨头在海外获客难度大或自身技术优势不明显的赛道上，通常采用并购海外标的的方式，快速实现市场渗透。具备自身技术壁垒的海外标的成为巨头追捧热点，海外高科技及金融科技类标的是巨头投资的绝对重点，如印度尼西亚 Gojek 等。

六是投资区域选择显现一定路径。当鼎盛时期的百度于 2006 年高调进军日本市场，2015 年正式宣布失败后，在一段时间，中国互联网企业"出海"的顺序通常是，首先是港澳台地区，其次是东南亚印度，再次是欧美，最后才是日本（吴倩男，2019）。

3.5 中国互联网企业国际化投资的发展趋势

当前，中国互联网"出海"发展趋势是"中国经验助力中企全球发展"（华为云和易观分析，2022）。中国互联网"出海"的发展，已经从以增加收入来源的业务拓展模式转变为立足全球化的全面布局模式，为全球用户带来中国产品的同时，不断缩小与欧美传统巨头之间的差距。在此过程中，中国技术和供应链优势为中国企业的全球竞争提供了坚实的后盾，诸多中国企业更具竞争力的中国经验也在持续输出，成为欧美企业的学习典范，但在"百年未有之大变局"下，地缘政治风险防控也成为"新常态"。

3.5.1 智慧供应链助力中国企业实现智能生产

智慧供应链是指通过数字化改造的供应链技术，能够使货物和服务的采购成本降低20%，减少50%的供应链流程成本，并提升10%的收入，新时代中资电商"出海"优势性凸显。

3.5.2 研运能力助力中国手游海外渗透率持续走高

截至2021年，中国手游于海外的渗透率已经达到了28.87%，预计未来中国手游于海外的渗透率将继续走高，有望在2025年超过40%。未来，中国企业将持续在策略类游戏（SLG）、大型多人在线角色扮演游戏（MMORPG）、回合制角色扮演游戏（RPG）、竞技为主的核心品类市场持续创新，并且在棋牌、超休闲等品类中积极参与，成为全球移动游戏市场发展的核心力量。

3.5.3 金融科技以成熟经验与差异化产品普惠全球

2021年以来，金融科技正在成为全球创投产业的新兴热土。2020年，蚂蚁集团推出产品阿里支付（Alipay+）。如果说蚂蚁"出海"的第一步是打造当地版"支付宝"，让本地人享受本地化的移动支付产品和服务，那么Alipay+则是让人们在移动支付时代连接起来，无论身在何方，都能实现"全球买、全球卖"。作为跨境移动支付技术和营销解决方案，接入了多国电子钱包、聚合了多种支付方式的Alipay+，解决了亚太地区数字支付系统碎片化的痛点——在东南亚国家和地区，一方面本地钱包数量众多，一堆企业在开发电子钱包搞闭环交易；另一方面其连接场景有限，还缺乏兼容性与互操作性。

在 2020 年，苹果应用商店还没有接入任何一个东南亚和南亚的移动钱包。对苹果来说，更广泛的支付方式意味着触达更多用户；然而由于苹果对钱包的技术能力、风控能力和安全能力的高要求，东南亚的电子钱包普遍达不到接入门槛。在此背景下，Alipay + 解决方案的价值就显现出来：东南亚的本地钱包通过 Alipay + 的接口，一站式接入苹果应用商店。这既确保风控、技术、安全等达到了苹果的要求、降低集成门槛等问题，又能让更多用户在苹果商店使用本地移动支付。在日本，部分便利店的收银系统已经支持 Alipay + ，来自新加坡、韩国、马来西亚和菲律宾等地的游客可以使用当地的电子钱包进行支付。

3.5.4 内容运营助力中国社交娱乐平台走向全球

中国互联网企业基于国内产品娱乐化的丰富经验，将"短视频、游戏、直播平台 + 社交"等娱乐化社交形式推广至海外，结合智能推荐及全球领先的内容运营经验加成，留存、变现趋势稳定。抖音国际版从开始就着力于构建自主可控的商业变现模式，强适应性的产品、实力过硬的技术和"全球化视野 + 本地化运营"，让抖音国际版避免了"水土不适"的问题。2021 年 5 月至 2022 年 3 月，抖音国际版在海外 24 个主要国家的下载量合计高达 4.25 亿次，远高于脸书的 1.36 亿次。截至 2022 年底，抖音国际版在全球苹果商店和谷歌商店总下载已突破 30 亿次，月活跃用户已逾 12 亿，网红粉丝量达 1.2 亿，取代谷歌成为全球流量最大的互联网平台。抖音国际版的成功"出海"显示，未来 10 年，全球还有 25 亿人没有接触到移动互联网的空白市场，需要数字经济企业去补足，中国企业家需要以全球化视野升级用户体验、产品、服务模式，通过全球化视野和全球合作的方式提升自身竞争力，而不是单纯输出国内的产品、技术和理念。孕育于中国市场的内容运营经验和智能推荐，正在帮助越来越多的中国社交娱乐平台走向全球。

3.5.5 中国品牌通过独立站方式快速实现全球化崛起

着眼"数字丝绸之路"，东南亚、拉丁美洲、中东及北非等新兴市场正在进入增长爆发阶段，2022 年增长率分别为 20.6%、20.4% 和 17.0%，正在吸引越来越多的中国电商企业布局和深耕。跨境电商希音凭借独立站和 B2C 玩法一跃成为备受世界追捧的全球化企业或产品。希音硬是在亚马逊捏住了跨境电商卖家"脖子"的情况下，蹚了属于自己的路，成了全球瞩目的新独角兽。2021 年 5 月至 2022 年 3 月，希音在海外 24 个主要国家的下载量合计高达 1.54 亿次，高于亚马逊的 0.95 亿次。随着希音的持续超越和越来越多的中国品牌独立站的"出海"，中国电商将会给以亚马逊为代表的欧美传统巨头带来越来越大的竞争压力。

3.5.6 地缘政治风险防控成为"新常态"

席卷全球的新冠疫情一度导致地缘政治风险加剧，而俄乌冲突等不确定性事件进一步放大了全球地缘政治紧张局势。超 60% 受访者认为，地缘政治风险仍被视为全球经济的首要风险，可能引发贸易与金融系统的严重"逆全球化"（牛津经济研究院，2023）。面对全球经济放缓和地缘政治风险加大引发的海外市场碎片化新挑战，中国互联网企业国际化投资之前需要重点关注东道国的外商投资政策变动；投资过程需要注重理解东道国文化，做好环境、社会和公司治理（ESG）价值传播；投资之后需要强调风险管控，时刻关注各类合规风险。

第4章

中国互联网企业"数字丝绸之路"投资风险的大数据预警与管控机理分析

企业国际化投资是指企业的生产经营突破国家地域的限制,从国内本土市场延伸进入全球商业市场,并参与国际资源配置的演变与发展过程(Johanson and Wiedersheim,2010)。企业进行国际化投资的主要目的是能在全球市场上优化资源配置,重组生产要素,谋求利润最大化(杨齐,2009)。企业国际化投资包括经营范围的国际化和企业自身的国际化,前者指企业的经营范围由国内市场扩展到国际市场,后者指由地方区域性企业发展为跨国企业(梁能,2000)。因此,本书从"数字丝绸之路"建设角度,分析我国互联网企业国际化投资风险来源,进而剖析其八种投资风险类型及应对策略,由此构建整个理论分析框架。

4.1 风险来源分析

4.1.1 四大宏观挑战

由于全球经济发展不平衡、中外文化以及网络环境差异大等原因,中国互联网企业建设"数字丝绸之路"面临以下四大宏观挑战(华为云,2022)。

(1)安全合规:全球差异大,需建立全球合规安全体系。据联合国贸易和发展组织(2021)统计数据,全球80%的国家/地区已经完成或正在进行数据和隐私保护立法,未有法律或计划的主要包括阿富汗、利比亚、中非等在内的欠发达国家。这意味着,互联网企业在全球都需要构建合规体系。中国互联网企业"出海"主要面临两类挑战:一是数据和隐私保护立法持续发展;二是数据和隐私保护法律体系和监管机制复杂。同时,与大部分中国互联网公司熟悉的国内安全环境不同,"出海"将会面临复杂的网络安全环境。根据2020年的网络安全暴露指数(CEI,数值越大表示网络安全风险越高)来看,风险度较低都是发达国家,而以亚太、拉美为代表的新兴市场的网络安全暴露风险均处于较高水平。因此,为了保护企业资产和用户信息以及满足各国数据法案的技术有效性要求,互联网"出海"企业必须高度网络安全问题。

(2)基础设施:全球发展不均衡,企业"出海"新兴市场需可靠服务。业务"上云"已经成为全球企业的共识。在业务"出海"的过程中,采用云计算能使企业更加灵活地业务部署,可以在较短时间内将业务拓展到全球各个角落。但是,当中国"出海"企业在进入增长潜力更大的新兴市场时,却需要面临巨大的数字鸿沟,托管数据中心的全球化差异很好地体现了这一点。在分布全球的4 910个托管数据中心中,北美和欧洲占据了3 689个,合计份额超过75%,而包括金融科技、电商等在内的互联网产业增速更快的中东及北非、拉美、东南亚和撒哈拉以南的非洲等新兴市场,合计份额仅有12.87%。这是中国互联网"出海"企业必然面临的矛盾挑战,发达市场拥有更完善的基础设施,但是新兴市场的产业增长速度和潜力却更大。更重要的是,在面临新兴市场中相对落后的通信和网络基础设施时,云计算在当地的可用性显得更加重要,因为出色的云计算技术能够显著提高业务的服务效率和用户的网络体验。因此,中国互联网企业在"出海"新兴市场的过程中,需要重点考虑云基础设施的可用性问题,即需要在新兴市场中寻找拥有更可靠的服务能力的云服务商,不仅需要支撑业务正常运转的服务器,而且需要网络稳定时延可控、业务故障的可靠性、服务及时响应等。

(3)本地化运营:贯穿全生命周期,企业需要实现高效本地化。除了少数简单的工具以外,绝大部分互联网业务都需要深度的本地化运营。本地化不仅需要从产品/内容本身的设计开始,而且需要贯穿推广、运营等产品全生命周期。本地化的挑战主要源于全球范围内的民族和文化多元化,企业需要在不同环节，根据当地实际情况提供符合当地习惯和用户需求的产品、内容和服务。影响本地化的因素主要包括语言、民族、宗教、习俗及其他社会特征。产品设计本地化是发展的基础，需要从翻译、交互、品牌等方面入手；市场推广本地化是能否快速成功的关键，主要体现在素材设计、渠道选择和推广策略等方面；运营服务本地化决定能否长远发展，重点考虑客户服务和活动运营。整体而言，语言本地化是本地化运营的第一步，无论是文本翻译还是客服体系，都是能否在当地实现业务发展的首要前提之一。对于大部分企业而言，选择相对可靠的服务商是较为直接和可行的方式。而对于民族、宗教和其他社会特点，则需要企业持续地深度研究并融入业务运营的全生命周期中，这就需要一个可靠的当地合作伙伴或者根据业务发展情况考虑是否搭建本地运营团队。

（4）本地生态：复杂性高，企业需借力生态伙伴体系。中资企业初期布局海外市场时，先要面临的便是来自当地复杂生态的挑战，主要体现在本地支付、本地物流和本地运营商资源。可见，中国互联网企业"出海"时需高度重视本地生态与国际环境的复杂性，将自身业务体系与当地生态趋势充分关联，以迅速扎根当地市场，实现业务的入局与飞跃。

4.1.2 两大显性劣势

4.1.2.1 外来者劣势

外来者劣势（liability of foreignness）是指由于母国与东道国之间存在制度、文化、地域等差异，导致跨国企业在东道国经营时，面临着先天竞争劣势，需要承担额外的社会成本（Zaheer，1995，2002）。这种劣势主要包含合法性成本（如歧视性风险）和效率成本，例如市场模糊性，即在东道国市场中处理和应用市场相关知识过程中所面临的困难。因此，跨国企业面临着双重压力：一是从当地利益相关方获得合法性的压力；二是了解国外市场的挑战。

外来者劣势具有普遍性。鉴于东道国企业对外来者有先天的排异性，要融入东道国会比较艰难。不管是发达国家到发展中国家去投资，还是发展中国家到发达国家去投资，都会遇到外来者劣势，这种普遍性的外来者劣势来源于文化冲突、制度冲突、价值观冲突，这就像人体免疫系统的排斥反应一样正常（魏江，2017）。

外来者劣势涵盖一切额外成本。相对"海外经营成本"（Hymer，1976），"外来者劣势"是指能够引起跨国公司海外子公司竞争劣势的成本，如空间成本（即运输成本和跨距离协调成本）、不熟悉成本、东道国环境成本、母国环境成本（Zaheer，1995；Zaheer and Mosakowski，1997）。

外来者劣势需要制定多元化风险管控策略予以化解。具体包括：挑选合适的东道国，如选择制度距离小的国家或选择一个易于转移母公司组织惯例的国家（王凤彬和石鸟云，2013）；选择合适的进入模式，如在当地选择合作伙伴联合控股；培育企业的特有能力，例如本地同构（模仿当地成功企业的实践）；发挥东道国的优势资源；制定适宜的国际化战略；劣势逆转成优势，如将低价劣势（"便宜没好货"）转化为低价优势（"好货还便宜"）、游说东道国政府将歧视性待遇转化为政府优惠政策等；边界跨越（任晴阳，2013）；客户参与（仲为国，2016），即让本地客户参与服务的生产和交付过程；组织学习（蔡灵莎，2017）。

4.1.2.2　后来者劣势

领先企业作为现有市场的在位者和规则制定者，一旦有后来者要抢占其地盘，甚至改变其原先的规则，当然也会排斥，这称为后来者劣势（disadvantages of latecomers）（魏江，2017）。与老牌跨国公司相比，新兴跨国公司实施国际化投资的资源与能力有限，尤其在成熟发达的东道国市场，它们虽然也具备一定的独特经营优势，如技术本地化、小规模技术优势等，但这些区位限制性资源及低成本、低价格等核心能力与先进技术、卓越品牌等同场竞技的话，劣势非常明显。

面对"后来者劣势"，LLL理论认为，"后来者"企业进行海外投资目的是借助外部资源连接、杠杆利用和学习效应以获得新的竞争优势（Mathews，2002）。"跳板"理论强调，新兴市场经济体企业以国际化拓展为跳板，选择性并购发达国家公司的优质资产，从而获取战略性资源，提高技术创新能力，培育国际竞争力（Luo and Tung，2007）。

4.1.3　三大隐性劣势

外来者劣势与后来者劣势属于显性劣势，已经为"出海"企业所认知。但对于中国企业而言，除了要解决以上两个显性劣势外，还面临三大隐性劣势（魏江，2016，2017）：来源国劣势、原有优势的劣势和合法性劣势。

4.1.3.1　来源国劣势

来源国劣势（liability of origin）是指东道国对来自特定区域的跨国企业具有歧视意味的刻板印象（Marano et al.，2017；Stallkamp et al.，2018），主要包括负面的国家形象、负面的产品国形象、管理者对发达国家环境的认知失调（Pant and Ramachandran，2012）。来源国劣势给企业国际化带来的不利后果为：东道国运营效率低下（Miller and Parkhe，2002）、生存概率降低（Zaheer，1995）、法律诉讼频繁（Mezias，2002）、创新效果差（Schmidt and Sofka，2009）。

来源国劣势分为两类：一是"基于能力"的劣势，是指母国制度环境对跨国企业的资源获取和能力建构产生负面影响；二是"基于合法性"的劣势，是指母国制度环境对跨国企业在东道国的合法性获取和声誉建构产生不利影响（Ramachandran and Pant，2010）。

来源国劣势对于中国企业国际化挑战非常大。只要中国企业走出去，就审查企业的所有制性质（魏江，2017）。由于价值观的差异，西方企业、政客和老百姓就会把这种价值观差异转移到对企业的认知。这种隐性的认知冲突是最要命的，他们总是戴着有色眼镜来看中国企业，这种根深蒂固的认知会阻碍并购后的管理行为、治理体系、文化协同。

克服来源国劣势需要多元化策略。一是加强企业社会责任披露（Marano et al.，2017）；二是进行制度创业，如新兴跨国企业可以通过制度创业在东道国获取合法性（Ramachandran and Pant，2010）；三是建立组织身份机制（Ramachandran and Pant，2010）；四是实施战略联盟（Amankwah and Debrah，2017）。基于吉利和万向六次跨国并购的多案例分析，魏江等（2020）打破了"来自相同国家的企业面临相似来源国劣势"这一"同质化假定"，把来源国劣势分为制度维和产品维。对于产品维的来源国劣势,可通过组织制度设计、资源协同和声誉重构等合法性修复战略进行应对。对于制度维的来源国劣势,可采用制度遵从、组织制度设计、资源协同等合法性获取战略予以应对。对于制度维和产品维双重劣势,可通过制度遵从、组织制度设计、声誉重构、资源协同、沟通协调(重点)等综合战略予以应对。

4.1.3.2 优势负担

优势负担(liability of advantage)或原有优势的劣势是指新兴市场跨国企业原有的那些独特的竞争优势,容易被发达国家视为"威胁"或"不重要",进而给后发跨国企业带来额外的劣势(魏江等,2016)。中国过去30多年发展的优势已经成为当下国际化的障碍。中国企业最大的国际竞争优势是低成本,包括资源破坏性消耗的低成本、劳动力低成本、产品和工艺模仿带来的低成本。长期以来,中国企业对于低成本发展模式形成了特定的认知模式,在国际化过程中,不自觉以这种心智模式去看到事物。虽然企业家在口头上会说"不能用国内的管理方式去管海外企业",但实际上,他们无意识中仍会如此。

"低成本是一种文化",这种"低成本文化"在不知不觉中会被带到世界上其他国家去。中国公司高层形成的企业家低成本思维惯性,会不自觉地按照传统逻辑去控制劳动力成本,这就使得中国企业对国外产业工人的高工资、高福利有潜在的抵触。事实上,在北美、欧洲等发达国家和地区,员工的福利是很高的,福利制度非常完善,"员工很懒"——不愿意加班、不愿意接受低工资高奖励的模式,由此,给已经"走出去"的企业带来很大的制度和文化冲突,原来的优势在国际化过程中,转化成了潜在劣势。此外,抖音海外版抖音国际版的全球快速扩张优势变成了它当前的全球化投资中的政治风险劣势。

4.1.3.3 合法性劣势

组织合法性(organizational legitimacy)反映了东道国所有利益相关者对新进入者的接受程度,包括制度合法性、规范合法性和认知合法性。只要存在外来者劣势和后来者劣势,就一定会带来制度合法性劣势。而来源国劣势、原先优势的劣势产生的最大障碍,是东道国政府、企业和社会对我国企业的规范合法性和认知合法性抵触(魏江,2017)。例如,中国企业在低成本优势下形成的低品质、无品牌产品模式，已经成为中国产品和服务的代名词，使得国外消费者、老百姓和社会组织不自觉地给中国企业贴上这样的标签。国内企业对员工人权的不尊重，长期存在之后，也成为东道国对我们的认知，这种认知上的改变是非常困难的。

对于新兴经济体企业跨国并购中的合法化战略选择，现有文献主要是从合法性获取角度展开，通过遵从环境这一类合法化战略来应对来源国劣势，"减少东道国歧视"与"树立组织公信力"多措并举。企业的合法性管理包括三类：合法性获取、合法性维持和合法性修复（魏江等，2020）。既然来源国劣势和原先优势的劣势是不可能一朝一夕改变的，那么中国走出去的企业，只能改变自己，学会融入当地的价值形态和思维方式，把自己嵌入当地的制度、惯例和认知当中（魏江，2017），如管理当地化、保持合作者心态、进行适当的区隔。中国企业在"走出去"过程中要利用自身优势，但不要强加自身优势，建议"互不干涉"。例如，吉利成功并购沃尔沃在于它的并购整合策略设计是渐进式路径，双方是平等和独立的，"沃尔沃和吉利是兄弟关系"，不是父子关系。

4.1.4　小结

综上所述，中国互联网企业国际化投资风险主要来源见表4-1。

表4-1　　　　　　　中国互联网企业国际化投资风险主要来源

类型	细则	注释
四大宏观挑战	安全合规	全球差异大，需建立全球合规安全体系
	基础设施	全球发展不均衡，企业出海新兴市场需可靠服务
	本地化运营	贯穿全生命周期，企业需要实现高效本地化
	本地生态	复杂性高，企业需借力生态伙伴体系
两大显性劣势	外来者劣势	额外的社会成本，需要制定多元化风险管控策略
	后来者劣势	先行者的阻击，需要灵活运用LLL理论与并购策略
三大隐性劣势	来源国劣势	东道国刻板印象，需要制定多元化克服策略
	优势负担	低成本文化，需要因地制宜地实施本地化策略
	合法性劣势	组织合法性，需要进行多维度合法性管理

4.2 风险类型及其风险管控分析

国际化投资风险是指由于各种不确定性而导致投资者发生损失的风险（Beamish，1987；杜强，1988）。通常对于跨国企业所处宏观环境的分析采用PEST框架，其中，P是政治（politics），E是经济（economy），S是社会（society），T是技术（technology）。同时，跨国并购交易是一项耗时费力的工作，从并购战略制定到投后整合，每个阶段都充满挑战。德勤和中投研究院（2019）将跨国并购过程可划分为四个阶段：并购战略制定阶段、标的搜寻及筛选阶段、交易执行阶段、投后整合阶段。其中，战略制定阶段主要存在战略匹配风险和政治法律风险，目标搜寻及筛选阶段主要存在对海外环境了解不足、并购目标难寻的问题；交易执行阶段需要重点关注政府监管风险、定价风险、融资风险等；投后整合阶段则应当加强对文化整合风险等的关注。

因此，基于PEST框架，并结合互联网企业国际化投资风险的来源和影响因素等，本书主要将互联网企业国际化投资风险分为八类：国家风险（主要包括政治风险）、法律风险、市场竞争风险、社会文化风险、并购财务风险、平台技术风险、社会责任风险与媒体关注风险。

4.2.1 国家风险

国家风险（country risk）是指由于国家的主权行为所引起损失的可能性。《中国海外投资国家风险评级报告（2020）》把国家风险细分为五个维度：政治风险、经济基础、偿债能力、社会弹性和对华关系。其中，政治风险（political risk）是国家风险中最为重要风险类别，主要源于东道国政治稳定程度、东道国制度因素、政治环境的变化等（Robock，1971；Agarwal，1992；Nunn，2007），往往由东道国的政府、政治组织、少数团体、分离主义组织等的行为不确定性所引起（世界银行，2011）。

中国企业国际化投资倾向于进入市场潜力大且竞争小的区域，但这些区域往往属于国家风险较高的国家，故呈现风险偏好特征。传统理论认为，跨国公司倾向于进入国家风险小的区域，具有风险规避特征，然而，1985～2012 年 103 个目标国家的 1 138 起海外并购样本显示（刘青等，2017）：中国企业进行跨国并购区位选择时，对东道国政治、经济风险考虑不足，在投资规模上存在风险偏好；重视交易成本，喜欢进入低腐败的国家。1996～2012 年中国对 109 个国家的外国直接投资数据显示（方英和池建宇，2015）：中国对外直接投资偏好进入政治不稳定和建交时间较长的发展中国家市场；与中国建交时间较长的发展中国家吸引了中国大量的对外直接投资。2014～2019 年"一带一路"共建国家数据也显示（李俊江和朱洁西，2022）：中国对外直接投资主要流向了风险较高的国家，在政治军事和社会文化维度表现为风险偏好，而在经济金融维度上呈现风险规避特征；非商业趋向和非市场动机使得中国对外直接投资能够包容一定的国家风险；签订双边投资协议（BIT）可以促进中国对"一带一路"共建国家的对外直接投资，在中低收入国家对投资者的保护作用更强；中国对外直接投资的区位选择存在"异质性偏好"，中低收入国家风险对中国对外直接投资的影响程度显著高于高收入国家，不同收入水平国家的市场规模、资源禀赋、技术和税负对中国对外直接投资的影响也有所不同。由于上述研究没有细分企业类型，其结论是否适用于中国互联网企业国际化投资有待验证。

4.2.1.1　互联网企业国际化投资的国家风险来源

当前，百年未有之大变局加速演进。个别国家大搞数字霸权主义，引发数字鸿沟等治理赤字，导致"数字丝绸之路"建设环境日趋复杂，互联网企业国际化投资的国家风险凸显。

（1）数字帝国主义与数据霸权。自 20 世纪 60 年代开始，以美国为代表的发达资本主义国家凭借先行与技术优势以及垄断地位建立了强大的数据霸权。美国的数据霸权之路主要沿着两个方向前进：一是数据基础设施建设，如各类"社会量化部门"；二是数据来源建设，如数字寡头与美国政府全球监控体系（刘皓琰，2021）。其中，"社会量化部门"分为三类：一是苹果、微软等 IT 硬件制造商；二是脸书、谷歌、优步等互联网平台巨头；三是甲骨文等数据运营商（Couldrv and Mejias，2019）。在政企"合谋"下，美国数字巨头持续侵占全球市场比例，操纵行业标准，巩固垄断地位，占据数据优势

（刘皓琰，2021）。当前，如何获取更加成熟的数据源成为新的重点领域。社会量化部门的垄断地位、全球化的监控体系以及一系列配套的知识产权制度、法律条文和贸易体系的建立使得美国最终获得了全球数据霸权地位，数字帝国主义也开始逐渐形成，其新型掠夺方式包括：创新霸权、平台垄断和制造需求（刘皓琰，2021）。2020 年 8 月 6 日，特朗普公然签署行政命令，禁止受美国法律管制的任何公民和公司与字节跳动（TikTok）和腾讯（微信）以及关联实体产生任何交易，美国国务卿蓬佩奥启动了所谓的"干净网络计划"五项新措施，号称是为了保护美国公民隐私，防止恶意行为者入侵。至此，美式"互联网自由"已演变成"国家安全"名义下的"网络霸权"。同期，抖音国际版强制出售事件反映出，控制全球主要舆论平台，掌控全球数据霸权，才是美国官方强制要求抖音国际版出售给美国公司的真正原因。

（2）网络主权论、数字鸿沟与数据本地化。近年来，"网络主权"理念在全球兴起，数字鸿沟引发数字民族主义风险上升，各国纷纷实施数据本地化强制措施，给中国互联网企业国际化投资带来新的难度。

第一，网络主权论。"网络主权"是一国国家主权在网络空间中的自然延伸和表现，可细分为管辖权、独立权、防卫权和平等权。曾经，互联网是一个跨越国境的存在。2010 年之后，越来越多国家对于内容审核、数据存放做出明确要求。公民数据不离岸已经成为常态，跨国经营的公司也在海外市场雇佣更多员工。无论世界各国对网络主权的公开立场如何，在实践中都在纷纷行使立法、执法和司法管辖权，为网络空间定规立制（许可，2020）。其中，美国是网络主权的积极实践者，2016 年《网络安全增强法案》加强了国土安全部在网络安全中的审查权力，2018 年《澄清域外合法使用数据法案》进一步赋予了美国不经数据存储国同意，自主调取数据的权力。欧盟是网络主权的规则制定者，2018 年《通用数据保护条例》对个人数据的跨境流动予以严格管制，2020 年 2 月发布《欧洲数据战略》《塑造欧洲的数字未来》《人工智能白皮书》三份文件则集中提出了"技术主权"观念。俄罗斯是网络主权坚定支持者，2019 年出台《俄罗斯主权互联网法（Runet）》。法国是网络主权的新近主张者，2019 年发布《国际法适用于网络空间行为》白皮书。在日趋分裂的世界，网络主权究竟是否有应当遵循的价值和规则？我国提出"人类命运共同体""网络空间命运共同体"。一旦将各国相互依存、休戚与共的信念注入网络主权中，是否承担对他国的主权义务就是判断网络主权好坏的试金石（许可，2020）。首先，网络主权的义务要求一国不侵犯别国，不得未经许可入侵另一国网络系统，进行网络监控、窃密或破坏活动。其次，网络主权义务要求一国提升网络治理的透明度、规范性、稳定性，以保障其管辖范围内别国网络主体的合法权益，促进网络空间的开放与自由。最后，网络主权义务要求一国作为国际共同体成员，积极参与网络主权治理，在联合国框架下推动网络空间国际公约和准则的制定，建立网络空间的争端解决机制。此外，互联网内容审查是一个很复杂的话题，涉及很多意识形态。总体来看，信息不是纯粹自由的，必须接受审查。不过，各个国家审查的重点又不一样，像涉及儿童色情的内容、个人隐私、包括反恐等问题，各方有一些共识，但也会区别。对一个内容平台公司来说，遵守各个国家当地的法律，目前来看可能是最佳的选择（方兴东，2020）。

第二，数字鸿沟引发数字民族主义风险上升。数字鸿沟（digital divide），又称数字差距（digital gap）或数字分裂（digital division），是指在全球数字化进程中，不同国家及主体之间，由于对数据、网络技术掌握及其应用或创新能力的差别而造成的信息落差及贫富悬殊的趋势。《2018 年全球数字鸿沟发展报告》显示，2010～2016 年，全球主要国家或地区的互联网使用比例（占人口）总体上均呈上升趋势，但彼此差距显著。数字鸿沟的发展经历了两个阶段（Dimaggio et al.，2004）：接入机会差异导致的数字鸿沟（邱泽奇等，2016）和因使用互联网的差异导致的数字不平等。"数字鸿沟"是目前中国工业互联网向海外铺设，尤其是向"一带一路"共建国家推广过程中所不能忽视的问题。在"一带一路"共建各国中，西欧、南欧和部分中东发达国家的信息化基础设施建设水平较高，而其他国家的信息化基础设施建设水平较差，发展中国家和地区存在着较大的"数字鸿沟"（程昊，2016）。此外，邦费罗尼（Bonfadelli，2002）发现，文化水平高和收入高的用户倾向于把互联网用于赚钱，而低收入用户喜欢利用互联网进行娱乐。数字鸿沟是数字时代的国际问题，有可能引发新的南北问题与社会公正问题。数字鸿沟现象的广泛存在，为互联网领先企业国际化投资提供了市场机遇，同时也给各国政府或区域组织挥舞数字保护主义"大棒"提供了借口。2019 年 6 月 28日，中美日等国领导人在 G20 峰会上签署了"大阪数字经济宣言"，倡导建立允许数据跨境自由流动的"数据流通圈"。印度、印度尼西亚与南非没有在宣言上签字。印度作为推动"数据流通圈"成败的"分水岭",其互联网未利用者达到9亿人,增长空间巨大,将来有可能成为数据大国。印度商业部长戈亚尔曾表示,数据跨国间的分隔与流通"严重阻碍发展中国家从数据贸易中获利"。发展中国家需要时间来训练、建设数据基础设施,从而克服能力上的短板,这对于各国在数字经济领域公平竞争十分重要。

第三,数据本地化。当前各国政府纷纷采取数据保护政策,目的在于(曾磊,2020):一是获得数据;二是保护隐私,即保护公民的个人数据免遭侵害;三是防止别国入侵;四是内容管制;五是促进经济,即促进和保护当地科技产业。无论出于何种目的,各国政府对数据的保护均以数据的产生和采集行为发生地作为管辖的基础,其直接后果将导致数据在国家间的自由流动受到阻碍甚至切断。数据重新被领土边界所分割和圈禁,成为与房地产一样不可移动的本地资源。作为确保数据安全的物理措施,很多国家要求数据控制者在本国设置数据存储中心,如越南、俄罗斯和中国。数据保护的合规要求对外国企业的影响往往大于对本国企业的影响,由此引发数据保护规则是否符合国际贸易规则的争议(曾磊,2020)。例如,欧盟在与非欧盟国家进行新的双边自贸协定谈判时,开始要求另一方接受关于数据传输的"充分性决定"机制,即认定该国能提供符合欧盟标准的数据保护。获得欧盟充分性决定的国家将有权获取欧盟市场内5亿条消费者的个人数据,进而挖掘这些数据背后的庞大商业利益。这些商业利益被欧盟用作诱使其他国家接受欧盟数据保护标准的筹码。目前已有加拿大、以色列、日本、瑞士、新西兰、阿根廷等12个国家获得欧盟的"充分性决定",中国未获得该决定。此外,越来越多的政府意识到数据对于公共卫生、社会治理、经济发展和国家安全的重要价值,国家对于本国数据的监管预计将继续趋向严格和全面,对涉及数据跨境传输的经营和投资行为的阻碍也将有增无减(曾磊,2020)。中国"出海"企业是否能够迎难而上,突破"数据本地化"的藩篱,在各国的数据边界中摸索出安全通道,我们期待实践给出答案。

4.2.1.2 互联网企业跨国并购的数据安全风险

数据安全逐渐成为各国政府审查互联网企业跨国并购的新利器。全球互联网治理模式已经历四次变迁（王明国，2015）：技术治理模式、网格化治理模式、联合国治理模式和国家中心治理模式。"去国家化"曾是互联网发展与互联网治理初期的主导声音，但最近20多年的互联网治理历程显示，国家在互联网治理中的地位和作用却显著提高（刘建伟，2015）。国家在互联网治理中的地位未降反升的主要原因如下。一是互联网商业应用范围的迅速扩大引发大量公共问题，以"去国家化"为核心的互联网自治模式失灵，因而需要国家积极干预和应对，而且国家也具备干预和应对的偏好及能力。二是互联网日益安全化，国家间网络安全竞争愈加激烈，网络安全问题上升为一种"存续性威胁"。互联网的安全化为国家采取非常措施来应对网络安全威胁提供了合法性。因此，在"国家中心"的互联网治理模式思潮下，各国政府以维护"数据主权"的名义对企业跨国并购进行国家安全（数据安全）审查已成为影响跨国并购成败的新利器（刘建伟，2015）。

中国互联网企业实施跨国并购的数据风险类型见表4-2。一是准备阶段，数据尽职调查风险旨在帮助主并企业筛查和甄别目标公司是否存在数据泄露等违规情形，由此规避承担标的公司历史遗留的法律责任与风险，或通过并购估值调整、并购协议明晰责任分担等方式进行预先调整；数据安全审查风险是指目标企业所在国政府监管部门以国家安全（数据安全）名义对跨国并购项目进行审查的风险，这可能是中国互联网企业目前在跨国并购过程中遭遇的最大的数据风险。二是交易阶段，包括目标公司内部信息的开放，交易对手方的用户、客户、雇员等的个人信息等数据的披露或交换引发的数据泄露风险。在跨国并购顺利完成前，任何的数据披露或交换，都可能导致数据披露方违反网络安全法规、隐私保护法规和其根据隐私政策所负有的隐私保护义务，轻则触发民事侵权赔偿责任，重则触发刑事责任。三是整合阶段，数据跨境流动风险是指数据跨越国界的传输、访问或处理所引发的风险，它渗透于数据生产、采集、传输、存储、处理和共享等各环节（王娟娟和汪海，2019），表现为：数据外流激起数据安全风险担忧；随意数据外流削弱本国数字产业发展；数据跨境流动阻碍政府实施执法权；数据跨境流动威胁国家主权与安全（上海社科院互联网研究中心，2019）。数据跨境存储风险表现为境外公民个人信息数据的本地化存储问题（宁宣凤等，2017）；数据跨境融合风险本质上涉及数据的转让与共享（谢敏茹，2019）。

表4-2 互联网企业跨国并购的数据风险类型

并购流程	风险类别	风险来源	典型案例或统计数据
准备阶段	数据尽职调查风险	主并企业或中介机构	美国 TripAdvisor 并购澳大利亚 Viator
	数据安全审查风险	外国政府监管部门	阿里巴巴并购美国速汇金、四维图新并购欧洲地图公司赫兹（IIERE）、字节跳动并购妈妈咪呀（Musical. ly）
交易阶段	数据泄露风险	交易参与方	42%的并购交易
整合阶段	数据跨境流动风险：传输、存储与融合风险	外国政府监管部门	美国威瑞森（Verizon）收购雅虎（Yahoo）

资料来源：笔者整理。

4.2.1.3 互联网企业国际化投资的国家风险评估

国家风险是政治、经济、社会因素的产物（Conklin et al.，2002；Mudambi et al.，2003；Click et al.，2005；陈菲琼和钟芳芳，2012）。由于国家风险涵盖内容多样、射程广泛具有延展性，故理论界对如何衡量国家风险未达成一致意见。主要观点如下。一是国家风险等同于政治风险。政治风险主要是指所有权征用、外汇管制、战争等与东道国政府行为相关的风险，衡量方式有政治制度稳定指数、失衡发展与国家实力模型、国家征收倾向模型、丁氏渐进需求模型等。笔者认为，政治风险是由东道国政府稳定性、制度完善性以及与其他国家和地区冲突频繁性决定，但不能代替国家风险。国家风险是所有与东道国政府政治、经济、社会以及法律相关的环境变化可能性的总称，有"泛政治化"的倾向，政治风险只是其中最重要的一种风险类型。二是国家风险等同于国家风险评级。现有文献多以国家风险评级作为国家风险的替代变量，如标准普尔、穆迪、惠誉、国家风险国际指南（ICRG）等。

目前学术界对国家风险的度量标准尚未达成一致，学者们主要运用国家风险评级作为替代变量，从政治、经济、社会文化三个维度进行评估（Oetzel et al.，2001；姚凯和张萍，2012）。《世界投资报告》历年数据显示，我国对外直接投资存量多年来持续增长且稳居世界前列，对外投资活动日益频繁，呈现出独特的国别特征，但近年来饱受"中国威胁论""债务陷阱论"等负面攻击，引发一些国家或地区对中国企业国际化投资的担忧（Cheng，2016；金刚和沈坤荣，2019）。友好双边政治关系有助于促进企业对外投资规模、多元化程度和投资成功率的提高（杨连星等，2016），因此，在衡量国家风险时，引入对华关系因素更具现实意义。

中国社会科学院世界经济与政治研究所（IWEP）发布的《中国海外投资国家风险评级》是专门为中国本土投资者提供的国家风险评级报告，并对世界各国与中国的关系予以单独衡量，在一定程度上弥补了国家风险传统评级方法的不足。IIS 国家风险评级包括经济基础、政治风险、偿债能力、社会弹性、对华关系 5 个维度，总计 41 个子指标（见表 4 - 3），采取定性和定量相结合的评级方法，各子指标经标准化后，以 20% 比重加权平均，最终形成国家风险评级，尤其引入对华关系指标，使其更具中国特色，不仅适用于中国企业跨国并购的研究，而且有利于研究不同类型的国家风险对中国企业跨国并购的影响，故本文引用了该国家风险评级。

表 4 - 3　　　　IIS《中国海外投资国家风险评级》指标计算方法

	经济基础 （20%）	政治风险 （20%）	偿债能力 （20%）	社会弹性 （20%）	对华关系 （20%）
国家风险	GDP 总量 人均 GDP GDP 增速 GDP 增速的波动性 基尼系数 贸易开放度 投资开放度 资本账户开放度 通货膨胀率 失业率	执政时间 政府稳定性 军事干预政治 腐败 民主问责 外部冲突 法制 政府有效性	公共债务/GDP 银行不良资产比重 外债/GDP 短期外债/总外债 财政余额/GDP 外债/外汇储备 经常账户余额/GDP 贸易条件 储备货币发行国	教育水平 犯罪率 环境政策 资本和人员流动限制 劳动力市场管制 商业管制 社会安全 其他投资风险	投资协定 双边政治关系 贸易依存度 免签情况 投资受阻程度 投资依存度

4.2.1.4 互联网企业国际化投资的国家风险现状

近几年，随着中国互联网企业国际化投资力度的加大，所遭遇的国家风险日益加剧，先是出现在印度、美国等非"数字丝绸之路"国家，然后蔓延到印度尼西亚等"数字丝绸之路"国家。

第一，印度政府封禁中国 App。2019 年印度排名前 10 的移动应用中，来自中国的手机应用有抖音国际版、直升机（Helo）、茄子快传、UC 浏览器和威泰（Vmate）。其中，抖音国际版是印度市场下载量最大的手机应用，印度用户超过 2 亿，印度市场占据其 1/3 海外市场份额，是其最大的海外单一市场。2020 年 6 月 29 日至 9 月 3 日，印度政府连续宣布禁用 59 款、47 款、118 款中国 App，理由是"涉嫌参与危害印度主权与（领土）完整、印度国防、国家安全和公共秩序活动"。2021 年 6 月，印度政府宣布永久禁止抖音国际版、百度、微信等 59 种中国应用。中国互联网企业已在印度投入巨资，例如，字节跳动的投资超过 10 亿美元，阿里巴巴的投资超过 30 亿美元，腾讯的投资超过 20 亿美元。中国互联网公司在印度离赚钱还非常遥远，此番受损估算非常严重，仅字节跳动的损失预计将超过 60 亿美元。印度政府持续使用行政命令打压中资 App 应用，主要源于早些时候中印边境的冲突。中国驻印度使馆发言人嵇蓉参赞表示，个别别有用心势力炒作所谓中国窃取操纵数据的说法，这是有计划有预谋打压遏制抹黑中国战略的一部分。①

第二，美国政府封禁中国 App。2020 年 8 月 5 日，美国前国务卿蓬佩奥（Pompeo）推出"清洁网络"五大措施，要求美国市场尽可能地封锁华为、百度等 7 家中国公司的经营。② 这五项措施包括：一是干净的运营商（clean carrier），吊销"不受信任运营商"在美国开展业务的牌照，剑指中国移动、中国电信等；二是干净的应用商店（clean store），在应用商店里下架"不受信任的 App"，剑指抖音国际版、微信等；三是干净的应用程序（clean Apps），不允许"不受信任的手机"安装"受信任的 App"，剑指华为手机；四是干净的云服务（clean cloud），防止通过云存储泄密，剑指阿里、腾讯、中国移动、中国电信、百度等，试图封杀他们在美国的云服务；五是干净的电缆（clean cable），防止信息通过互联网海底电缆泄密，剑指"华为海洋"。蓬佩奥表示，由于母公司设在中国，微信等应用是内容审查的工具，对美国公民的个人数据来说是"重大威胁"。美国借机开始加速打压中国互联网企业、

① 中国驻印度大使馆网站. 印媒有关深圳振华数据公司报道答记者问 [EB/OL]. www. chinae-mbassy. org. in，2020 - 09 - 17.

② 美国国务院网站. Announcing the Expansion of the Clean Network to Safeguard American's Assets [EB/OL]. www. state. gov，2020 - 08 - 05.

限制中国科技企业的发展,甚至做到"赶尽杀绝"。美国为了让这项排外计划落地,不仅拉上了英国、法国、芬兰等盟友,还游说巴西等新兴市场国家弃用来自于华为的电信设备。"网络清洁"计划一旦落地,最直接的效应就是大量中国优秀的 App 无法进入上述市场,会使得中国互联网企业的"数字丝绸之路"建设道路受到极大阻碍。

第三,东南亚部分国家出台抖音国际版电商禁令。抖音国际版目前在东南亚的月活用户已超 3.25 亿,其中 1.25 亿来自印度尼西亚,占其全国人口的 45%。作为东南亚电商渗透率最高、增长速度最快的国家,印度尼西亚是抖音国际版首个试点电商服务的国家。2021 年 2 月,抖音国际版电商在印度尼西亚上线。推出仅一年,其在印度尼西亚电商市场的份额就增长到 5%。2022 年,抖音国际版印度尼西亚电商商品交易总额贡献了抖音国际版东南亚电商的 60%,在当地有约 600 万活跃商家。然而,2023 年 7 月开始,印度尼西亚官员突然批评抖音国际版电商损害当地中小商家利益,并提出应禁止抖音国际版同时运营社媒与电商。2023 年 9 月 27 日,印度尼西亚贸易部出台《2023 年第 31 号贸易部长条例(Reg 31/2023)》并生效,其分业经营内容主要分为两点:一是禁止社交媒体平台(如抖音国际版、脸书、照片墙等)进行商品销售和交易活动;二是要求印度尼西亚电商平台为从国外直接购买的商品设定 100 美元的最低价格,并且在印度尼西亚销售的进口商品需要符合白名单要求。这是为了避免便宜的外国产品大量流入,以保护印度尼西亚的微型和中小企业。10 月 4 日,抖音国际版宣布关停抖音国际版电商印度尼西亚站。印度尼西亚的举动引发了多米诺骨牌效应,越南政府认定抖音国际版违反其电子商务、信息安全和儿童保护方面的法律,马来西亚政府计划传召抖音国际版管理层,要求对其电商业务在印度尼西亚被封禁作出解释,以制定适合该国的措施。贝恩咨询预测,2025 年东南亚地区电商市场规模将达到 2 340 亿美元,已成为国内各大互联网巨头出海必争之地。此次东南亚多国考虑对电商发布新政,或许将影响当地跨境电商竞争格局。

4.2.1.5 互联网企业国际化投资国家风险的应对

第一,政府推进构建"网络空间命运共同体"。鉴于"数字丝绸之路"建设过程中爆发的国家风险问题往往超越互联网企业的承受范围,这就需要我国政府出面为互联网企业"出海"创造一个良好的国际营商环境，必要时直接与东道国政府进行政治磋商或谈判。当前，我国政府已经提出"互联互通、共享共治——构建网络空间命运共同体"理念，借助"一带一路"国际合作高峰论坛、"数字丝绸之路"分论坛、世界互联网大会、丝路电商等国际交流机制，积极推进与"一带一路"共建国家签署"数字经济领域投资合作""数字丝绸之路"合作、电子商务合作等谅解备忘录，这种顶层设计对于预防与管控我国互联网企业国际化投资的国家风险发挥了重要作用。

第二，与本土利益集团形成国际战略联盟。国际的战略联盟是指利用来自两个或多个国家的自立组织的资源和治理结构的跨国界合作协议。企业能力理论认为，企业之间通过组建战略联盟，可获取合作伙伴的互补性资产，尤其是当地的政治关联资源，扩大企业利用外部资源的边界（陈耀，2004）。战略联盟作为一种特殊的企业社会网络，其成立与发展均会引起市场与媒体的强烈关注。企业在此过程中，加大对联盟伙伴、联盟方式以及该联盟取得的成果与绩效的宣传与披露，有助于塑造互利共赢、合作友好的企业形象，可以由此增强企业的软实力，为企业国际化创造良好的外部舆论环境（成程等，2022），缓解相关的政治风险。例如，在业务下线两个月之后，抖音国际版电商找到了重回印度尼西亚市场的办法——控股本地电商平台托克皮亚（Tokopedia）。托克皮亚成立于2009年，是印度尼西亚最大的本土电商公司，市场份额高达35%。2021年，托克皮亚与戈吉克合体，组成转向（GoTo）集团。2022年，GoTo成功上市，并成为印度尼西亚最大的互联网上市公司。转向上市当天，印度尼西亚总统在线发来祝贺，印度尼西亚政府全体部长出席了IPO仪式，转向与印度尼西亚政府的关系由此可见一斑。2023年12月11日，抖音国际版官方宣布与印度尼西亚转向集团达成电商战略合作。抖音国际版印度尼西亚电商业务将与托克皮亚合并。合并后的实体抖音国际版占股75%并拥有控制权。基于该合作，此前被封禁的抖音国际版电商也将于12月12日重新上线。另外，抖音国际版还承诺将在未来几年向合并后的实体投入15亿美元，为未来业务发展提供资金支持。抖音国际版将与转向集团一起，在营销、品牌和国际化等方面提供一系列支持，帮助当地中小商家发展。

第三，适当采用公开"游说"策略。公开"游说（lobby）"策略盛行于发达市场、新兴市场等选举国家，部分中国企业可以尝试采用。lobby 用作"游说"的含义最早出现于 1215 年颁发《自由大宪章》的英国。格罗斯曼和赫尔普曼（Grossman and Helpman，1994）构建"待价而沽的保护"的政治捐献模型认为，有组织的游说可以得到更多的政策保护。尼文和雷斯勒（Neven and RSller，2005）发现，当游说有效率、问责制较弱且并购规模的边际利润很高时，消费者剩余标准优于社会福利标准。摩挞和鲁塔（Mota and Ruta，2012）发现，反垄断机构的目标是社会福利，而政府的目标是企业的游说。蒋墨冰（2016）认为，企业所有制结构是东道国政府决定是否批准的重要因素；东道国政府的政治立场、对待外国企业游说的态度、外国企业的游说效率、竞争对手的游说、贸易自由度、行业内竞争程度等因素对外国企业并购的成功率具有重要影响。

中国互联网公司逐渐学会使用公开游说策略。公开游说并不是中国公司在本土成长时会学到的技能。中国并没有说客这种连接政商的职业，公司在本土成长时也不需要雇专人和政府官员沟通，并将支出信息公之于众。然而，"数字丝绸之路"沿线国家国情及国家风险各异，互联网企业需要根据各个国家不同的政治体制以及自身所拥有的资源与能力，有针对性地制定与整合相应的市场与公开"游说"等非市场战略，处理好自身与政府、社会公众、新闻媒体等之间的协同问题，保证互联网企业能够和各类利益相关者之间保持情感相通、力量相合、取向相同。对于印度尼西亚封禁抖音国际版电商，美国《外交学者》杂志认为，真实原因是出于贸易保护主义，即陷入困境的行业游说政府干预以保护自己的利益。2022 年，印度尼西亚电商市场份额分别为 Shopee（36%）、Tokopedia（35%）、Lazada（10%）、抖音国际版电商（5%）。抖音国际版电商的出现给这些本土电商带来了较大的冲击，这些竞争对手一直在游说政府制定法规，以遏制其日益增长的影响力。面对禁令，抖音国际版电商负责人表示，此次事情发生得比较突然，背后原因比较复杂，抖音国际版会努力争取早日恢复。随后，抖音国际版首席执行官（CEO）周受资致信印度尼西亚总统佐科·维多多（Joko Widodo），要求会面讨论抖音国际版电商被禁后的电商业务事宜。11 月初，双方会面之后，印度尼西亚合作社和中小企业部部长特腾·马斯杜基（Teten Masduki）向外界指出，抖音国际版电商未来或将重返印度尼西亚，后来的事实也得到验证。

4.2.2　法律风险

法律风险是指源于合约订立不当或在法律范围内无效而不能执行等原因导致的风险。当前中国企业跨境投资与并购面对的风险纷繁复杂，尤以法律风险影响巨大，具体包括反垄断风险、知识产权风险、数据隐私风险等。跨国并购的法律操作是一项系统工程，涉及各方主体，包括收购方、收购方合作伙伴、目标公司、所有者、竞标主体、中介机构、本国政府、目标公司东道国政府，甚至是所有者国政府，牵涉细致的调查与谈判、复杂的交易结构设计、境内与境外政府审批等方面。

4.2.2.1　反垄断风险

（1）互联网企业垄断与反垄断的争议。反垄断风险是指企业违反反垄断法造成不利后果的风险。我国《反垄断法》规定，垄断是指排除、限制竞争以及可能排除、限制竞争的行为。垄断的目的是设置进入障碍，攫取垄断利润。垄断形成的常见原因有自然垄断、资源垄断和行政性垄断。互联网平台出现垄断是普遍规律（刘柏和卢家锐，2021）。互联网平台企业往往具有自然垄断的特征，追求规模经济，容易出现"强者恒强、弱者恒弱"的局面。

反垄断问题一直饱受争议，它不仅是法律问题，更是复杂的经济学、政治学问题。反垄断理论发展至今经历四个阶段（清和，2020）：阶段一（1890~1960年），理论基础为结构主义与"大型企业有罪推论"。阶段二（1970~1992年），理论基础为交易费用与"经济效率至上"。阶段三（1993~2016年），理论基础为技术竞争、产业组织理论和规制经济学。阶段四（2017年至今），理论基础为滥用市场支配地位与控制私人数据。当前，消费者福利或价格这个简单易行的标准在数字经济的垄断行为面前往往显得无能为力，因为许多平台经常压低消费者价格甚至提供免费服务。但多边市场与网络效应等特性表明，不收费并不一定意味着"免费"，也并不一定表明这些企业不拥有垄断地位（黄益平，2023）。消费者福利标准不适应平台经济领域的垄断，"大就是问题"的视角更不适合数字经济领域，因为它与数字技术的特性是背道而驰的。因此，判断数字经济领域是否存在垄断，应该重视"可竞争性"条件（黄益平，2023）。

互联网平台企业的垄断会阻碍行业创新，数字经济时代资本力量与数据力量达到有史以来最高点，其交叉与融合将引发平台流量垄断的担忧，带来更加复杂的监管问题（杨东，2021）。在垄断方面，数据力量比资本力量更为强大，而社交平台的性质决定其掌握更多数据流量。实际上，比"资本无序扩张"中"二选一"、资本并购问题更为严重的是数据垄断中的数据封闭问题。前者用资本收购竞争对手或互补企业，扼杀创新；后者用收购或重组的手段攫取数据或屏蔽数据。两者殊途同归，都从根本上破坏了市场竞争秩序，在消弭竞争的同时抑制了创新（杨东，2021）。

现阶段由于资本的无序扩张导致一些互联网平台经济领域形成寡头垄断格局。《反垄断法》最早颁布于美国，目前已有100多个国家和地区制定颁布了《反垄断法》。

（2）互联网企业反垄断监管的发展现状。近年来，加强互联网企业反垄断监管成为全球趋势。2020年是互联网发展历史上的关键节点之年，中美两个互联网大国不约而同地在各自反垄断问题的步调上罕见地达成了一致。但这不是什么偶然，而是互联网发展到一定程度后的一种必然（肖漫，2020）。如今，全球性的互联网反垄断浪潮已然掀起，一个更加政治化、规范化、格局化的互联网新时代或将随之到来。据2017～2021年统计数据，已有18个国家和地区针对互联网"四大"（谷歌、苹果、脸书和亚马逊）发动150起反垄断诉讼和执法案件（熊鸿儒和韩伟，2022），见图4-1。

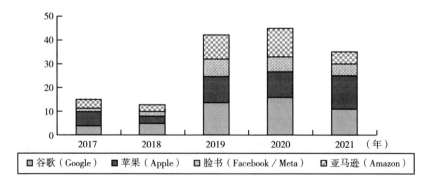

图4-1　全球四大数字平台企业的反垄断案件数量

概括来说，各国针对互联网"四大"进行垄断指控理由相似：利用市场支配地位压制竞争；侵害竞争对手、消费者和平台经济参与者权益；存在数据收集和利用、算法操纵等反竞争行为（熊鸿儒和韩伟，2022）。

反垄断类型具体分类如下。一是禁止限制竞争捆绑销售。例如，2004年，韩国、欧盟、日本相继对微软涉嫌垄断的诉讼及罚款；2018年7月，欧盟向谷歌安卓操作系统开出43.4亿欧元罚单。二是限制流量分发倾斜。例如，2017年6月，因存在违反欧盟竞争监管规定的行为，欧盟对谷歌操纵搜索结果开出24.2亿欧元罚单；2020年11月，印度调查谷歌涉嫌滥用其谷歌应用商店（Play Store）的主导地位推广其支付服务；同年12月10日，法国对谷歌罚款1亿欧元。三是限制滥用大数据技术搞垄断。例如，2020年12月初，欧盟指控亚马逊涉嫌利用其规模、权力和"大数据"牟取对其平台第三方卖家的不正当竞争优势，亚马逊由此面临高达其全球营业额10%的罚款（370亿美元）；同期，法国对亚马逊开出3 500万欧元的反垄断罚单。四是严格监管违规并购或"杀手并购"。2020年12月初，美国联邦反垄断监管部门联邦贸易委员会（FTC）指控脸书收购照片墙和瓦茨普的并购操作阻碍了市场竞争，要求法院分拆脸书的这两大业务并禁止脸书未来继续并购。

欧盟自2017～2019年连续三年对谷歌进行反垄断处罚累计金额超过600亿元人民币。2020年11月，一个代表165家公司和行业组织的团体发表了联名信，指控谷歌在其网络搜索服务中不公平地偏袒自家服务，呼吁欧盟反垄断执法者对谷歌采取更强硬的立场。包括声破天（Spotify）、英佩游戏（Epic Games）、竞技（Match）在内的多家企业组成了"应用程序公平联盟"，共同对抗"苹果税"。可见，反垄断问题不是政府和机构的"一意孤行"，而是市场主体的"众望所归"。

2021年国务院反垄断委员会印发《国务院反垄断委员会关于平台经济领域的反垄断指南》，涉及可变利益实体（VIE）架构交易的反垄断申报、互联网领域垄断协议（如算法合谋/最惠国待遇（MFN）条款）、滥用市场支配地位（如广受批评的"二选一"以及"必需设施"界定）等新问题，体现了监管机构在互联网领域开展"科学有效"反垄断监管的决心。2020年12月，中央经济工作会议提出"强化反垄断和防止资本无序扩张"。根据国家市场监管总局发布的 89 起关于互联网企业反垄断处罚案例，2021 年中国互联网企业反垄断罚款累计突破 200 亿元，其中阿里巴巴和美团被分别处罚 182.28 亿元、34.42 亿元。不过，2022 年底，中央经济工作会议强调 "要大力发展数字经济，提升常态化监管水平，支持平台企业在引领发展、创造就业、国际竞争中大显身手"。从专项整治走向常态化监管，治理体系会变得更加明确。它标志着我国政府对互联网企业的监管政策边界逐渐清晰，对互联网公司的态度和论调相比以往有所缓和。随着监管政策进入常态化，未来监管进一步加强的概率在不断降低。

（3）中国互联网企业跨国并购反垄断风险的类型。跨国并购反垄断法不只是一个地区或一个国家的法律，对中国互联网企业来说，不仅要考虑到中国的风险，还要考虑交易国家的风险（薛熠，2015）。印度等国家曾是中国企业跨国并购的热点区域，反垄断受理机构在程序上和一些申报资料提供要求上有一些比较突出的特点，需要考虑交割条件的设置。总体来看，中国 "出海" 互联网企业主要面临专利侵权诉讼风险、反垄断申报风险、横向垄断风险、纵向垄断协议风险（黄伟，2016）。

中国企业投资 "一带一路" 面临三大反垄断风险：一是东道国反垄断法风险，例如，印度反垄断法的三大核心就是限制竞争协议、滥用市场支配地位与企业联合；二是其他国家反垄断法风险；三是中国的反垄断法风险（郭素平，2018）。《中华人民共和国反垄断法》第二条规定："中华人民共和国境外的垄断行为，对境内市场竞争产生排除、限制影响的，适用本法。"可见，中国企业采取跨国并购、特许经营等方式对 "一带一路" 共建国家投资，有可能面临国内和国外法律的双重规制。

4.2.2.2 知识产权风险

知识产权（intellectual property，IP）意为 "知识（财产）所有权"，主要分为商标、专利、著作权。新型互联网企业常常以创新和技术变革为主要竞争手段，因而面临着更多的知识产权风险。一些互联网公司知识产权保护意识薄弱，缺乏知识产权战略布局观念，面对竞争对手的知识产权侵权行为时往往束手无策，不知如何应对，最终导致自己的合法权益受到了难以弥补的损失。

中国商标注册的主要原则是：自愿注册为主，强制注册为辅原则；申请在先原则;申请单一性原则和优先权原则。其中,中国的商标是谁先注册谁就先得,但美国是谁先使用谁就拥有。

专利的特点是:专有性、地域性、时间性(10年或20年)。考虑到公司的长远发展,以及越来越严峻的专利战形势,互联网公司应建立必要的专利防护壁垒。我国专利申请实行"先申请原则",互联网公司产品符合专利申请条件的,应当尽早进行专利权申请。此外,互联网公司也可以通过联合其他企业共同购买专利,或与其他企业合作达成专利联盟,实现联盟内专利的交叉许可,形成共同专利防御体系。

著作权在各国称谓不一。英语国家称为"版权"(copyright),意为抄录或复制的权利;法国、德国、东欧诸国等欧洲大陆国家称为"作者权"(right of the author),意为著作权是由作者和权利所构成;日本则称为"著作权"(right in the work)。立法上语词构成的不同,实质上反映着不同的立法观念。互联网技术的发展让一些文字著作权、音乐著作权等侵权行为的发生变得更加容易和复杂,中国"出海"企业极易成为知识产权权利人的诉讼目标。

4.2.2.3 数据隐私风险

随着互联网的普及和数字经济的勃兴,以及此起彼伏的大规模用户数据泄露事件,民众对涉及隐私的个人数据安全的担忧日益加剧,不少国家和地区也逐步加强个人数据和隐私保护的法律监管措施。欧盟宪章将个人隐私确立为应予以捍卫的基本权利(曾磊,2020)。根据21世纪经济报道消息,2020年11月2日,在中国香港金融科技周"数字经济中的央行角色"主题会议上,中国央行行长易纲表示,大型科技公司改变了游戏规则,但商业秘密的保护和消费者隐私的保护,是极大的挑战[1]。

(1)数据隐私保护兴起的缘由。第一,企业面临网络数据法律政策环境的巨变,用户数据隐私保护体系正越来越严。2018年5月25日,欧盟《通用数据保护条例》(GDPR)正式实施,该规定以用户为准,将影响包括中国

---

[1] 岳品瑜,刘四红. 商业秘密保护和消费者隐私保护是金融科技发展极大的挑战 [N]. 北京商报,2020 – 11 – 02.

在内的全球企业，惩罚措施空前严厉，罚金额空前巨大。2020年1月1日，美国《加州消费者隐私法案》（CCPA）正式生效，为加州消费者引入了一系列隐私权，并为众多收集加州消费者个人信息的企业规定了严格义务。与此同时，我国数据隐私相关法律也在逐步健全。2021年11月1日，《中华人民共和国个人信息保护法》（以下简称《个人信息保护法》）正式施行，70项条款中约40个条款跟GDPR较为接近（王新锐，2021）。巴西、俄罗斯、印度等国家都在进行新的个人信息保护立法，且都和GDPR较为接近。

第二，近年来，有关用户数据或隐私争议的各类企业舆情剧增。大量用户数据隐私争议，已成为互联网企业舆情的风险源。一是导致用户信息泄露类。2018年3月，脸书超5 000万用户个人信息被泄露，扎克伯格被迫到美国国会参加听证。二是未经允许或"默认式"采集用户隐私信息。2019年2月，美国对抖音国际版就开出570万美元的罚单，理由是它"未经父母同意，非法收集了13岁以下儿童的个人信息"；2020年2月，抖音国际版与美国用户就数据隐私问题达成和解，同意支付9 200万美元集体诉讼和解金。三是"大数据杀熟"类。即互联网平台企业内部自行利用了用户的消费行为数据，在用户不知情的情况下采取了不利于用户的差别定价或刺激消费等行为。四是未经用户许可拓展社交功能。

第三，数据隐私舆情大量发生，或许与多数企业的认识不足或具体运营有关。在数据问题上，GDPR是全世界公认水平最高的。如果在数据保护问题上得到了欧盟的认可，在其他国家就有能力更多地处理个性化的规定，如数据本地化、特定类型敏感的数据等（王新锐，2021）。目前，欧洲处罚比例占比较多的首先是数据处理的法律依据不当；其次是未采取充分的技术和管理措施确保信息安全；最后是违反一般数据处理原则，例如，2021年7月，欧盟以违反数据隐私法规对亚马逊处罚8.88亿美元。企业App怀揣"社交梦"可以理解，社交功能无疑将大大提升用户黏性，但风险也将伴生，如何平衡商业利益和平台风险值得思考。企业需要先取得用户的授权和认可，无论从法律还是从伦理上来说都十分必要。

（2）欧美数据保护制度代表了不同的数据风险管控取向。欧盟GDPR和美国CCPA代表了欧美监管机构对于个人数据保护两种不同的管控取向。其中，GDPR不仅赋予了数据主体同意权、访问权、更正权、被遗忘权、限制处理权、拒绝权、自动化自决权等广泛的数据权利和自由，且拥有强大的域外适用效率和巨额罚款，最高额度为 1 000 万欧元或企业上一财年全球营业总额 2%，并以较高者为准。GDPR 的实施显著促进了机构对数据保护的投入，许多中小企业因为担心过高的法律风险而宣布停止欧洲业务。GDPR 实行的首年，因为难以达到合规要求，超过 9 万家企业自愿报告违规行为，超 14.5 万家企业遭到消费者投诉。从 2013 年至今，针对苹果、亚马逊、脸书、谷歌、英特尔、高通、微软、推特等头部科技巨头，欧盟开出共 240 亿欧元的罚单，处罚理由包括侵犯隐私（谷歌）、信息误导（脸书）、不正当言论（推特）、涉嫌垄断（微软、高通、英特尔）、拖欠税款（苹果、亚马逊）。

　　CCPA 是目前美国州层面最严格的隐私立法。通过表 4-4 可知，在数据立法上，GDPR 代表了以"数据基本权利"为基础的欧盟模式，CCPA 体现了以"自由式市场＋强监管"为基础的美国模式。两种模式殊途同归，均在寻求"数据权利保护和数据自由流通的平衡"。欧盟模式偏向"数据权利保护"，美国模式偏向"数据自由流通"（何渊，2020）。

表 4-4　　　　　　　欧美个人数据或个人信息保护的制度比较

	美国（2018 年 6 月 28 日颁布）	欧盟（2016 年 4 月 27 日颁布）
法律名称	加州消费者隐私法案（CCPA）	通用数据保护条例（GDPR）
实施时间	2020 年 1 月 1 日	2018 年 5 月 25 日
范围界定	抽象定义与不完全列举两种方式结合	侧重用抽象概念定义，实践中存在很大的解释空间
管辖权原则	规定简练、聚焦重点：管辖"以盈利目的处理个人信息的企业"，为被管辖实体设置"年收入金额门槛"和"消费者、家庭和设备数量门槛"，注重对于风险影响程度和范围较大的实体进行管辖，执法针对性更强	规定复杂、覆盖面广：实行"属地＋属人＋保护性管辖"原则，逻辑复杂，范围广泛，只要与欧盟、欧盟居民、向欧盟输出产品服务或监控欧盟个人等因素相关，即大概率落入 GDPR 管辖范围
数据跨境传输管控	未对数据跨境流动设置限制，采取留白与放任的态度，从价值取向上更加鼓励数据的跨境流动	本地化存储采取"属人"原则；环环相扣严格限制，设置五道"关口"：充分性认定白名单；是否提供适当协议、行为准则为跨境传输提供保障；集团内部规则（BCR）并被监管机构批准；通过"必要性测试""偶然性判定"等

续表

	美国（2018年6月28日颁布）	欧盟（2016年4月27日颁布）
儿童个人信息处理	分情况讨论的"退出权"（opt-out）：未满13周岁，需其父母或监护人授权；13至16周岁，需儿童自己明确授权	选择性加入（opt-in）：严格保护；未满16周岁儿童的个人信息，原则上只有获得监护人的授权，企业方能处理其个人信息
数据主体反对数据处理的权利	以"通知数据主体"为原则，数据主体的主动授权和同意并非必须，数据主体仅有"选择退出权"，偏重于促进数据的流动和高效商用	以数据主体"同意"为原则，数据主体有"撤回同意权"，且对敏感数据的处理及直接营销、用户画像的行为、"行使公务"拥有反对权，偏重于保护用户的数据
被遗忘权	赋予数据主体"被遗忘权"，但为数据主体"被遗忘权"的行使设置了更多障碍（利益平衡测试），想要突破这些障碍的门槛较高	"以被遗忘为原则，以不遗忘为例外"，例外为：为了行使言论和信息自由权；遵守法律义务；在公共健康领域执行有公共利益的任务或行使控制者被授予的官方权力；为公共利益、科学或者历史研究目的、数据统计目的；为了法律辩护需要

资料来源：孙海鸣（2019）、何渊（2020）、宁宣凤等（2017）。

（3）数据隐私保护法律的执行情况。全球概况。截至2020年4月2日，全球共有132个国家制定了数据和隐私保护的法律，占194个国家总数的66%。2020年注定是一个数据和隐私保护立法的高潮年。1月1日，中国《密码法》开始实施；1月9日，韩国国会通过"数据三法"（《个人信息保护法》《信用信息法》《信息通信网法》）；8月15日，巴西版《一般数据保护法》生效。2021年1月1日起中国实施的《中华人民共和国民法典》首次将隐私和个人信息作为公民的人格权的一部分进行保护。2021年5月31日起实施的泰国《个人数据保护法》深度参考了GDPR的条款。2021年8月，韩国个人信息保护委员会对脸书和奈飞等三家企业因违反《个人信息保护法》共计征收约67亿韩元（约3 714万元）罚款。2023年7月5日，印度《个人数据保护法案》获得了联合内阁的批准，将在议会季风会议期间提交审定。

目前，上述数据隐私保护法律执行显现出如下特点。一是超越本区域的域外效力。由于互联网运营的跨地域性，各国的数据保护立法通常又具有一定的域外效力。例如，GDPR适用于所有与欧盟公民存在互动或业务往来的商业主体，无论该主体是否位于欧盟境内。这意味着该法的效力已超出了欧盟区，对全球范围内的企业都可能具有管辖权。二是执法力度存在主营业地差异。当前，GDPR 处罚案例处于不断增加的状态，各国的执法看起来统一，但其实主要受到主要营业地所在国家数据保护机构（DPA）管辖，违规企业主营业地不同，同一个问题会得出完全不同的结论。其中，西班牙处罚金额较大，意大利等南欧国家处罚数量较多，但金额会相对较低；瑞典、挪威等北欧国家在罚款以及对法律解释的严厉程度要远胜于南欧；法国监管机构对欧美大公司以及外来的公司不是特别友好，法国的数据保护机构在部分问题的解释方面表现得很严格；德国数据保护机构的能力非常强，且在欧洲大多公司都会考虑把德国作为主要营业地，因为如果在德国通过了数据保护的考验，就能得到欧洲的信任。

（4）数据隐私保护法律对跨境投资的不利影响。日益严格的数据保护已对企业跨境投资造成负面影响。德勤《2020 并购趋势报告》指出，在 GDPR 和 CCPA 相继实施的背景下，70% 的受访企业认为对并购标的的数字资产的保护是个值得关注的问题；数据安全的合规要求对企业并购的尽职调查和并购整合而言都构成潜在的风险。《欧盟营商环境报告 2019/2020》显示，选择欧盟作为首要投资目的地的受访企业比例仅为 24%，同比下降 54.63 个百分点；GDPR 是阻碍中国企业投资欧盟的主要因素之一；GDPR 不同程度上干扰了企业的正常运营活动。不过，在 GDPR 合规问题上，企业不要完全从成本角度考虑，而要把它理解成产品体验和跟用户建立信任基础的价值（王新锐，2021）。这个价值至少在欧洲已经成为某种核心价值，"出海"企业如果不相信这种价值的重要性，那么在欧洲很有可能面临更多法律风险。在欧洲，"出海"企业首先要理解 GDPR 核心价值观，然后再有选择性、有针对性地去做其合规工作。基于 2009～2021 年中国跨境并购数据，马述忠等（2023）证实：GDPR 显著抑制了中国电商跨境并购；该影响存在显著的预期效应，且 GDPR 短期负面效应大于长期负面效应；东道国对数据限制程度和敏感程度越高，东道国电商市场和在线广告业务越发达，GDPR 实施对跨境并购的负面冲击越大；GDPR 实施会从提高成本和降低收益两个方面抑制中国电商跨境并购。

（5）欧盟《数字服务法案》和《数字市场法案》的潜在风险。2021 年 12 月 15 日，欧盟委员会发布《数字服务法案》和《数字市场法案》草案。此外，欧盟和英国相继出台了各自的互联网监管条例，以减少网络上有害信息的传播。预计上述法案的执行将对谷歌等美国互联网巨头的欧洲业务产生重要影响，甚至可能会使公司出售部分业务或承担数亿美元的巨额罚款。《数字服务法案》规定，科技公司不能利用其竞争对手的数据来与其竞争，也不能在自己的平台上优先展示本公司的产品，违规将面临公司利润10%或6%的罚金。《数字市场法案》则把监管范围扩大至浏览器、虚拟助理和联网电视，适用于整个欧盟。《数字市场法案》旨在明确把大型网络平台定义为"守门人"标准①，以及对不公平市场行为的判断标准，这种不公平的行为可能导致最高可达公司全球营业额20%的处罚。全球最主要的网络平台企业都被纳入《数字市场法案》的监管范围，如亚马逊、苹果、谷歌、脸书、缤客（Booking）、阿里巴巴以及网上服装零售商尚品网（Zalando）。其中，《数字市场法案》预先对"猎杀式收购"作出限制：在系统性不合规的情况下，委员会可以限制"守门人"在与《数字市场法案》相关的领域收购，以补救或防止对内部市场的进一步损害。"守门人"也有义务将任何集中意向通知欧盟委员会。

4.2.2.4　中东特殊法律风险

中东地区及阿拉伯国家几乎均为宗教国家，信奉伊斯兰教，常规法律与宗教习俗息息相关，网络内容安全层面也需按照宗教教义规定而执行；部分国家出台网络安全领域系统性法律，如沙特《反网络犯罪法》和《个人资料保护法》、埃及《反网络及信息技术犯罪法》、阿联酋《网络安全法》。

中东地区及阿拉伯国家在互联网安全方面出台的法律法规尚不完善，意味着用户的部分争议性互联网行为都可能随时被禁止，部分宗教机构也是互联网监管的部门，对用户行为起到一定监督作用。除了宗教机构、政府部门之外，公众也是很重要的监管主体。为此，互联网内容安全的具体规范需要根据伊斯兰教义来分析和考虑。

---

① "守门人（gatekeeper）"指的是最容易出现不公平行为的核心平台服务的主要提供商，如搜索引擎、社交网络或者在线中介服务。如果一个企业具有以下特征之一，就符合"守门人"的定义：具有强大的经济地位，对内部市场有重大影响，并在多个欧盟国家活跃；具有强大的中介地位，将大量的用户群链接到大量的企业；在市场上拥有（或将要拥有）牢固和持久的地位，随着时间的推移这种地位也将保持稳定。

4.2.2.5　其他合规风险应对

互联网服务和产品具有传播速度快、传播范围广等特点，这些新优势往往会使"出海"互联网企业面临更多的不可控因素和法律风险。例如，落地资质包括电信运营资质及产品认证，这是决定互联网产品能否在特定国家或地区落地并正常运营的直接因素。不同国家或地区对于境外移动互联产品的进入，可能会采取不同程度的准入限制。确定产品落入本地电信服务监管范围，并认准产品本地运营所需的电信相关牌照，对于"出海"企业而言属于首要核心工作。在明确落地所需的电信牌照后，需关注本地申领相应牌照的对应要求，如申领主体是否有注册国籍限制、是否有独立法人身份等要求。部分国家或地区，可能会对软件产品的安全认证以及搭载相应软件产品的硬件终端的性能测试，进行强制性的前置要求。因此，互联网企业应提前调研了解本企业产品进入东道国市场的难度及限制，探寻合法有效的应对措施。

4.2.3　市场竞争风险

市场风险（market risk）是指未来市场价格（商品价格、利率、汇率和股票价格）的不确定性对企业实现其既定目标的不利影响。互联网企业国际化投资过程中面临的市场风险包括竞争风险、客户风险、市场开发风险、价格风险、品牌和声誉风险、证券市场风险（信息泄露风险）、利率汇率风险等，主要关注东道国的市场竞争及其相关风险。

4.2.3.1　中企与本地互联网企业的市场竞争风险

"一带一路"共建国家和地区覆盖了32.1亿人口，占全球总人口的43.4%，其中大部分是新兴市场，年轻人口占比较高，经济增势较好，对于互联网企业来说是充满机遇与挑战的新兴市场，也是一个竞争激烈的市场。目前活跃在"一带一路"上的互联网公司比较多，除了美国等发达国家的竞争对手之外，中国互联网企业还面临一些本土企业的强力阻击（见表4-5）。

表4-5　　　　　　　　　　　"一带一路"本土互联网公司

名称	国家	创立时间	创始人或团队	主要产品	用户或技术	其他
斯坦扎（Instanza）	美国	2011年	郭磊（哈佛创新实验室）	移动即时通信软件索玛通信（SOMA Messenger）	3亿户	沙特、阿联酋、印度等国家和地区有庞大的用户群；用户每天发布文本、图片、语音视频等超过50亿，是中东地区最受欢迎的即时通信软件
一付通（Paytm）	印度	2010年	夏尔马（Sharma）	在线支付一付通	2.25亿户	印度版"支付宝"，是印度目前用户最多的虚拟"钱包"；阿里与蚂蚁集团持股总额达40%；2021年11月18日在印度IPO上市
中以集知（Cortica）	以色列	2007年	以色列理工学院	图像识别平台	约200项技术专利	逆向研究了大脑的皮质层，开发了新一代生物计算技术，能够帮助自动驾驶汽车识别周围环境中的移动物体，并作出明智的决定及预测变化
央捷科斯（Yandex）	俄罗斯	1993年	阿卡迪·沃罗兹（Arkady Volozh）、伊利亚·塞加洛维奇（IIya segalovich）	俄语搜索引擎（世界第五）	5600万户	现时最大的俄语搜索引擎，索引了超过100亿个网页，市占率超过70%；2011年5月，美国纳斯达克上市（IPO）
印地语（Flipkart）	印度	2007年	萨钦·班萨尔（Sachin Bansal）、比尼·班萨尔（Binny Bansal）	电子商务（印度最大）	1亿户	年销售额突破10亿美元；商业模式类似天猫；移动电商表现出色；2018年8月8日，被沃尔玛以160亿美元收购
超级细胞（Supercell oy）	芬兰	2010年	帕纳宁（Paananen）等6人	游戏开发商	1亿户	2016年6月，被腾讯公司耗资86亿美元并购

续表

名称	国家	创立时间	创始人或团队	主要产品	用户或技术	其他
冬海（SEA）	新加坡	2009年	李小冬	游戏、电商、金融	7.29亿户（游戏），4900万户（金融）	"小腾讯"，融合了"腾讯+阿里巴巴+支付宝"互联网企业；拥有竞时通（Garena）游戏、虾皮网电商和冬海金融（Sea Money）；东南亚第一大互联网公司；2017年在纽交所上市
转向（GoTo）	印度尼西亚	2021年	软银、阿里、凯文·艾伦（Kevin Aluwi）、陈国遥（Tanuwijaya）	共享出行、移动支付、电商	5500万户	当地最大的出行平台戈吉克（2015）和当地最大的购物平台托克皮亚（2009）合并；印度尼西亚最大的互联网公司；2022年4月在印度尼西亚上市
格步科技（Grab）	马来西亚	2012年	陈炳耀	共享打车、外卖配送	3100万户	马来西亚"滴滴"，东南亚最大的共享打车和外卖配送公司；2021年12月登陆美国纳斯达克

资料来源：笔者整理。

（1）中国互联网巨头未必懂海外市场。时光机器理论曾被"出海"的中国互联网创业者奉为圭臬，然而面对开放的国际市场，完全照搬中国模式的巨头们难以适应。如果完全抱着降维打击的心态去海外，会败得很惨。中国互联网企业早期"出海"主要以工具型产品为主，轻量级产品不需要运营，也没有文化羁绊，发展速度很快。但随着工具型产品逐渐被内容消费类产品取代，"出海"进入新阶段。文化和内容"出海"显然更不容易，文化等内容消费类产品对本土化要求也最高，如文字和语言的本土化、宗教习俗的本土化、政策法规的本土化甚至是行为习惯的本土化。但较为致命的是，对于在海外的中国互联网巨头而言，有时未必懂海外市场。因为大公司"出海"追求规范化，成本就很高，而这与当地并不成熟的市场环境根本不相称，有时甚至不是产品和模式的问题，这和组织架构、能力和企业文化有很大关系。以腾讯和阿里巴巴为例，它们组织架构与国内打法已经相当成熟，但到海外却发现不适用。来赞达在组织结构和战略上的摇摆就是一个范例。2016年阿里巴巴斥资 10 亿美元对来赞达进行控股（51% 持股比例），2017 年又投资 10 亿美元增持股权至 83%；2018 年 3 月，阿里巴巴继续追加 20 亿美元投资。2020 年 6 月，任命第 4 任 CEO 李纯。根据东南亚创投媒体亚洲科技（TechinAsia）统计数据，截至 2024 年 5 月，阿里巴巴 10 次累计注资约 77 亿美元，并调任蒋凡分管海外业务和任命第 5 任 CEO 董铮。CEO 连续更迭从侧面折射出阿里巴巴对来赞达发展的焦虑。当定位不清晰，在海外的每一步前进都会遍布荆棘。只有真正理解本地化，才有可能在海外畅通无阻。赤子城科技发现，在海外做社交时，很多主播在直播时会使用一些黑话和俚语，泰国的口头禅是555，中东的文字是从右到左，在产品运营和设计时，必须遵循相关细节。

（2）中国互联网巨头甚至拼不过中小创业者。在新兴市场，互联网巨头企业有时甚至做不过中小创业者，这些创业者包括从中国走出的或当地创业者。"大象转身难"形象描述了巨头在海外的境遇。巨头们有时过于自信，以前在国内就是这种打法，太有成功的经验了，因此难以被别人说服他们。去海外市场考察的巨头很多，但深扎下去的却极度有限，更不用说深刻理解当地市场的复杂性。巨头并不缺乏优秀人才，但并不意味着人才放对了位置。巨头在进行人员调度以及和国内人员协调过程中，并不如中小创业团队灵活。有些巨头外派出去的人员，在和当地人进行对接时，甚至不会讲外语，比这更夸张的情况也时有发生。这显然不适合在当地发展，因为连当地基本的情况都无法做到熟知。国内巨头们去新市场的惯常做法就是迅速铺人铺资源，发现不奏效之后，又会迅速转变策略。但在新兴市场，并无成熟的模式可供参考，大家都在摸着石头过河。有些中小创业者，反而能在当地玩得风生水起，甚至赚得盆满钵满。在东南亚，成立于 2015 年的虾皮网，以后进者身份对阿里巴巴控股的来赞达在 2019 年实现赶超就是明证。目前，虾皮网的店铺数量已经超过了来赞达；2022 年虾皮网的商品交易总额近 500 亿美元，几乎占据东南亚市场的一半商品交易总额，而来赞达的商品交易总额仅为 200 亿美元。这种局面是阿里巴巴浩浩荡荡进军东南亚时绝对没有预料到的。

4.2.3.2 中美互联网企业的海外市场竞争风险分析

（1）系统企业与应用企业之间的全球竞争。

目前，中国互联网企业海外移动应用产品发行渠道主要依赖苹果与谷歌两家应用商店，它们占据绝对的垄断地位，亚马逊应用商店则位居第三。2022 年上半年，谷歌应用商店下载量为 553 亿次，苹果应用商店全球下载量为 159 亿次。苹果应用商店的变现能力更强，其总收入为 437 亿美元，谷歌应用商店收入为 213 亿美元。

由于谷歌和苹果也拥有大量在全球投资的互联网产品，直接面对中国互联网企业的竞争，因此，挑错并下架中国互联网企业的产品便成为它们的一种新的竞争手段。其中，苹果支付与微信支付博弈 30% 的"苹果税"，谷歌强制抽成 30% 的"谷歌税"等事件一度沸沸扬扬，而对中国互联网"出海"企业强制下架封号则是影响巨大。2017 年以来，猎豹、触宝、汉迪移动等企业接连经历了谷歌等平台的制裁，此后，这些工具企业在海外市场的生存情况变得极为艰难，时至今日仍没有太大好转。2021 年，平台对工具的监管仍在持续，甚至更加严格。《2021 年上半年下架手机 App 报告》显示，谷歌商店和苹果商店在 2021 年上半年下架的 App 超过 80 万个，工具产品是其中的大头。

亚马逊和元宇宙的审查、封号也给"出海"企业带来了不小的麻烦。尤其是跨境电商，成为 2021 年平台监管的重灾区。2021 年 5 月，亚马逊以使用评论功能不当、向消费者索取虚假评论、通过礼品卡操纵评论等违反平台规则为由，让 600 余个中国跨境品牌被迫离开。半年时间，超过 5 万的中国卖家被平台封号。事实上，刷单、小卡片、滥用评论……是亚马逊上的卖家特别是中国卖家一直存在的问题，此次平台重拳出击封闭多个跨境品牌和卖家，给无数从业者敲响了警钟。2020 年亚马逊头部卖家中 42% 来自中国，亚马逊美国站的中国卖家占比达 63%。2021 年，我国跨境电商相关企业已超过 60 万家。"封店事件"让整个行业不得不艰难刹车，损失超千亿元。其中，有棵树、泽宝等多家规模较大的跨境品牌损失惨重。有棵树 2021 年新增被封或冻结的站点数约 340 个，亚马逊平台的受限资金中，已知的有棵树涉嫌冻结的资金约为 1.3 亿元，公司裁员 1 400 人。①

不过，跨境电商领域的安克创新、中东社交市场的赤子城科技等逆势发展的例子显示，面对外界的各种变化和侵袭，真正的防守只有"做好自己"。

---

① 陈盈姗. 被亚马逊冻结超 1 亿，跨境电商头部卖家"有棵树"曝关店原因［N］. 南方都市报，2021 - 07 - 21.

随着 2020 年 2 月华为应用商店（App Gallery）发布并迅速成长为全球前三大应用市场之一，截至 2022 年底，搭载鸿蒙 OS 的智能硬件数量已超过 3 亿台，实现 600 万开发者，涵盖 170 国家地区。华为应用商店 2021 年总分发量达4 320 亿，全球月活跃用户超过 5.8 亿，中国互联网产品被"卡脖子"的困境有望得到缓解。未来，对于没有长期深耕海外"从 toC 到 toB 到 toG 能力"的企业来说，"出海"的壁垒和成本将远远高于短期收益。①

（2）应用企业之间的全球竞争。互联网产业在经历了从"复制到中国"（copy to China）到"从中国复制"（copy from China）时代后，当前中国公司已经和美国公司一样，来到了"天生全球化"（born to be global）阶段。"出海"，对抖音国际版等天生全球化中国互联网企业来说，意味着不得不进入欧美老牌霸主们占据的地盘，虎口夺食，不得不穿过元宇宙社交帝国一直牢牢把控的大门，时刻准备应对谷歌和油管出其不意的突袭，其难度可想而知。

以抖音国际版历经磨难为例，它脱胎于字节跳动 2017 年成功竞购的妈妈咪呀（Musical. ly），随即火遍欧美，但马上遭到竞争对手元宇宙及其创始人扎克伯格的轮番恶意狙击，从白宫政治游说调查妈妈咪呀交易案到套索（Lasso）及转轴（Reels）的商业模仿均告失败后，元宇宙在幕后推动时任美国总统特朗普祭出"抖音国际版强制出售令"。为此，抖音国际版运用经济与法律手段全面反击。第一，顶住美国市场的层层压力，投入 10 亿美元用以激励平台创作者打造优质且多元的抖音国际版视频内容。第二，加速扩大美国团队的规模，将以优厚的薪资待遇招募一万名美国员工，并聘请迪士尼前高管凯文·梅耶尔出任全球 CEO。第三，将存放抖音国际版用户数据的服务器与国内分割开，全部存放于"海外"，在美国搭建中台，意在打造出一套独立的数据体系，并将抖音国际版全球总部搬至新加坡。第四，选择诉诸法律手段，先后在加州地区法院、哥伦比亚特区、宾州地区法院等起诉美国政府违宪及损害员工合法权利。第五，抖音国际版、甲骨文、沃尔玛三方达成"云上加州"合作方案。甲骨文将成为抖音国际版在数据安全合规方面的合作伙伴，该方案不涉及算法和技术转让。与此同时，中国政府适时出台禁售令。2020 年 8 月 28 日，中国政府调整颁布

---

① 于舰，李嘉怡.《跨越山海丨2022 中国企业全球化报告》案例［N］. 第一财经，2023 -09 - 28.

《中国禁止出口限制出口技术目录》。字节跳动随即表示将严格遵守国内相关法律，处理关于技术出口的相关业务。此次调整，在客观上帮助抖音国际版避免了出售问题。2021年1月之后，随着特朗普卸任，拜登政府叫停抖音国际版与甲骨文、沃尔玛的合作交易，撤销了特朗普时期针对抖音国际版和微信国际版的一项行政命令，但要求对一些可能对美国人及其数据构成安全风险、由外国控制的应用程序进行更广泛的审查。至此，短视频领域的发展，重新回到经济与科技的轨道和逻辑中来。抖音国际版在逆全球化里摸索出来的国际化之道是：尽力摆脱身份政治，专注展示生活里的美好部分。

抖音国际版在逆境中持续快速增长。从2020年7月到2021年9月逆境期间，抖音国际版全球月活跃用户增长了45%。2021年8月，抖音国际版全球下载量首次超过元宇宙，成为全球第一。2021年9月下旬，抖音国际版宣布其全球月活用户（MAU）突破10亿。达到这一成就，抖音国际版仅用4年时间，比脸书和照片墙快了一半时间。不只是用户数，抖音国际版使用时长也同样领先（见图4-2）。可见，政治和竞争对手的联合打压只是减缓了抖音国际版的增速，并未阻止其迅速增长。2021年，抖音国际版保持了在苹果与谷歌两大应用商店中全球收入最高的非游戏应用地位，收入达17亿美元，全球下载量累计达30亿次，全面覆盖全球150＋市场，75种语言，总访问量超越脸书。脱离了外在干预的牵绊，抖音国际版不断进化，其电商业务抖音国际版电商运营于在美国、英国、东南亚（越南、马来西亚、泰国、菲律宾、新加坡）、沙特等站点，并强化直播等功能。一些曾渲染其安全威胁的政客也注册了抖音国际版账号。

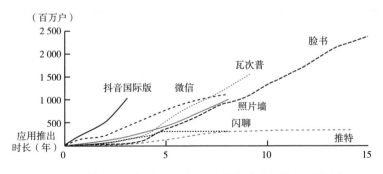

图4-2　抖音国际版达到10亿用户数的速度为社交应用之最

抖音国际版仍然遭受持续阻击。虽然目前发展势头良好，危机仍然潜伏在抖音国际版未来的发展之路。例如，元宇宙持续加码短视频，不断强化产品功能优化和创作者社区运营。2021 年 7 月，扎克伯格表示，为激励优质内容创作，公司将在 2022 年底前，向脸书和照片墙创作者支付 10 亿美元。9 月，元宇宙向所有美国用户推出了短视频功能转轴，允许创作者像使用抖音国际版那样，通过各种编辑工具制作和分享短视频内容。2022 年 1 月，照片墙在土耳其和巴西等市场测试竖滑功能。这无疑是照片墙开始进一步"抖音国际版化"的明证。此外，美国政府针对抖音国际版施加的政治压力也再度显形。2022 年 12 月，美国政府实际上禁止在政府设备上安装抖音国际版。2023 年 3 月 23 日，抖音国际版的 CEO 周受资出席美国众议院能源和商务委员会长达 5 个多小时的听证会，被国会议员轮番"拷问"刁难甚至剥夺解释机会。5 月 17 日，美国蒙大拿州宣布 2024 年 1 月 1 日起将全面封杀抖音国际版，违者每天罚款 7 万元。根据监测塔公司与长桥科技香港有限公司的统计数据，2022 年 9 月之后，抖音国际版的用户增速走向了负值，脸书的 MAU 数一直在保持正增长，但油管、照片墙同比下滑；2023 年初以来，脸书的 MAU 基本保持稳定，照片墙用户数快速回归正增长，油管下滑趋势有一些放缓，但抖音国际版在 3 月听证会之后同比下降的速度更快了。截至 2023 年 6 月，美国近 3 亿网民中，油管用户有 2.63 亿，脸书用户有 2.57 亿，抖音国际版自从 2021 年初超越照片墙后，近两年增量明显有了瓶颈期，6 月 MAU 为 1.48 亿，照片墙为 1.34 亿。可见，随着美国政府的打压与竞争对手的复刻阻击，抖音国际版在美国的发展已受到严重遏制。

4.2.3.3 中国新兴互联网企业国际化的"本土化"策略

除了将短视频社交带火至全球的抖音国际版，直播平台虎牙直播，语音社交应用雅乐科技（Yalla），主打直播的社交平台米可世界，匹配效率更高的 1v1 视频社交应用相芯科技（LivU），"海外版灵魂伴侣（Soul）"恋爱交友（Litmatch）……更年轻新潮的中国产品正在成为不同国家年轻人的主流社交平台，它们均在本地化上下足了功夫。2021 年全球社交应用畅销榜上，欢聚旗下的虎牙直播排名第一。在欢聚集团内部一直有一个口号——全球化就是本地化。虎牙直播在全球建立 30 多个本地运营中心，并要求相关团队全职驻地工作。同时，深度融入不同区域的文化，组建专门团队针对不同地区的政治、语言、宗教等问题进行专门研究。而米可世界母公司赤子城海外团队也追求极致的"本地化"，要求本地客服团队 10 秒内应答、10 句话解决用户核心问题。

直播社交与语音社交成为中国互联网企业的新优势。直播社交正在全球范围内被中国厂商发扬光大，大肆占领海外用户的时间。全球用户在直播应用上的时长，在 4 年内增长了 9 倍，直播正在培养"最深度的社交互动"。在语音社交赛道，中国玩家也验证了自己的实力。全球下载量排名前 5 的语音社交产品分别是雅乐科技、俱乐部会馆（Clubhouse）、东方甄选（YoYo）、陌陌（SoulChill）和神龙游戏（Sango），除了俱乐部会馆，其余 4 款应用均来自中国。最钟爱语音社交的绝对是"中东老铁"。中东人经常聚集在 Majlis（集会或议会）讨论公共事务，话题包罗万象，上至国家大事，下至婚丧嫁娶，男性和女性则需要待在不同的房间里。2016 年起，雅乐科技、赤子城、明日虫洞等厂商看到这一商机，率先将当地人的线下社交场景 Majlis 搬到了线上，掀起了一场"线上语聊热"。在这里，男性和女性可以聚在"房间"里一边听歌、看球、玩游戏，一边聊天，不再受地域、场所、时间和性别限制的困扰。对中东用户来说，语音相较于视频会更容易接受。根据霞光社 2022 年研究报告，2022 年 4 月，有超过 24 款语音社交应用进入沙特阿拉伯的社交应用畅销榜 Top100，其中 16 款来自中国，中东语音社交市场基本被中国公司牢牢占据。纵观整个中东的社交市场，中国产品在不到 5 年的时间里迅速占领了半壁江山。在沙特阿拉伯的社交应用中，2018 年 3 月 1 日，有 19 款中国应用进入其免费下载榜 Top100，2022 年 3 月 1 日则为 39 款；在社交应用畅销榜中，这一数字从 2018 年的 26 款升至 2022 年的 48 款。

中国社交产品逐渐蚕食元宇宙社交版图。整体来看，在发达市场，元宇宙和脸书正面交锋；在新兴市场，更多的中国"出海"公司在悄悄地攻城略地。多品类、多市场的打法，让个体看起来并不显眼的中国社交产品们默默拿走了全球用户原本花在脸书上的时间，当元宇宙回过神来，这些产品已经在原来属于他们的版图上拔地而起。

中国互联网公司的技术产品能力逐渐反超。作为互联网产业的发源地，美国的技术能力曾领先全球。但经过这些年的发展，尤其是国内移动互联网市场的竞争洗礼，中国互联网厂商的技术能力逐渐和美国拉齐。中国团队在技术和产品创新方面的能力甚至已经反超美国。"国内市场的压迫感和驱动力更强，需要有更强的创新能力才能生存下来，出海其实是这些能力的外溢，所以才能把很多自己的玩法输出出去。"例如，国内的开发者们开创的短视频、直播打赏、灵魂匹配等产品模式，复制到海外后均获得了不同程度的欢迎。在具体的技术领域，中国公司在视频、语音等实时互动技术（RTC）方面也占据优势。

运营效率也是中国互联网公司弯道超车的杠杆。在运营效率和执行力方面，"外卷"的中国"出海"公司处于绝对领先地位。比较中美互联网产品开发者之间的差异：中国的产品经理非常辛苦，他们每天都在调研用户需求、琢磨产品细节，甚至还要纠结 logo 是否完美，生怕用户有一点不满意，增加了试错成本；美国的产品经理通常只提出需求方向，然后等着研发和运营向他们反馈用户提出的功能、用户界面（UI）等问题，所以脸书产品和研发的比例是 1∶10。

中美互联网企业对全球化认知不同。对于"全球化"的理解，中美互联网公司之间有着底层的差异，这也造成两者对于"本地化"的态度截然不同。欧美企业基于强烈的文化自信，习惯于把欧美文化的产物，包括好的互联网产品，输出到全世界，让用户去适应产品。而中国公司会更多地从各地用户的不同需求出发，做当地用户需要的产品，即便是一款产品推广全球，通常也会在不同市场做针对性的、本土化的产品适配和运营。

中国互联网企业更愿意满足用户需求。中国企业到日本、中东、美国等市场从事社交产品运营，每进入一个市场前，中国员工都会做大量的调研、沟通，甚至去当地待一段时间，充分了解和掌握当地人的文化习俗和喜好，再去做产品及运营策略。中国"出海"公司普遍认为，海外市场不是一个市场，而是多个分散市场。通过技术与人文相结合的手段，深耕各个市场以吸引当地用户，同时提升留存率，极致迎合不同用户的需求，真正做到"你需要什么，我就为你提供什么"。例如，Bigo Live 在印度市场，为了识别和匹配不同的种姓人群，他们花费了大量精力。印度的种姓隔离严重，人们更倾向与相同阶层的人交往，在自己的社群里找到身份认同。为此，Bigo Live 通过地理位置、消费水平、使用的手机品牌等进行划分；对用户产出的内容打标签，经过一段时间的数据积累，做基础的种姓区分；尝试将小语种内容和小语种用户相匹配……最终打造出满足印度人需求的产品版本。虎牙直播业务负责人曾表示，"我们在虚拟社会也运行着和现实一样的社会法则"，满足不同国家用户不同的需求，是其在海外多个国家成功破圈的关键。

中国互联网公司善于搭建本地团队。做好"本地化"最有效的手段是在当地搭建团队，但欧美公司一般不会干这种"脏活累活"。打造出米可世界、心动社交（Yumy）等产品的赤子城在全球多个城市落地了本地团队，由中方作为国家负责人，带着本地员工推进工作。在落地每个市场初期，中方负责人"一个人就是一支队伍"，身兼运营、客服、人事、财务等多职。团队搭建后，前方会深度负责和决策当地的运营工作，搭建整个运营体系，和本土关键意见领袖（KOL）对接，做好客服、审核、创作者培训等一系列工作。美国社交公司约会集团（Match Group）旗下的火种（Tinder）也在美国之外的一些地区建立了团队，但他们做的工作会"轻"得多，大多是一些营销、品牌建设（Branding）方面的工作。

中国互联网公司的商业化能力明显领先。例如，游戏产品，海外游戏开发者往往是先思考游戏内容，在上线游戏后再逐渐完善商业逻辑；而大多数中国厂商正好相反，他们在上线游戏前，一定已经做好了完善的变现逻辑，并且会在回收方面花大力气，所以中国游戏在全球的吸金能力也是最为出众的。社交娱乐行业也是这样，如"直播"就是典型的中国式吸金方式。到2025年，直播将推动价值780亿美元的创作者经济，即这种商业模式已经在全球范围内得到验证。语音房的商业化玩法同样丰富。以雅乐科技（Yalla）为例，朋友们若想建立房间一起玩游戏，需要开通VIP才能实现，另外，雅乐科技和欢乐斗地主（Yalla Ludo）等产品契合了中东人在Majlis中互相送礼物的习俗，用户的付费意愿明显高于一般的社交产品。中国公司一向擅长赚钱，中国"出海"公司的商业化能力可以说是全球独一档。这为他们在海外的生存发展提供了重要保障。当然，需要警惕一些过于短视和功利的做法。

整体上，中国公司打破了"一招鲜吃遍天"的全球化模式。这些看似不起眼的玩家们，通过在一个个海外地区的精耕细作，由点到面逐步覆盖了全球主要市场，从东南亚到中东、从日韩到欧美。

4.2.4　社会文化风险

社会文化风险是指文化这一不确定性因素的影响给企业经营活动带来损失的可能性。社会文化风险主要源于文化内容差异所造成的风险，具体包括语言文化差异、宗教矛盾、伦理道德以及制度与习俗的差异。从实务来看，制度距离和文化距离等"无形"距离仍强烈地影响着数字型跨国并购（蒋殿春和唐浩丹，2021）。

4.2.4.1　文化距离风险

霍尔（Hall，1976）首次指出，各国之间的文化差异会对企业的国际化投资产生影响，企业国际化投资时，由于母国文化与投资国之间的巨大差异，如在商务惯例、跨种族沟通等方面的不一致，这些都会成为企业国际化投资的重大文化风险（彭迪云，2000）。"七七定律"认为，并购70%是失败的，而失败的原因70%源于文化整合不力。中国互联网企业海外投资面临的一个重要风险是文化挑战，存在巨大的沟通成本。例如，中国公司跟德国、西班牙律师沟通，语言本身并不是主要的障碍，许多律师的英语都很好，但他们对于中国公司的产品、设计思路以及受到的约束等了解有限，所以在工作效率和可操作性上可能存在问题（王新锐，2021）。

4.2.4.2　中东宗教文化差异风险

中东地区及阿拉伯国家是"一带一路"及"数字丝绸之路"重要节点，也是中国互联网企业"出海"的热土或"避风港"。中国互联网产品崛起速度快、产品质量高、用户基数大，目前部分优秀的互联网产品已成为中东互联网市场的头部产品。然而，受宗教及文化影响，中东地区及阿拉伯国家在风俗习惯、传统观念方面与中国有较大区别，其互联网用户希望能够获得符合伊斯兰习俗和宗教理念的本地化服务。

中东国家的互联网发展迅速，平均互联网覆盖率在64.5%，移动互联网渗透率高达90%，沙特、阿联酋等互联网覆盖率高达95%以上。但是，阿拉伯国家整体的经济水平还比较低，目前第五代移动通信技术（5G）还没有完全普及。阿拉伯人民热情好客，喜好聊天社交，社交型"出海"产品一直受到广泛关注。受历史因素和地理环境的影响，阿拉伯有着"议会"文化优势，为"多对多、去中心化"的陌生人社交奠定了基础。阿拉伯人民不仅限于熟人社交，在陌生人社交、直播聊天室、语音互动等领域，也有很广阔的受众环境。沙特等部分中东国家受宗教习惯影响，线下娱乐与消费的场所有限，因此催生了线上购物的热潮。

当前中东国家所使用的互联网头部产品仍为欧美国家流行产品，如照片墙、脸书、瓦茨普等，但在社交、电商及直播领域崛起的中国"出海"产品，也在中东互联网市场上取得了亮眼成绩。中东国家受到宗教因素影响，禁止出现宗教教义所不容许的内容。

当前，中国互联网平台在出海中东及阿拉伯国家时面临的主要社会文化风险包括：当地政策制度不明晰；伊斯兰国家宗教习俗不了解；阿拉伯国家监管尺度不明确。

4.2.4.3　风险应对

面对互联网企业国际化投资中的各类社会文化风险，理解并尊重东道国社会文化习俗，推进孔子学院发展、利用中国人力资本"跨国"流动且由此形成的庞大海外华人资源或许可以提供较好的解决思路。

互联网企业需要理解并尊重东道国社会文化习俗。以中东地区及阿拉伯国家为例，首先，深入当地互联网市场，提升阿拉伯用户体验。受世俗化不同程度的影响，中东国家互联网政策制度并不相同，"出海"业务容易在不同国家制度下出现尺度"过于严格"或"过于宽松"的情况。互联网企业需要调研该地区的重点国家，以各个国家在互联网安全方面出台的政策措施为出发点，强化"出海"内容安全的理解和定义，并通过沉淀阿拉伯国家标准语及常用阿拉伯国家方言内容词库，按不同国别需求分别制定风险分类，结合文本、图片、音频等多个业务场景，有效遏制阿拉伯国家制度规范所禁止的信息传播。其次，重点关注王室及宗教的特殊红线。部分阿拉伯国家为君主专制国家或君主立宪制国家，如阿曼、卡塔尔及沙特（君主专制），约旦、马来西亚及摩洛哥（君主立宪制）。王室成员形象的维护、王室权力的统一是"出海"互联网企业必须注意的特殊政治红线。中东国家多信奉伊斯兰教为国教，人民的言行举止多与宗教影响息息相关。部分与国内网络习惯或社交习惯不同的情况易在"出海"时形成惯性思维，导致用户体验不佳。互联网企业的策略能力及标准制定均需基于当地宗教教义规定、当地民风习俗及宗教价值观，更贴近当地用户的思维模式，提供更定制化的安全内容服务，保障用户体验。最后，尊重与维护并行。伴随社交媒体"武器化"新概念的提出，越来越多的阿拉伯国家开始通过网络进行社会治理，但中东国家并未全部出台较完善的网络安全法律法规，因此，网络安全更多地依赖于宗教教义规定及伊斯兰民族习惯。互联网企业需要具备伊斯兰教教义规定的系统研究基础，对中东国家的互联网习惯进行充分调研，确保"出海"产品运行在当地监管合规允许的范围内。

孔子学院作为一家以传播中国传统文化为宗旨的非营利性机构，肩负着促进中外文化交流的使命。自 2004 年海外首家孔子学院在韩国首尔成立，截至 2019 年 12 月，已有 162 个国家（地区）建立了 550 所孔子学院和 1 172 个中小学孔子课堂。许陈生和王永红（2016）证实：孔子学院对中国 FDI 显著发挥了正向作用；孔子学院主要通过文化交流互鉴降低了中外文化差异的负面影响，以及通过促进国际友好合作对东道国制度环境的保护作用存在替代效应；孔子学院的助推作用在文化差异较小或制度质量较低的东道国更加显著。孟醒和孙聪（2023）发现，在"一带一路"倡议实施前，孔子学院通过缓解制度风险和缩短文化距离的方式，显著促进我国向相关国家的直接投资；之后孔子学院在缩小文化距离方面的作用被弱化；"一带一路"倡议丰富了我国与域内国家的文化交流渠道，降低了孔子学院在文化交流领域的相对地位。然而，如火如荼的孔子学院在国外的发展并非一帆风顺，面临着海外舆论环境的压力、传播内容的局限性等困境（肖锐，2022），部分"一带一路"共建国家追随美国甚至动用政治手段进行阻挠或停办，如 2019 年比利时荷语布鲁塞尔自由大学等相继宣布将关闭孔子学院（潘锦成，2023）。尽管关闭的孔子学院数量仅占总数的 2%，但其政府财政支持带来的政治色彩、文化输出引发的文化侵袭嫌疑等深层次问题需要引起足够重视。

人力资本的全球流动能够丰富东道国文化多样性，加强企业之间相互联系与沟通，降低企业在东道国的成本，规避企业贸易和投资壁垒（Rauch and

Trindade，2002）。当国家间的制度和文化差异成为企业 FDI 的主要障碍时，两国间人口互动有利于跨国并购公司更好地适应国际市场需求变化，了解同行业竞争企业的产品研发近况，弱化外来企业市场机会不充分的劣势（Chaney，2014；Cohen et al.，2017；Ottaviano et al.，2018；Bettin et al.，2019）。中国人力资本的全球流动显著提升跨国并购企业生产率，且该促进作用呈现先升后降的倒"U"型形状（丁一兵和刘紫薇，2020）。总体上，中国"走出去"的人力资本与物质资本之间具有良性互动效应。

4.2.5　并购财务风险

并购财务风险是指因为并购定价、融资与支付等各类不当决策而造成企业财务状况恶化或经营成果损失的不确定性（贺莉莉，2007）。

4.2.5.1　互联网企业跨国并购交易的财务风险类型

（1）跨国并购交易的财务风险类型。

根据并购流程和风险成因，企业跨国并购财务风险可细分为战略决策风险、定价风险、融资风险、支付风险、汇率风险（刘蕾，2018）。

第一，战略决策风险。并购企业由于战略信息占有率低、战略环境复杂性或战略领导者的认知偏差，导致跨国并购战略错误或并购目标选择不当，进而出现与企业发展目标相背离甚至破产等风险。例如，2016 年 2 月，暴风集团盲目跨界以 2.6 亿元撬动 52 亿元高价收购国际体育版权代理巨头铭赛体育传媒（MP and Silva，MPS）65% 股权，随即遭受 MPS 三位创始人出走、资金受限、系列版权丢失等打击，最终 2018 年 10 月 17 日 MPS 被英国高等法院裁决破产清算，暴风集团也陷入公司退市、创始人冯鑫入狱、光大资本与招商银行等知名金融机构被拖入"诉讼"泥潭的悲惨境地。

第二，定价风险。中国互联网企业跨国并购活动往往发生于同行领域，可能的原因在于：为了互补资源，降低交易成本；为了扩大市场规模和占有率，抢占流量和平台入口。斯蒂格利茨（2011）认为，并购需要非常本土化的知识，外国投资者通常并不了解资产的真实价值，往往会高估资产。互联网企业是轻资产运营，基本没有实体产品（郑鸿和徐勇，2016），因此更加难以准确评估目标企业的资产价值，加上信息不对称和文化差异等现实因素，导致最终谈判价格居高不下，形成高溢价跨国并购，给主并企业带来经济压力。

第三，融资风险。互联网行业具有高投入、高风险、高收益和技术创新快等特点，而跨国并购是集高投入、高风险、高收益于一身的投资活动，其融资难是亟待解决的问题。实务显示，互联网行业资本密集程度逐渐提高，依靠少量资金快速发展的"轻资本"时代已经过去，企业背后的资本支持尤为重要；中国大多数互联网企业商业模式尚不成熟，加上初期的"烧钱"模式，企业财务实际被掏空，而跨国并购资金需求量庞大，只有 VC、PE 这种高风险和高回报的风险投资才能为其提供资金（何瑛，2016）。

第四，支付风险。不合理的支付方式会给并购企业带来财务风险。约70%的互联网企业实施并购时选择现金支付，由此互联网企业不仅现金储备减少，降低企业流动性，影响企业日常运营，而且增加融资压力，容易引发财务风险（McAllister and Sauvant，2011；王梦环，2015；李月娥，2020）。

第五，汇率风险。互联网企业实施跨国并购时，汇率波动将导致主并企业在支付和收入时存在巨大的不确定性。跨国并购的汇率风险主要有三类：估价风险、支付风险和结算风险。立足外部不确定性视角，孟为等（2021）发现，人民币兑美元名义汇率不确定性会显著降低企业跨境并购的可能性，实物期权效应为主；人民币名义有效汇率不确定性与企业跨境并购决策正相关，风险对冲效应为主；人民币兑美元名义汇率不确定性对跨境并购的抑制作用在汇率交易风险和折算风险更高以及存在融资约束的企业中更为明显；有效汇率反映一国贸易条件，行业竞争激烈与汇率经济风险更高的企业，在人民币名义有效汇率不确定性加剧时更有可能进行跨境并购；汇率不确定下的企业跨境并购取得了较好的财务绩效，汇率风险约束使企业并购行为更审慎高效，降低了有效汇率风险敞口。贺宁坡等（2022）认为，中国企业进行跨国并购时，汇率波动不仅对并购成本、合并报表商誉等并购前事项具有重大影响，同时对外币报表折算差额及当期损益等并购后合并报表产生持续的影响。

（2）互联网企业跨国并购交易的财务风险控制策略。

第一，从并购过程中具体风险来源进行单维风险控制。对于跨国并购财务风险的防范和控制，国外学者主要基于并购流程风险提出对策建议，如仔细开展尽职调查（Perry and Herd，2004）、选用恰当的估值模型（Marren，1995；Fama，1998）、采用组合支付方式（Weaver，2003；Bruner，2005；John，2006；Sarkar，2010）、拓宽多种融资渠道（Eichhammera et al.，2013）等。国内学者也基于财务风险提出相应的控制策略，如尽职调查（位春苗，2015）、估价方法（李鹏志，2011）、资金预算（王冲，2016）、多元化融资（陈知，2013；王冲，2016）、创新支付方式（马金城，2012）等。

当前互联网企业跨国并购财务风险相关文献较少，主要涉及财务估值风险及其防范，如采用改进的折现现金流法和市盈率法（段婷婷，2012）、根据企业生命周期选择适宜的并购估值方法（顾娟，2016；郭文登和郭玉，2017）、审计审查（李晓渝，2017）等。

第二，从风险管理体系角度进行多维风险控制。基于内部控制五要素框架，刘蕾（2018）通过构建"风险评估—控制措施—效果评价"路径框架来对跨国并购财务风险进行多维度控制。

4.2.5.2　互联网企业跨国并购财务整合风险及其控制

美国贝恩咨询公司调研发现，20%并购失败案例出现在并购交易完成前，主要原因是并购准备不充分从而谈判失败；80%并购失败案例出现在并购交易完成后3年内的整合期，源于并购整合不力。44%的高管同意整合是并购失败的最大原因，克服人力资本的挑战对于成功整合尤为重要（戈青云，2017）。

基于内外因辩证关系，跨国并购各阶段都存在整合风险诱因，没有及时规避的诱因成长为风险种子进而演化成风险因子（袁天荣和杨宝，2014）。并购整合风险类型多样，本章主要关注互联网企业跨国并购财务整合风险。互联网企业天然存在估值风险，其跨国并购活动伴随着制度、人事、汇率等不确定性因素，使得并购双方对财务稽核有所出入，容易作出不当财务决策，进而引发财务风险。由于跨国并购双方企业跨越国境且文化理念等往往差异巨大，实施并购整合难度较大，故对并购整合需要整体规划、灵活实施，具体包括：组建具有号召力的协调小组；制订详细周密的整合计划；稳定军心，对目标企业人员做好沟通工作；对于文化整合谨慎对待。

4.2.5.3　搭建业财资税一体化 GBS 平台，以大数据风控应对并购财务风险

近年来，致力于国际化的互联网企业纷纷实施数字化管控平台及中台战略，集业务、财务、风险控制等于一体的全球财务共享服务（GBS）成为提升互联网企业跨国并购流程风险控制的新方案。

（1）搭建全球共享服务中心 GBS，实现业财资税一体化管控。随着互联网企业并购交易范围不断向海外拓展，其内部的资金财务状况日益错综复杂，构建 GBS 可以较好地满足集团管控的新需求。首先，贯彻全球财务共享理念。在全球化过程中，互联网企业不能止步于开发或引进一套简单的财务共享系统，应从战略层次出发，在集团内部树立全球财务共享的理念，持续开展普及与宣传工作，让所有员工都认可或接受该理念，并且在行为上予以贯彻，共同建设 GBS 中心。其次，建立全球统一标准平台。互联网企业建设全球财务共享应建立全球统一标准的平台，便于推进全球业务核算与流程管控，使总部能够及时获取子公司经营信息，做到实时监管与动态规划，保障合并报表数据真实可靠，以此降低内控风险和财务风险。在统一规范的基础上，互联网企业还应逐步完成全球统收统付系统的建设，实现对全球资金的集中管控。最后，实现业财资税一体化管控。互联网企业建设全球财务共享服务中心应打造一支专业的业务财务团队，促进财务管理与价值链深度融合，使财务信息源于业务一线，财务分析结果能够更好地支持企业运营决策；应加强财资、财税一体化的建设，通过全球财务共享平台实现对全球资金的实时管控和预测，运用信息技术为集团配置最佳资金结构，最大限度降低资金成本并减少外汇风险；应致力于打造"智慧税务"体系，将全球税务筹划、核算、申报、检查等流程在统一的平台上进行管控，实现税务的全球集中管理与风险控制。

（2）发挥 GBS 数据互联互通优势，利用中台模式构建大数据风控体系。互联网企业可以充分发挥 GBS 平台的数据互联互通优势，利用中台模式构建大数据风控体系。中台模式包含业务中台、数据中台与技术中台（如智能风控中台）（王舰等，2019）。其中，数据中台以"技术＋业务"为双驱动，是企业开展新型运营的中枢系统，是 GBS 的数据服务工厂，负责把数据加工成

价值；技术中台能对实时数据深度挖掘，提取高价值信息，形成差异化的商业情境化数据处理能力，并通过建立模型、流程和数据产品的方式，实现监督反馈与决策智能化。

4.2.6 社会责任风险

4.2.6.1 国际化投资社会责任风险的概念

国际化投资的企业社会责任风险（corporate social responsibility，CSR）是指，企业在国际化进入和经营阶段，由于忽视或未最优履行社会责任而造成的一系列负面的影响，如给自身带来的额外损失，给国际社会造成的不确定性危害。

CSR 源于企业不履行或少履行社会责任所造成的各种损失（梁飞媛和李娇娇，2011）。企业在片面追寻利益的同时如果没有履行好社会责任就会遇到如声誉扫地、消费者抵触、政府处罚、成本增高、经营困境等危机（张兆国，2010；杨清香等，2013；李明和包莉丽，2017）。CSR 也包括企业没有向利益相关者披露必要信息或选择了不完全披露（贺妮馨和王海兵，2018），或者当企业履行社会责任力度过大时，CSR 可能出现在除履行最优责任以后的任何区域（易漫，2009）。CSR 也可能来源于企业自身的各种行为。企业对内部社会责任战略和经营决策方面的忽视给企业带来了一系列的损失，造成了 CSR（Kytle and Ruggie，2005）。企业承担社会责任所带来的收益如果小于承担责任付出的成本，这个损失即是 CSR（郑晓青，2012）。

4.2.6.2 社会责任对企业国际化投资的影响

当前，社会责任运动席卷全球，企业的社会责任与全球贸易政策规律高度融合（黎友焕，2014），并逐渐成为企业国际化投资中的"软法律"（Morth，2004）和"被规管的自律"（Knill and Lehmkuhl，2002）。1999 年联合国会议提出，企业进行国际化投资时，社会责任是需要遵守当地商业伦理道德、保护环境、严格遵循劳工标准和尊重职工基本权益。2002 年世界银行调查显示，将近80%的企业在审查意愿合作方时会将社会责任的履行情况纳入考虑指标中。

现有研究大多选取国际化投资中企业社会责任下某个子议题进行探讨，如环境风险（尚民，2016；徐昕旖等，2016）、劳工关系（张中元，2015）、人权风险（庞明礼，2007）。这些研究证明，社会责任对企业的国际化投资具有重大影响，研究热点主要集中在社会责任对企业国际化区位选择、国际市场声誉、消费者选择以及东道国态度等的影响。

4.2.6.3 《社会责任指南》（ISO26000）

首先，出台背景。《社会责任指南》（ISO26000）是国际标准化组织（ISO）发布的国际上第一个世界各国认可程度较高、较统一的全球社会责任标准体系，于 2010 年 11 月 1 日正式发布。应各方要求，ISO 花费近十年时间，平衡了发展中国家、发达国家与其他相关方之间的利益需求，使之达成共识。近百个国家和 42 个国际或区域性组织都派出了标准团体、专家学者参与编著而成了 ISO2600。广泛的国际参与度、全面性与权威性，使得 ISO26000 适用于各个类型的企业组织。

其次，主要内容。社会责任是"企业等组织关于自身行为与决策对生态和社会所产生的影响而履行的责任。这些行为在协调相关联各方利益的同时，有助于企业长久而持续地发展，并以各国法律法规和全球道德规范为底线，融入整个组织并实践在各种关系中"（ISO26000，2010）。ISO26000 提出了七大核心议题（见表 4 - 6）。它们各自都有若干个相关的问题，这些内容都是对企业需履行的社会责任的概括，也反向指出了企业在发展中社会责任会出现的领域。

表 4 - 6　　　　　　　　　　ISO26000 的七大议题

议题	相关内容
组织管理	设立系统和目标；制定并执行决策等
人权	尊重东道国居民依法享有的一系列基本权利：如政治、经济与文化权利；投诉处理；歧视弱势群体；尽职调查等
公平运营	负责任的积极的政治参与；反腐败；公平竞争；在价值链中促进社会责任落实等
消费者问题	销售过程定价合理，合同条例真实可靠；用户数据、资料与隐私的保护；消费者健康的保障；投诉和争议的积极处理；消费者有权获取基本服务、教育和知识等

议题	相关内容
劳工实践	工作中健康与安全；职工的发展和培训；劳动条件和社会保护；社会对话等
环境	防止主动污染；减缓并适应气候变化；可持续利用资源；环境保护与环境恢复等
社区参与和发展	积极主动多方面地参与社区建设：从健康、教育、就业和技术等各方面致力于东道国与母国的社区建设

资料来源：ISO26000。

ISO26000 对社会责任各方面都力求涉及，其内涵和外延十分广泛，指导性较强。对互联网企业来说，应用 ISO26000 的各项指标去履行社会责任，能够从中剖析自身不足而提前防范相应风险，促进企业的可持续发展，优化内部治理结构，并与各利益相关方达成良好的关系，共赢发展。虽然该标准是由各国各地区共同参考制定的，但也不能完全适宜我国的国情，因为不同地区行业、不同战略目标的企业存在巨大的差异。因此，为了更准确地定位互联网企业国际化投资的社会责任风险，应用 ISO26000 时还需结合企情、国情等具体考虑。

4.2.6.4　互联网企业国际化投资的社会责任风险现状

随着中国互联网"出海"企业的数量、投资金额和覆盖范围的不断扩大，发生社会责任风险的可能性更大，如在劳资关系、人权、文化冲突、数据隐私安全、腐败和商业贿赂等领域产生的对企业并购、日常运营及企业声誉等带来不利影响的风险。例如，2018 年以来，因儿童监管、宗教文化、隐私等社会责任问题，抖音国际版在印度尼西亚、美国、印度等海外市场遭到东道国多次监管处罚。

造成互联网企业国际化投资过程中的企业社会责任原因有很多，并且外因和内因并存。从外因来看，一是企业社会责任已经成为各国政府和公众普遍关心的全球性运动；二是泛政治化倾向使得社会责任正成为国家间利益博弈的工具；三是国外媒体对中国"出海"互联网企业社会责任问题的不良宣传；四是相关法律法规滞后与互联网平台特性引发的国家安全等风险。从内因来看，一是社会责任意识不够；二是社会责任人才不足；三是社会责任履行方式不当。例如"出海"互联网企业不应仅把政府视为公关重点，而忽视当地社区、非政府组织（NGO）等组织的重要性。

4.2.6.5　互联网企业国际化投资社会责任风险的应对

在脸书和闪聊的国际化投资过程中，媒体都已经成为其国际化投资的主要风险之一。脸书通过提供提升技术与内部数据的透明度重新构建了用户隐私体系，Snapchat则通过提高平台内容质量来减轻用户健康问题，深化本土运营来规避人权风险（石璐瑶，2021）。字节跳动等社交型互联网企业国际化投资的社会责任风险管理案例显示（江乾坤等，2021）：政府应规范底线责任，反制数据隐私保护滥用；行业应实现多主体携手监管，促进企业间公平运营；企业应把握主体与平台运营差异，多角度完善社会责任风控等。

4.2.7　媒体关注风险

4.2.7.1　概念

随着数字化浪潮的迅猛发展和网络媒体的日益盛行，媒体逐渐成为企业与利益相关者沟通的桥梁，当媒体关注达到一定的数量，其形成的舆情可能影响利益相关者的决策判断，从而促进或降低企业跨国并购交易成败及其整合绩效。舆情即"舆论情况"，是指公民和媒体在特定的时间地点场合对特定的事件与对象所公开表达的、基本趋于一致的看法与建议总和。舆情风险是指企事业单位或政府部门在工作时，可能面临来自社会或网络的负面信息、虚假信息、谣言等，这些不利信息通过媒体发酵可能产生的舆情危机。

媒体监督作用已被视为新兴资本市场中能够有效替代法律保护不足的一项重要制度安排（Dyck et al.，2008），能够有效降低各种代理问题（陈志武，2002）。媒体报道发挥公司治理功能的机制可分为三种（田高良等，2016）：传统监督机制、声誉机制和市场压力机制。与此同时，随着民族主义情感的扩散和逆全球化思潮的蔓延，国家间的投资活动越来越受到国际舆情传播的影响（Raess，2021；韩永辉等，2021）。耶鲁大学管理学院名誉院长杰弗里·加滕在《财富》杂志中指出："民粹主义、保护主义以及某些情况下的仇外心理之风正在以我们一生中从未经历过的方式吹来。"移动互联网革命更是提高了国际舆情的传播力和对经济社会活动的影响力，也放大了虚假新闻、不实报道等信息失真的作用（陈强远等，2023）。作为大国博弈的焦点，部分欧美发达国家利用其数字信息传播媒介的技术优势，试图在有形空间以外强化钳制和削弱战略竞争对手的舆论能力。由于信息不对称，国际舆论传播的信息失真会影响跨国企业主体决策。而考虑到国际投资和跨国公司活动的"泛安全化""泛政治化"等倾向，这些信息失真和虚假新闻可能会影响互联网企业国际化投资活动（陈强远等，2023）。关于国际舆情传播对中国外商直接投资的影响，陈强远等（2023）证实：国际对华舆情与中国对外舆情的传播偏向正面化均能显著提高中国 FDI 水平；移动互联网革命放大了国际舆情传播对中国 FDI 活动的影响。基于大众媒体和社交媒体的情感扩散和动员，姚等（Yiu et al.，2023）提出了东道国情感的一般理论，认为东道国是一个充满价值和情感的环境，外国实体的战略行动激发东道国利益相关者的社会情感和话语系统参与（即情感唤起），东道国利益相关者调动对外国实体的社会情感（即情感能力），并使外国实体的战略行动合法化（即情感共鸣）。实证分析发现：东道国利益相关者对收购交易的情感、对收购方的情感，以及对来自收购方母国总体投资的情感都有利于收购的达成；东道国情感的波动会对收购的达成产生负面影响；东道国情感的波长会对收购的达成产生负面影响；东道国情感的增强效应会对收购的达成产生正面影响。

因此，媒体关注风险可分为国内舆情风险和海外舆情风险。国内舆情风险主要发挥公司治理效应，帮助中国互联网企业更好地预警或管控国际化投资风险，特殊时会引发母国政府的审查风险。例如，巨人网络（002558）于 2016 年间接并购以色列手机游戏公司皮乐卡提（Playtika），因该公司涉及网络赌博业务而引发媒体热议，最终深圳证券交易所经多次监管问询否决该项并购议案（袁乙灵和江乾坤，2022）。海外舆情风险则会对互联网企业国际化投资决策、交易过程及整合绩效产生直接影响。

4.2.7.2 母国舆情风险

当前，报纸、杂志、电视、广播等传统媒体逐渐没落，以微信、抖音、微博、股吧等为代表的新媒体迅速崛起，新媒体社交用户数量激增和其信息传播能力的凸显正全方位地改变社会生态。网络新媒体包括门户网站，搜索引擎，虚拟社区，电子邮件/即时通信/对话链，博客/播客/微博，网络游戏，网络杂志，网络视频等。从大数据角度来看，百度搜索词条和股吧评论可较好地预警母国广大网民对互联网企业国际化投资风险。

其一，百度搜索词条。搜索引擎使得基于互联网的搜索数据蕴含着用户的关注及意图，能够映射用户在现实生活中的行为趋势和规律（李方一等，2016）。使用搜索引擎记录的关键词进行预测具有预测精度较高、数据获取及时、样本统计意义明显等优势（李方一等，2016）。百度指数可以反映某关键词相对应的某类事物的热门程度和被关注程度，但它反映的数据只是用户生成内容的一部分，不涵盖所有的用户内容生成数据，如搜狗、360搜索等，未来需要将这些结构化与非结构化的数据进行整合（李方一等，2016）。我国企业跨国并购存在高溢价、财务风险大和绩效不佳等诸多问题，而媒体治理正成为其有效的外部治理手段之一。基于百度搜索词条，江乾坤等（2018）研究发现，媒体关注对于跨国并购的高额溢价能起到抑制作用；在并购当年，媒体关注对于并购后公司的财务风险有一定程度的控制作用；媒体关注与主并公司长期绩效之间存在显著的正相关性。

其二，股吧评论。东方财富股吧、雪球、和讯等股票论坛日渐活跃，反映了投资者对获得上市公司真实、完整、及时信息的强烈需求。2015年9月9日，深交所发布的《董秘信息披露实用手册》明确指出，上市公司首先应将股吧中投资者的评论纳入舆情管理体系。可见，股吧评论已成为监管部门关注的信息披露渠道之一。学术研究显示：股吧评论分歧越小，股价崩溃风险越大；分析师跟踪人数和研报数量具有中介作用（关静怡等，2020）。引入股吧评论大数据指标的互联网行业财务危机预警模型可以有效提高预警效果，调节传统财务指标的滞后性（高梦滢，2020）。股吧评论情感变化与股市波动存在相关性（刘薇等，2022）。尽管股吧有助于促进信息传播，但仍是非正式的信息发布传播平台，股吧评论本质上是一种模糊信息，它也存在整体信息质量低、不法分子借机从事非法活动、缺乏自我纠错机制等明显缺陷（关静怡等，2020）。此外，股吧信息噪声较多，许多专业投资者和散户未必浏览股吧信息，故股票论坛结论存在较大局限性；东方财富股吧、雪球网、和讯网等股吧论坛众多，不同类型的投资者各有偏好，其未必根据单个股吧信息进行投资决策。

4.2.7.3 海外舆情风险

近年来，随着大国竞争加剧、民粹主义抬头、逆全球化暗流涌动，中国企业国际化投资过程中出现大量的海外舆论风险，显现出"舆情风险传播性高、舆情内容煽动性高、舆情事件组织度高、舆情内涵专业性低"等特征（杨臻，2020）。与此同时，中国企业国际化投资存在思维惯性，在本地化过程中注重"经济逻辑"（如纳税大户、创造就业等），而不太注重"社会逻辑"（如环保、ESG 等）。然而，在一些传统价值观极为盛行的"一带一路"共建国家，仅凭经济贡献可能无法打动当地民众。因此，学界开始关注舆论壁垒或东道国媒体情绪这种非关税壁垒手段对中国企业跨国并购的影响，发现东道国民众情绪对外资企业跨境并购的所有权水平呈现正相关（Daphne et al.，2022），东道国负面舆论会抑制企业开展 OFDI（张先锋等，2021）。部分中国互联网企业在市场规范、社会责任等的经验与认识尚不成熟，也受到了一些负面评价（刘宝成和张梦莎，2018）。在"一带一路"共建国家和地区，一些政客借题发挥，发表负面言论称中国企业的投资对本土企业发展、国家安全造成威胁；部分媒体用激烈的言辞呼吁政府对抗中国吸引读者眼球，给"一带一路"投资带来一定的舆情压力（安永，2022）。

首先，东道国媒体情绪的评估。皮尤研究中心（pew research center，PRC）是一所独立、非营利性的美国民意调查型智库，对国际舆论具有巨大影响。PRC 全球态度调查项目中的数据所构建的东道国民众情绪指标较为权威，其全球事件、语言和情绪数据库（GDELT）是专门量化东道国媒体情绪指标的数据库。2010 年以来，全球涉华媒体情绪变化呈"阶梯式"下降态势；东道国媒体情绪与中国企业跨国并购完成率之间可能存在正相关关系（晏艳阳和汤会登，2023）。

其次，海外舆情风险的后果。东道国媒体情绪影响中国企业跨境并购的主要路径是：东道国媒体情绪—政府决策或民众情绪—跨境并购。晏艳阳和汤会登（2023）研究发现：东道国媒体情绪对中国企业跨境并购数量、完成率与并购金额均具有显著正向作用；东道国媒体情绪效应在非"一带一路"共建国家、敏感性行业和国有企业中更为强烈；东道国媒体情绪可以通过影响政府决策和民众情绪这两条路径对中国企业跨境并购产生影响；受到负面新闻报道的企业支付了更高的并购溢价，且并购完成率要低40%左右。

最后，海外舆情风险的应对。面对负面舆情，企业的舆情处理流程一般分四个阶段：快速响应—危机调查与评估—危机处理—善后工作和事后分析。当前中国海外企业舆情应对存在诸多问题（杨臻，2020）。一是叙事角度单一，仅从为当地带去多少投资、解决多少就业着手，非直接受益者缺乏共鸣，甚至引起"不患寡而患不均"的怨言。二是主动公关意识不强。不肯主动与媒体沟通传播自己的声音，给了舆情事件过多的生存空间。三是与社会互动不足，与当地社会打交道仅限于当地政府及合作伙伴，既造成了舆情事件出现时缺少大众为自己发声，又在当地政府和合作伙伴出现舆情状况时容易被无辜波及。四是对新媒体的认识与利用不足。在进行舆情风险防范和处置时主要依靠官方和传统媒体，但在自媒体发达的今天，容易导致应对不及时、分身乏术、欲说无门的情况。陈强远等（2023）提出，官方文化交流和非官方文化交流均显著推动了国际对华舆论升温或舆情偏向正面化，进而助推中国外商直接投资引进。

4.3　风险管理体系比较

4.3.1　基于科索企业风险管理（COSO - ERM，2017）的跨国并购风险管理体系

2017年，《企业风险管理框架——与战略和绩效的整合》（COSO - ERM（2017））发布，它描述了企业实施风险管理的具体流程，包括从治理到监督的各个方面（见图4 - 3）。

COSO - ERM（2017）相对COSO（2014）发生如下变化（孙友文，2017）：

其一，整体框架标题的变化。COSO（2004）是企业风险管理"整合框架（aligning with strategy and performance）"，强调ERM本身五要素的整合。COSO - ERM（2017）则强调ERM与战略和绩效的整合（integrating with strategy and performance），回归了管理的本质；基于风险导向的管理理念将成为主流并渗透企业管理各个方面。

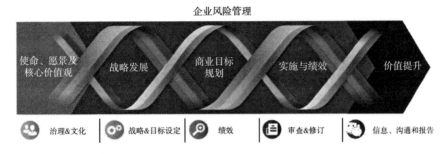

图 4 - 3 COSO - ERM（2017）五要素

其二，"风险"定义的变化。风险为事项发生并影响战略和业务目标实现的可能性（COSO - ERM，2017）。ERM 将风险和机会等而视之，让风险管理与价值创造的过程融为一体。

其三，"企业风险管理"定义的变化。"企业风险管理"是组织在创造、保存、实现价值的过程中赖以进行风险管理的，与战略制定和实施相结合的文化、能力和实践（COSO - ERM，2017）。COSO（2004）将企业风险管理视为一个过程，即政策、流程、表单和系统。COSO - ERM（2017）则将企业风险管理视为文化、能力和实践。

其四，五大要素的变化。新版五大要素最明显的标志是"去风险化"，不再强调风险视角下的企业治理及管理要素，而是直接从企业治理和管理的角度提出将风险管理内容嵌入。"执行中的风险"直接改为"绩效"，更易理解且避免它在全球不同区域的理解差异。

其五，基本原则的变化。COSO - ERM（2017）将五大要素基本原则简化为 20 项（见图 4 - 4）。

缺乏清晰的并购战略和风险管理战略一直是导致企业跨国并购活动失败的重要原因，制定合理的并购战略是跨国并购成功的前提。COSO - ERM（2017）强调了战略制定和目标设定的重要性，提出企业的战略选择应当与主体的使命、愿景、核心价值保持一致（周婷婷和张浩，2018）。余思佳（2018）运用该体系从中国海洋石油集团有限公司（以下简称中海油）并购尼克森石油公司（以下简称尼克森）的内外部环境及战略层面着手分析，系统研究了企业跨国并购的风险识别与控制。

风险治理和文化	风险、战略和目标设定	执行中的风险	风险信息、沟通和报告	监控风险管理效果
1.实现董事会对风险的监督	7.考虑风险和业务环境	12.识别执行中的风险	18.利用相关信息	22.对重大变化进行监控
2.建立治理和运作模式	8.定义风险偏好	13.评估风险的严重程度	19.利用信息系统	23.对ERM进行监控
3.定义期望的组织行为	9.评估替代战略	14.区分风险排序	20.沟通风险信息	
4.展现对诚信和道德的承诺	10.基于风险建立商业目标	15.识别并选择风险应对	21.对风险、文化和绩效进行报告	
5.加强问责	11.定义可接受的绩效浮动	16.评估执行中的风险		
6.吸引、发展并留住优秀人才		17.建立风险的组合观		

治理和文化	战略和目标设定	绩效	审阅与修订	信息、沟通与报告
1.实现董事会对风险的监督	6.考虑业务环境	10.识别风险	15.评估重大变化	18.利用信息和技术
2.建立运作模式	7.定义风险偏好	11.评估风险的严重程度	16.审阅风险和绩效	19.沟通风险信息
3.定义期望的组织文化	8.评估替代战略	12.风险排序	17.企业风险管理改进	20.对风险、文化和绩效进行报告
4.展现对核心价值的承诺	9.建立业务目标	13.执行风险应对		
5.吸引、发展、并留住优秀人才		14.建立风险的组合观		

图 4-4   COSO-ERM（2017）基本原则的简化

构建基于 COSO-ERM（2017）的跨国并购风险管理体系，有助于确保风险决策不会偏离方向，同时能够加强企业对治理结构和文化环境变化的关注。另外，该框架指出，应引入科学技术和数据分析手段，强化信息系统建设、加强信息沟通。

4.3.2　其他跨国并购风险管理体系

4.3.2.1　基于 ISO31000（2018）的跨国并购风险管理体系

2009 年，国际标准化（ISO）组织正式推出 ISO31000 风险管理——原则与指南文件。

ISO31000（2009）颁布后，已经赢得 57 个国家积极采纳（截至 2018 年）。在 ISO31000（2009）正式发布前 2 个月，中国发布了国家风险管理标准，即 GB/T24353 风险管理原则与指南。相比 ISO31000 整体框架，中国风险管理标准框架只采用了其中的一个流程框架，没有"沟通和咨询"。

2018 年，ISO 国际标准化组织修订了《风险管理指南》（ISO31000），围绕价值创造和保护提出了 8 项风险管理原则，建立起以领导人与承诺为核心的企业风险管理框架，明确了六项风险管理流程，即"三轮车"框架（见图 4-5），标准内容的描述更简洁、更易理解、更加注重和企业管理活动的融入和整合（孙友文，2018）。ISO31000（2018）从风险出发，考虑了环境（包括人的行为和文化因素）的动态变化及影响，强调了风险管理对风险决策的支持作用，重视风险管理与其他经营活动的整合，突出企业治理和领导力在风险管理工作中的作用。ISO31000（2018）提出企业风险管理的"三道防线"理念：最高管理层是首要防线，以风险管理、内控部门为首的第二道防线，内部审计部门为主的第三道防线。

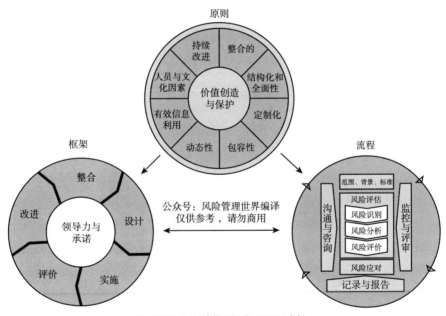

ISO31000国际风险管理标准–2018正式版

图 4-5 ISO31000（2018）正式版

ISO31000（2018）是管理企业各类风险的通用方法，同样也适用于企业跨国并购活动的风险管理。基于该体系的跨国并购风险管理体系，要求企业在充分认识内外部环境和跨国并购流程的基础上，通过沟通和咨询对内加强与员工和管理层的信息交流，对外加强对跨国并购标的的熟悉，严格执行风险评估流程，计划和实施风险应对方案，做好风险记录和报告，在整个过程中通过监控与评价机制来保障和改进风险评估流程的设计、实施和结果的有效性。

4.3.2.2 基于企业内部控制框架的跨国并购风险管理体系

为了提高企业经营管理水平和风险防范能力，参考 COSO（1992）五要素框架，我国财政部、审计署等五部门于 2008～2010 年联合发布了《企业内部控制基本规范》及配套指引，确定了内部控制的五项要素、五项目标和五项原则，构建了以控制环境为重要基础、以风险评估为重要环节、以控制活动为重要手段、以信息与沟通为重要条件、以内部监督为重要保证，五项要素相互联系、相互促进的中国特色的企业内部控制框架。内部控制定位于五项目标：合法合规、资产安全、报告可靠、提高企业经营效率和效果、实现企业战略。企业在实施内部控制过程中需要遵循五项原则：全面性、重要性、制衡性、适应性和成本效益（见图 4-6）。

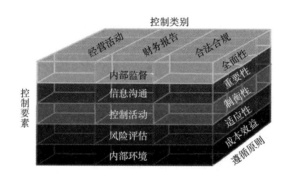

图 4-6　企业内部控制整体框架

建立并购内部控制是提高并购成功率的有效手段。赵息等（2018）利用结构方程模型验证了企业内部控制有效性与跨国并购绩效呈正相关关系，说明有效的内部控制能够帮助企业防范和控制并购风险。刘蕾（2018）在内部控制五要素框架的基础上，构建了"风险评估—控制措施—效果评价"的路径框架，并结合腾讯跨国并购超级细胞案例，评估了其并购财务风险及其风险控制效果。

总之，建立基于企业内部控制框架的跨国并购风险管理体系，可以帮助企业明确并购风险和内控重点，增强自身的管控能力，协助加强跨国并购风险管理工作，从而间接地支持并购价值创造活动。

4.3.3 跨国并购风险管理体系对比分析

4.3.3.1 COSO – ERM（2017）与 ISO31000（2018）的比较

梳理 COSO – ERM（2017）与 ISO31000（2018）可知（见图 4 – 7），这两大风险管理体系在实质上并无本质差异，更多只是表述的逻辑和文字上的差异。两者的共同点如下（华睿创新，2018）。其一，聚焦"价值"。它们均强调风险管理工作要聚焦在组织的价值创造活动。COSO – ERM（2017）将企业的风险管理工作聚焦到企业价值的创造、保护和实现；ISO31000（2018）的"三道防线"理论，均强调企业价值的创造为最终目标。其二，"决策"为核。

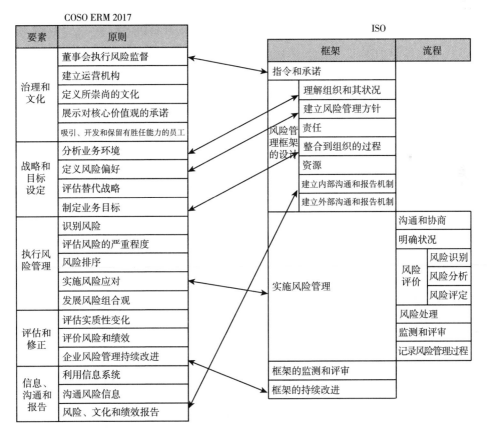

图 4 – 7　COSO – ERM（2017）与 ISO31000（2018）的比较

ISO31000（2018）和 COSO - ERM（2017）都一直注重风险管理对决策支持的作用。其三，"整合"为重。ISO31000（2018）建议将风险管理工作与组织的所有管理活动整合，COSO - ERM（2017）则强调企业风险管理与战略和绩效的整合。

4.3.3.2　风险管理与内部控制的争议

风险管理和内部控制相同吗？它们各自的边界在哪里？COSO 组织对此一直摇摆不定。COSO（1992）提出的企业内部控制整合框架曾得到世界各国相关企业与上市公司监管部门的推广应用，包括我国《企业内部控制基本规范》（2008）。然而，自 2000 年"安然破产"事件以来，全球企业界在不遗余力建设企业内部控制框架 10 多年后发现，即使完备的内部控制体系仍然不能阻止企业遭受诸如破产、经营失败等风险损失。由此，COSO 组织开始从更高的维度反思企业管理活动与内部控制体系的缺陷（孙友文，2017）。实务中，内部控制体系的确可以合理保障财务报告的可靠性和有效性，但对经营与合规目标支持不足。COSO 组织基于 COSO 内部控制框架对 ERM 框架进行升级和扩充，直接导致两者虽然愿景和目标不同，但内容高度重合。2014 年，COSO 组织开始修订 ERM 框架，源于十多年来企业利益相关方越来越强调风险管理对企业价值的创造（孙友文，2017）。COSO 组织对新版 ERM 框架进行了颠覆性的变化，意图划清两者边界，解决两者的纷争。

4.3.3.3　公司治理、风险管理与内部控制的边界

COSO 组织发布的《内部控制框架更新版 2013》显示：公司治理 > 企业风险管理 > 企业内部控制（见图 4 - 8）。COSO - ERM（2017）提出，"内部控制主要聚焦在主体的运营和对于相关法律法规的遵从性上"，"企业风险管理的相关概念并没有包含在内部控制中，例如风险偏好、风险承受度、战略和目标设定等概念，这些都是内部控制体系实施的前提条件"。COSO 组织强调，内部控制与风险管理两个体系侧重点不同且相互补充（孙友文，2017）。

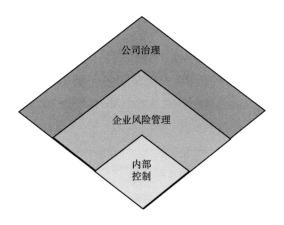

图4-8　公司治理、企业风险管理与内部控制关系（孙友义，2017）

4.3.3.4　三大风险管理体系的综合比较

综合上述三大风险管理体系来看（见表4-7），我国企业内部控制框架是融合了国际理论成果并结合我国国情而制定的规范体系，但内部控制作为ERM工作的一个基础和组成部分，更多强调主体的运营和对监管要求的遵从性，缺乏对战略目标和风险管理的关注。COSO-ERM（2017）体系是由美国反虚假财务报告委员会下属的COSO委员会发布和修订，得到了国际广泛认同。它是在COSO内部控制整合框架的基础上发展而来，同样偏重于监管角度，但增加了风险管理在战略目标设定和执行的内容，可为ERM工作更好地提供指导。ISO31000（2018）体系是由国际标准化组织颁布，是一个全球通用的企业风险管理体系，具有普遍适用性。ISO31000（2018）与COSO-ERM（2017）两者均专注于评估风险，应对风险，并持续监控风险，且为企业风险管理提供了更广泛的指示。但就我国企业制度的发展历程来看，我国企业的风险管理体系普遍建立在内部控制制度的基础之上，ISO31000（2018）体系缺乏应用基础，其在我国企业跨国并购中的应用研究也相对较少。因此，基于当前各风险管理体系在我国企业跨国并购的适用性，本章将选用COSO-ERM（2017）体系构建大数据环境下的跨国并购风险管理框架。

表 4 - 7   风险管理体系对比研究

风险管理体系	发布时间	发布机构	适用性及特点	局限性
COSO - ERM 框架	2017 年	美国 COSO 委员会	被国际广泛认同,在我国有较稳固的制度基础	更偏重于满足监管和反舞弊要求
风险管理标准 (ISO 31000)	2018 年	国际标准化组织	作为通用性标准在国际范围内普遍适用;重点关注风险的自身特征,有助于企业自发开展风险管理工作	在我国缺乏基础应用环境,缺乏实施细则和操作步骤
企业内部控制规范体系	2008～2010 年	中国财政部等五部委	基于 COSO(1992)内控框架,针对中国企业实际情况制定,在跨国并购业务中适用性较差	侧重企业治理和控制,缺乏对企业战略和绩效的整体考虑

资料来源:笔者整理。

4.4 风险管控方法比较

4.4.1 传统风险控制方法

4.4.1.1 风险结构分析法

布鲁纳(Bruner,2005)从建筑结构视角首次提出了风险结构分析法,系统地搭建了企业跨国并购风险评价框架。他从并购复杂性、缺乏弹性、非常态商业波动、认知偏差、不利的管理选择、运营团队的缺陷这六个维度研究了企业跨国并购的风险因素,并依据企业财务资料和高级管理人员的评论来评估风险,以实现对并购风险的有效控制。布鲁纳指出,这六项因素都不会单独导致灾难发生,是多种风险因素相互影响、共同作用的结果。

国内外学者针对布鲁纳风险结构分析法的应用和有效性进行了相关研究。卡兰德罗(Calandro,2008)运用该方法对巴菲特收购通用再保险(Gen Re)案例进行了分析,认为该分析法能够有效对并购风险及其影响程度作出客观评价,避免并购交易失败。王江和刘岩(2011)基于风险结构六要素,认为中国石油化工集团有限公司(以下简称中石化)在跨国并购艾德克斯(Addax)公司过程中存在一定的认知偏颇,但有效控制了其他五项风险因素，从而确保了并购的有效进行。周海燕（2014）借鉴该分析法剖析了中海油并购尼克森案例，并结合我国央企自身的特点，加入政治风险、核心技术缺乏风险、企业治理结构风险纳等风险要素，进一步完善了布鲁纳风险结构分析框架。

总体上，布鲁纳风险结构分析法是一种定性的分析方法，侧重于分析企业内部的风险因素，认为"人"是最主要的风险根源，这有助于防止高层决策者在跨国并购中作出错误决断。但是，该分析法也存在一定的局限性：一是对外部风险考虑不足，仅考虑了可能引起商业波动的相关因素，却忽略了政府干预、政策监管、法律约束等非经济因素；二是仅从静态的角度刻画了风险的特征，对风险随并购进程发展变化的动态特征考虑不够；三是缺乏完备的指标体系，主观性较强。

4.4.1.2　流程风险分析法

流程风险分析法是将跨国并购流程划分为多个流程，根据不同流程的业务特征识别阶段性风险并部署相应的应对方案，该方法应用最为广泛。陈超和邹琳等（2014）、德勤和中投研究院（2019）将跨国并购过程划分为四个主要阶段：并购战略制定阶段、标的搜寻筛选阶段、交易执行阶段、投后整合阶段（见图 4 - 9）。

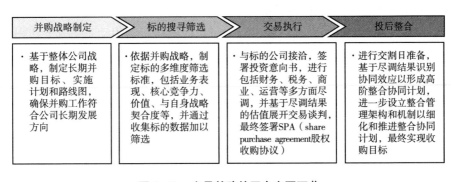

并购战略制定	标的搜寻筛选	交易执行	投后整合
·基于整体公司战略，制定长期并购目标、实施计划和路线图，确保并购工作符合公司长期发展方向	·依据并购战略，制定标的多维度筛选标准，包括业务表现、核心竞争力、价值、与自身战略契合度等，并通过收集标的数据加以筛选	·与标的公司接洽，签署投资意向书，进行包括财务、税务、商业、运营等多方面尽调，并基于尽调结果的估值展开交易谈判，最终签署SPA（share purchase agreement股权收购协议）	·进行交割日准备，基于尽调结果识别协同效应以形成高阶整合协同计划，进一步设立整合管理架构和机制以细化和推进整合协同计划，最终实现收购目标

图 4 - 9　交易并购的四个主要环节

其中，战略制定阶段主要存在战略匹配风险和政治法律风险，目标搜寻及筛选阶段主要存在对海外环境了解不足、并购目标难寻的问题，交易执行阶段需要重点关注定价风险、政府监管风险、融资风险等；投后整合阶段则应当加强对文化整合风险的关注。识别阶段性风险有利于细致分析并购流程中各环节的风险因素，准确把握风险控制点，并针对关键控制点提出相应的风险管控措施（杜璇，2017）。以美的集团并购德国库卡为例，徐瑞瑶（2016）对并购流程中各阶段的财务风险及应对方法进行了研究，针对跨国并购的主要流程提出了防范跨国并购财务风险的相应措施。

流程风险分析法对于我国企业跨国并购风险管理具有广泛的适用性，能够较为全面和系统地考虑整个并购流程中的各种风险。运用该分析法，可以在充分识别阶段性风险的基础上，更有针对性地进行跨国并购风险分析、评估和防范。不过，由于跨国并购的复杂性，一些风险因素并非单独存在于单个并购环节，而是相互作用并贯穿于多个流程，从而影响跨国并购的整个进程。因此，运用流程风险分析法识别跨国并购风险时，应当注意不同阶段风险的变化以及风险的积聚效应和交叉影响。

4.4.1.3 风险演化链分析法

企业跨国并购风险是在跨国并购一系列活动过程中产生和不断发展的，各种风险因素往往相互影响、动态变化，线性、静态的流程风险分析法难以分析这种错综复杂的状况，风险演化链分析法则可以描述海外企业并购各类风险的产生、流动、变化轨迹以及各阶段的状态。近年来，越来越多的学者开始关注风险的动态特征，将风险演化理论应用于跨国并购风险的研究。陈菲琼和黄义良（2011）基于风险生成与演化的机理，利用动态仿真方法揭示了组织文化整合过程中跨国并购风险的演化情况；殷萌萌（2011）针对上海汽车收购韩国双龙案例，模拟技术整合风险的动态演化机制，验证了风险演化动态仿真模型的有效性。闵剑（2013）进一步完善了跨国并购风险演化模型，探索出风险演化的具体路径（见图4-10）。

图4-10显示，风险潜藏在风险源中，由风险事件引发，形成风险流，依附于资金、信息、人力等风险载体，沿着相关利益链一路传导，流动到业务流程的各个节点，对相关环节进行影响，进而形成不同属性的风险集，组成跨国并购的各风险系统，在这个过程中，风险性质和风险程度会不断改变，最终造成一定的风险结果（闵剑，2013）。与风险演化过程相对应，风险管控也应当是一个动态过程，闵剑（2013）构建了"风险演化监测—风险预警

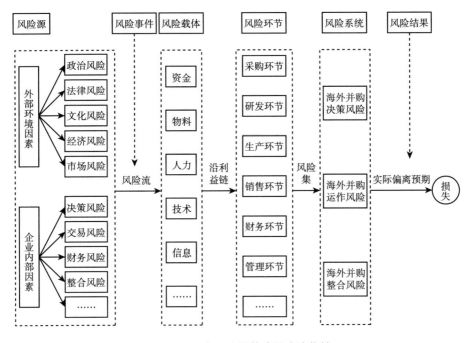

图4-10 企业跨国并购风险演化链

监测—风险动态决策"的动态监测模型，以期帮助企业更好地监测和应对跨国并购风险。

　　跨国并购风险演化链分析法最大的特点在于关注了风险的动态性，弥补了仅在单一时间上分析和评价风险的缺陷。但是，该模型需要大量的数据和样本案例，样本数量和数据的不足限制了模型的精确度；在风险评价标准的统一以及一些主观风险指标的构建上也需要深入研究。

4.4.2　大数据风险控制方法

　　大数据风险控制是指运用大数据服务于风险管控，即采集各种类型可以从不同侧面反映企业经营状况和经营能力的数据，通过对数据的采集、转换、存储、统计以及经过风险模型的加工处理，来进行风险揭示或风险预警，达成有效的风险管控（张孝昆，2018）。目前，直接采用大数据风控理念进行企业跨国并购风险管理的研究还不多见。

从风险管控程度来看，互联网企业国际化投资风险可分为三类：一是外部环境风险，如国家风险、市场竞争风险、社会文化风险等，这类风险主要受外部因素影响，管控难度较大；二是内部管理风险，包括并购财务风险、社会责任风险等，这类风险受企业内部管理影响较多，管控难度相对小一些；三是媒体关注风险，这类风险主要受利益相关者情绪影响，具有一定的预警价值。

4.4.2.1 外部环境视角的大数据风险预警

在众多的外部环境风险大数据预警或智能预警中，国家风险中最为重要的类别是政治风险，许多学者对此进行了探索。贾若愚（2016）把政治风险细分为东道国政府因素导致的政治风险、东道国社会因素导致的政治风险、国际关系导致的政治风险，通过融合 Logistic 回归模型与贝叶斯网络，构建了国际工程政治风险智能预测模型。虽然该模型预测准确率达到83.3%，具有较高的鲁棒性，但该研究本质上属于计算机仿真模拟。董青岭（2017）认为，计算机介入政治分析和国际关系研究并不是一个新现象，基于机器学习的冲突预测范式具备一定的冲突预测能力。但即便如此，作为一种跨学科交叉研究范式，机器学习介入冲突预测仍然面临重重困难，如数据稀少、预测模型调优困难、概念界定模糊等。

4.4.2.2 内部管理视角的大数据风控预警

在内部管理风险中，智能财务风险与智能风控平台属于研究热点。

（1）智能财务风险预警模型。

滕晓东和宋国荣（2021）总结认为，现有智能财务风险预警模型可分为三类：单分类器模型；混合单分类器；多分类器组合模型。其中，潘越等（2019）提出基于人工智能技术构建企业动态财务预警系统的具体构建流程：首先，建立样本数据库，包括权威样本的选取、采用网络爬虫技术获取样本信息。其次，问题的归纳与处理，包括对样本中涉及的不同公司按经营方向进行归类；对样本信息进行分词、情感分析等文字处理；问题划分与阈值设定（三次筛选确认财务预警指标）；按行业建立问题数据库；建立公司财务信息数据库。最后，建立动态财务预警系统的工作流程，包括编程判定公司是否存在财务问题；给出反馈。但该研究属于理论设想，实际效果未知。

（2）GBS 平台及其智能风控中台。

随着"大智移云物区"等新技术的快速发展，"万物互联、数据互通"成为可能，全球共享服务（GBS）平台应运而生。GBS 建设强调财务（数据）与业务充分融合的能力，这需要有强大的数字化共享服务中心（即中台能力）来提供共享服务支持。自从阿里巴巴提出业务中台和数据中台的双中台模式，互联网企业纷纷效仿并创新推出业务中台、数据中台（含财务中台）和智能中台（含风控中台）三中台模式。

智能风控中台的目标是通过数据分析提升业务洞察力，辅助经营决策，及时干预业务规避损失。从企业三道防线角度来看，风控中台服务于第二道和第三道风险，聚焦于风险管理所需要的数据能力建设，而业务中台服务于第一道防线，侧重于业务管理所需要的数据能力建设；从数据应用角度来看，风控中台所需的数据更加全面、更加广泛，数据需要横向整合应用，往往会综合应用财务、人力、业务、外部数据来构建所需的数据应用。

智能风控中台就是风控中台建设过程中大量应用智能化技术，其设计思路遵循"四位一体"的业务管理思路（见图 4 - 11）。智能风控中台以业务为载体，以流程为主线，以风险为导向，以法律为准绳，以制度为基础，以内控为手段，构建风险、合规、内控、法务的业务关联，实现各业务之间的互联互通，形成监督合力，搭建"四位一体"的全面风险管理体系。

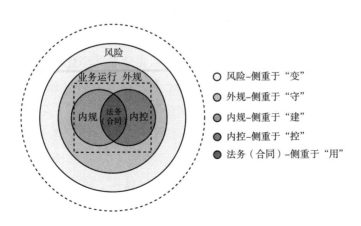

图 4 - 11　"四位一体"智能风控中台设计思路

智能风控中台致力于打造"横向到边，纵向到底"的数字化蓝图（见图 4 - 12）。基于统一开发平台，管理上"横向到边"，融合风险、合规、内控、法务等管理数据要素，形成一体化的风险管控体系；数据上"纵向到底"，通过数据采集分析能力，跨组织自下而上获取业务数据，通过指标、模型、图谱等手段监控业务运行，及时洞察，快速纠偏。以风控中台为基础，GBS 平台智能风控中台包括风险管理、内控管理和风险预警三个子系统，通过多种方式采集内外部数据，运用大数据及人工智能技术，灵活定义风险指标及模型，实现重大风险实时监测，快速预警（见图 4 - 13）。

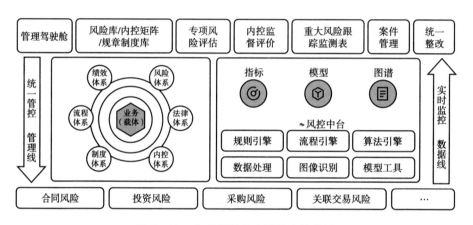

图 4 - 12　智能风控中台的数字化蓝图

在投资风险管理应用场景上，智能风控中台以投资者利益为出发点，能够实现投资项目全类型、全生命周期、全过程管控，达到投资项目管理信息化、业务运作高效化、风险控制体系化、数据信息共享化。该系统覆盖投资计划、项目立项与可研决策、项目实施、投产运营管理（投后管理）、项目后评价全生命周期，实现决策过程、实施环节、投产运营、后评价各环节的全过程闭环管控，有效控制过程风险。该平台可横向协同各工作平台：如主数据系统、财务系统、审计系统、办公自动化（OA）系统、电子招标平台等，确保数据的唯一性和准确性，达到数据信息共享的目的。

4.4.2.3　媒体关注风险的大数据预警

李方一等（2016）证实部分关键词的网络搜索数据能够有效地用于预测

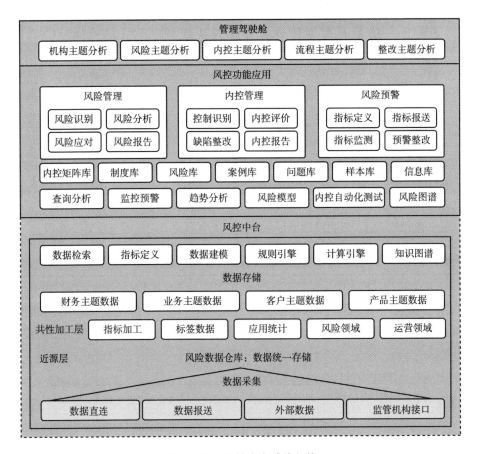

图4-13 风控中台功能架构

区域经济的月度变化。江乾坤等（2018）发现，媒体关注（百度搜索词条）对于跨国并购后公司的财务风险有一定程度上的控制作用。关静怡等（2020）认为，股吧评论研究主要关注投资者关注强度（评论数量）和投资者情绪（看涨看跌），投资者意见分歧（看涨看跌的较量）尚未被重视。高梦滢（2020）发现，引入股吧评论大数据指标的互联网行业财务危机预警模型可以有效提高预警效果，调节传统财务指标的滞后性。近年来，以全球事件、语言和语气（GDELT）数据库为代表的东道国媒体情感大数据日益受到研究者关注并用于国际化投资风险管控研究，如龚为纲等（2019）、陈强远等（2023）。

4.4.3 跨国并购风险管控分析方法比较

综合比较上述三种跨国并购传统风险管控分析方法（见表4-8），它们各有特点和侧重点，也存在一定的共性，例如，这些方法的应用通常基于过去的经验和极为有限的数据，无法充分、及时和准确地预见未知风险因素和风险事件。随着互联网技术的不断发展以及大数据时代的到来，传统风控分析方法已经很难适应新时代企业业务拓展和市场竞争的要求，尤其对于企业跨国并购这样复杂的业务，运用大数据风险分析法则能够在提升企业对于风险的警觉性，更为充分地识别风险、更为精确地评估风险、更全面地应对风险（张雄，2019）。

表4-8　　　　　　　　　　跨国并购风险分析方法对比分析

方法类别	分析角度	特点	主要缺陷	适用性
风险结构分析法	风险因素的角度分析（点）	侧重关注"人"的因素，关注了风险之间的相互作用	对风险因素考虑不够全面	更适用于具有一般商业性质的跨国并购交易
流程风险分析法	并购流程的角度分阶段分析（线）	较为全面地识别阶段性风险、把握业务环节关键决策点，有针对性地进行风险管控	易忽视不同并购阶段之间风险的变化和相互影响	普遍适用
风险演化链分析法	风险演化的角度分析（动态链条）	关注了风险随并购进程的动态演化和传导机制	数据的不足限制了动态演化模型构建的精确度	广泛适用但应用过程中可操作性相对较弱
大数据风险分析法	大数据角度分析	关注结构化数据（财务数据）、半结构化和非结构化数据	对数据量、维度及风险模型要求高	有待推广

4.5　大数据环境下互联网企业国际化投资风险管理框架构建

数字经济时代，大数据风控成为新趋势，现有研究主要集中于大数据在财务预警中的应用（张孝昆，2018；潘越等，2019）。随着海量数据快速增长与大数据技术的日益成熟,基于大数据技术的跨国并购全面风险管理已成为可能。

4.5.1 互联网企业跨国并购风险大数据预警机制的构建

面临复杂的海外投资环境,建立科学有效的风险预警机制是实现跨国并购大数据风控的基础工程。这一机制的设计由数据采集和处理、风险判断及预警、预警效果评价和反馈三部分内容组成。

4.5.1.1 采集和处理数据

针对跨国并购活动,互联网企业需要广泛收集分散在国内外的数据,如来源于各级政府及相关单位的数据、来源于企业及关联方的数据、社会化的数据以及通过网络爬虫技术获取的互联网数据等,支持数据实时装载到大数据平台中,构成"数据仓库"。数据处理则需要整合数据类别,对数据进行加工、清洗、统计、分析,进而生成数据模型变量;针对企业内外部风险因素,需要实时计算各类指标数据,生成内容丰富的指标数据源,为跨国并购风险的监控和预警提供依据。通过对数据信息的全面收集,企业能随时掌握政策、经济、市场、行业、目标企业的动态信息,及时对重大变化作出反应。同时,应当建立风险样本数据库,通过收集权威机构发布的文件公告以及搜集技术等渠道,采集跨国并购交易数据及其风险管理案例信息,为风险判断提供参考标准。

4.5.1.2 建立风险判断及预警机制

风险判断及预警机制的主要流程是通过大数据分析识别风险类别、量化风险程度,并对是否达到风险预警阈值作出判断。首先,借助数据挖掘技术和人工智能技术,对跨国并购样本数据库中大量的案例数据进行关联分析,对样本中涉及的不同类别的跨国并购交易进行归类,结合企业特点确定企业各类风险承受度,并以此为依据设置风险监控阈值(潘越等,2019)。其次,通过数据的实时收集和分析实时监控风险数据,对企业内部状况、目标企业状况、行业发展状况、外部环境状况等进行分析和预测,从而识别和量化由上述风险源单独或交互影响产生的跨国并购政治风险、法律风险、财务风险、整合风险等各类风险,并对风险等级、风险概率以及对并购战略目标的影响方式和程度作出分析和预测。当量化结果超过之前设定的预警阈值时,风险监控系统就会作出预警提示。最后,对于存在风险的事项,预警决策机制会启动搜索样本库中相似的案例信息和应对方案,将风险描述与决策建议以风险报告的形式统一反馈给企业管理者,增强企业跨国并购决策的科学性与客观性。

4.5.1.3 建立预警效果评价和反馈机制

跨国并购交易的风险影响因素是多元化且动态变化的,建立预警效果评价和反馈机制对于提高风险预警的准确性和稳定性具有重要意义。企业应当收集整理内外部对每次预警效果的评价,通过人为优化和机器学习对预警模型和各项指标进行不断的修正和调整,从而提高预警机制对环境变化的适应性,保证和提高企业跨国并购风险预警的敏感度和准确度。

4.5.2 互联网企业跨国并购大数据风险管理框架的构建

跨国并购风险关联关系复杂,风险联动控制困难。大数据风控不仅需要建立和完善风险预警机制,还需要建立事前预警、事中控制、事后监督一体化的风险管理流程。如图 4 - 14 所示,结合 COSO - ERM(2017)企业风险管理体系构建大数据环境下的互联网企业跨国并购风险管理框架,运用大数据辅助战略制定和目标选择、对并购风险进行实时监控、充分识别和智能化分析,挖掘蕴藏于海量数据中的价值,从而支持跨国并购风险管理决策。

4.5.2.1 治理和文化

大数据时代会促使公司治理结构产生重大变革。企业的治理和文化应当适应新时代的发展,在原有治理架构的基础上嵌入大数据治理框架,将企业组织架构和业务管控与企业信息化高度融合,建立健全包括治理层、风险管理职能部门、战略投资部门、业务部门在内的大数据风险管理组织体系,建立不同部门之间的有效联系以及数据和业务之间的有效联系,同时针对跨国并购业务建立完善的风险管理规范,要求员工树立大数据风险意识、大数据治理意识,丰富相关管理人员利用大数据的能力和灵活运用自身具备的专业知识能力水平。大数据环境下企业也将减少对经验和直觉的判断转而通过对

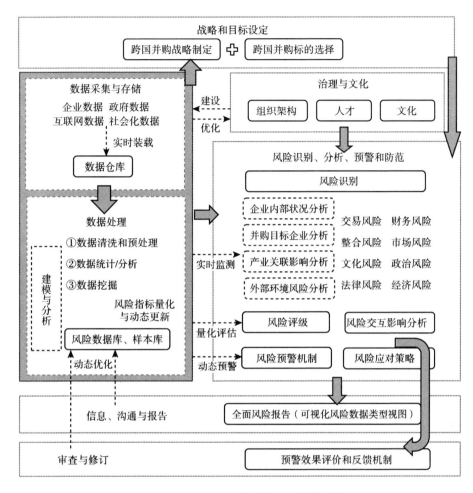

图4-14 企业跨国并购大数据风险管理框架

数据的挖掘与分析,从而加强管理效能,大数据的运用能够帮助企业更深程度地了解境外文化和目标企业团队组织情况,通过差异分析和互补学习促进企业在跨国并购过程中的人力、文化整合。

4.5.2.2 战略和目标设定

借助大数据分析,企业从战略制定阶段就可以对未来潜在的并购风险进行识别与捕获,以便企业在制定跨国并购战略和选择并购目标的过程中能够获得科学的指导。在传统的跨国并购分析方法中,企业了解目标企业的渠道非常有限，信息量低且高度混杂，时效性差，也缺乏对信息的有效整合，甚至有可能误导企业对并购标的价值的判断；人工筛选并购标的也是一项复杂的工作，需要对多项调查结果进行比较分析，耗费大量人力和财力。而运用大数据技术，从数据的深度和广度两个方面对目标企业的各种行为数据进行采集和分析，简化信息复杂程度，对并购目标区域和目标企业进行风险评级，直观地反映其风险水平，最大限度减少信息不对称情况的发生，还原跨国并购标的的真实面貌，提升信息透明度，以便于企业高效、客观地作出战略决策。

4.5.2.3 风险的动态识别、量化评估和实时监测预警

大数据环境下的风险识别基于广泛的内外部信息收集及汇总，通过挖掘风险源头，充分识别风险，形成风险数据库。企业跨国并购活动宏观环境层面的风险识别主要依据于与世界经济形势、国内外政策导向、法律法规修订相关的数据；行业环境层面的风险识别需要基于与市场发展变化趋势、行业监管动态相关的数据；业务层面的风险识别需要在上述两类风险因素的基础上关注跨国并购进程及各业务环节的风险因素。全面的、动态的风险识别确保了跨国并购风险监测和预警机制的有效性。大数据对风险评估的影响主要体现在评价指标量化。在充分识别风险的基础上，运用大数据技术对辨识出的风险及特征加以分析比较，对风险发生的可能性及对目标实现可能产生的影响程度进行量化评判，能够大大提高风险评估的精确性和客观性，一旦量化结果超过风险预警临界值，风险预警机制会作出预警并提供决策建议，从而辅助企业作出更准确的风险应对方案。

4.5.2.4 审查与修订

随着跨国并购活动的不断深入，业务环境也不断发生变化。企业在全面执行风险应对方案的同时应当运用大数据技术对跨国并购风险管控的合并实施情况和执行效果进行实时监控和分析考核，借助预警效果评价和反馈机制不断优化大数据风险管理体系，促使企业提升跨国并购风险管控能力。

4.5.2.5 信息、沟通和报告

在大数据环境下，企业应当升级信息系统以支持企业风险管理新体系的

建设，同时应当加强企业不同层级间（战略决策层、风险管理层、业务执行层）的双向沟通。大数据技术可以帮助企业建立可视化风险数据类视图，形成全面风险报告，报告抓取并统一集成企业内外部风险信息，包括风险类型、风险等级、风险发生概率，风险原因和预期影响等，能够多维度展示跨国并购不同阶段风险变化的情况，使报告使用者可以对企业自身能力和跨国并购环境有清晰的了解，以便作出积极的并购决策。

4.5.3　小结

数字经济时代，传统的企业跨国并购风险管理方法由于自身的特点与局限性已经难以适应日趋复杂的跨国并购环境。在大数据环境下，我国企业跨国并购风险管理框架可以基于 COSO – ERM（2017）风险管理体系、海量数据和大数据风险预警机制整合而成，从而实现企业对跨国并购过程的全方位风险识别、多维度风险分析和实时风险预警。本章主要构建相关理论框架，后续研究可以结合人工智能、区块链等新技术，根据企业自身的特点和跨国并购业务的特色，为企业量身定制跨国并购大数据风险预警、分析及可视化模型，并动态调整数据指标，使企业跨国并购大数据风险管理框架的适用性、准确性和及时性得到更好的保障。

第 5 章

基于 Stacking 集成学习的互联网企业跨国并购财务风险的大数据预警分析

5.1 引　　言

随着全球数字经济的强劲发展和"数字丝绸之路"倡议的深入推进，以字节跳动、腾讯、阿里巴巴为首的我国互联网企业相继扛起新兴技术产业"出海"的大旗，迅速崛起并在跨国并购领域崭露头角。然而，互联网行业的突飞猛进伴随着高风险。第一，互联网企业特有的轻资产结构极易引发财务危机。互联网企业早期"烧钱"模式容易导致资金链紧张，且私募股权/风险资本（PE/VC）的融资方式也显著地增加了运营成本和流动性风险。第二，激烈竞争推动互联网企业必须不断加快创新。在"赢者通吃"的市场上只要技术略微突破便可能吸引大批客户，相反技术落后企业便很快会被市场所遗弃（蒋殿春和唐浩丹，2021）。在这种激烈的市场竞争下，互联网企业需要不断创新和提供差异化服务才能生存下来。此外，随着国内人口红利见顶、内需供给增长变缓、智能手机销量下滑，国内互联网各领域增速在逐渐回落，为了追求业务的增长，互联网公司必须拓展新的市场，"走出去"成为互联网企业的必然选择（郭全中和李祖岳，2023）。然而，在追随互联网巨头"走出去"的过程中，许多新兴互联网企业无视风险盲目投资，内控建设形同虚设，风险管理能力低下，造成运营混乱，从而引发财务危机。创造奇迹的同时也暗藏阻碍与风险，例如，暴风影音因为盲目并购欧洲体育媒体服务公司铭赛体育传媒而破产退市，联络互动因为收购美国电商公司新蛋

（Newegg），而一度严重亏损被特别处理（ST），等等。错综复杂的风险因素交织作用于互联网企业跨国并购的各个流程，最终效果会以财务指标予以呈现。互联网企业正掀起新一轮国际化投资浪潮，如何应对错综复杂的全球投资环境以避免财务危机？如何利用大数据、云计算、人工智能等新技术进行国际化投资风险预警？如何提升互联网企业跨国并购风险管控能力？因此，有效识别我国互联网企业跨国并购财务风险因子，进而制定相应的财务风险预警策略势在必行。

跨国并购风险的传统预警手段主要是企业或专业机构的尽职调查、各类机构发布国家投资风险评估报告等单指标、定性、静态模式，在"世界是平的"互联互通时代，这已不能满足风险管控实时决策的需要。本章借助大数据技术开发多指标、定量、动态模型，以期避免传统模型数据单一、定性和滞后性等问题。目前财务风险预警模型研究轨迹可分为三个代际：第一代为单一变量分析法；第二代为多元变量和条件概率分析法，如 Z 分值、逻辑回归模型等；第三代为人工智能分析法，如聚类、随机森林、BP 神经网络、支持向量机等（肖毅等，2020）。随着大数据技术的日渐成熟，如何构建机器学习等智能财务风险预警模型正成为新的研究方向。对于财务风险预警因子，现有研究大多局限于战略选择风险、政治风险、融资风险等单一风险或几种风险对互联网企业跨国并购的影响，如何引入股吧评论等非财务信息值得期待。

虽然机器学习已广泛运用于风险预警模型构建，但是多基于基学习器的单一分类算法和预测，且在实际中仍会遇到诸多难题（杨剑锋等，2019）。本章的贡献在于：首先，已有研究大多集中于"重资产"类的制造型企业跨国并购，本章研究对象是聚焦"轻资产"类的互联网企业跨国并购，拓展了跨国并购风险预警研究；其次，通过大数据证实 Stacking 集成学习模型相比 RF 等其他机器学习模型的财务风险预警效果更好；最后，通过 Stacking 集成学习模型发现，运营能力等传统型财务指标依然是互联网企业跨国并购风险预警因子的首选指标，但股吧评论等创新型非财务指标也具有重要的预警价值。

5.2   文 献 回 顾

现有财务风险预警模型的构建可概括为两个维度（肖毅等，2020）：一是预测方法经历了从单一传统的统计学方法到基于人工智能的机器学习方法的演化；二是风险因子从固定财务比率到通过数据挖掘方法进行数据筛选以选择财务比率，再到引入非财务因素。本章将从智能财务预警模型和互联网企业跨国并购风险因子两个方面进行梳理。

5.2.1   智能财务风险预警模型

现有智能财务风险预警模型可总结为以下三类。一是单分类器模型。包括 Z 分值、逻辑斯（Logit）、概率比例矩法（Probit）以及累积求和模型等统计分析类；神经网络算法（ANN）法、遗传算法、粗糙集、决策树、支持向量机（SVM）等人工智能类。二是混合单分类器。将两个模型串联混合或融合两三种单分类器模型来产生一种新的预测模型。三是多分类器组合模型，包括单分类器的并联组合和串联组合（滕晓东和宋国荣，2021）。不过，上述智能财务风险预警研究存在诸多改进之处：一是单分类器模型研究尚不深入；二是多分类器组合模型研究较少；三是忽视专家经验知识和非财务信息对财务风险预警的重要作用；四是针对中国市场开展实证研究的经验证据还不够充分。

当前机器学习算法主要分为以下三类：一是基本分类算法，典型代表是 SVM、逻辑回归（LR）、决策树；二是神经网络算法（ANN），典型代表是反向传播神经网络（BP）模型；三是集成分类算法，典型代表是随机森林（RF）和 XGBoost。其中，基尼（Gini）系数（CART）等决策树算法模型往往会出现过拟合，ANN 模型只能高度匹配局部经济状况，模型的大局匹配能力不高，而集成分类算法最为常用。集成学习通过构建并组合优化多个模型来完成学习任务，虽然其得到的也是"弱学习器"，但优点在于可以产生多种"弱学习器"并将它们集成一个"强学习器"，该新学习器在泛化性能和预测精度方面具有明显的优势。从以往的实证结果来看，相比其他机器学习算法，采用集成学习算法对于财务困境企业的预测更为准确（任婷婷等，2021）。

目前最为成熟和发展最壮大的三类集成学习算法：一是引导聚集算法或装袋算法（Bagging），包括 RF、随机树等，可减少方差；二是提升法（Boosting），包括自适应提升算法（Adaboost）和梯度提升（Gradient Boosting）等，可减少偏差；三是堆积（Chowdhury et al.，2015）。三种算法在样本选择、样例权重、预测函数、并行计算、目标侧重上各有千秋。但一般的集成算法是通过某种方式融合多个相同的学习器，而 Stacking 集成学习策略则更为强大，其通过将多个不同的基本学习器的预测结果作为新的特征输入一个元学习器中，从而获得更准确和泛化能力更强的预测结果（林萍和吕健超，2023）。在 Stacking 算法中，需要进行两个阶段的学习：第一阶段是使用多个基本学习器对原始数据进行训练和拟合，得到多个基本模型；第二阶段是使用一个元学习器将多个基本模型的预测结果组合起来，生成最终的预测结果。Stacking 集成学习方法能够兼顾多个基模型和元模型的学习能力，发挥各模型优势，进一步提高预测精度。此外，由于 Stacking 集成学习方法以及选取模型的自身优势，该模型具有可移植性（李美玉等，2023），在其他应用情境下实现风险预警，如信用债违约风险预警（刘晓等，2023）、P2P 网贷违约风险预警（丁岚和骆品亮，2017）等。

从智能财务危机预警模型实践来看，通常是先选取财务类指标，包括企业偿债能力、企业盈利能力、企业营运能力、企业现金流量水平、企业发展能力、资本结构（吴春雷和马林梅，2007）。由于财务信息存在滞后性，应引入多角度的非财务信息，从不同侧面预测企业财务危机的风险源，进而提升预警模型的预测价值（肖毅等，2019），如监事总规模、审计意见和创新成长能力、大股东持股比例和独立董事比例（吕峻，2014）、网络舆情（宋彪等，2015）、系统性风险（杨子晖等，2022）、线上运营能力、投诉途径、登录方式与合作第三方网络平台数量。此外，通过引入新闻媒体和股吧评论等大数据指标，可以有效改进现有财务危机预警模型，增强该类模型预警效果（宋彪等，2015）。可见，融合大数据与机器学习算法的智能财务风险预警模型不仅可行，而且往往会挖掘很多新型的预警因子。

5.2.2　互联网企业跨国并购及其风险因子

与国内并购相比，跨国并购所涉及的政治、经济、文化等风险问题更为错综复杂（王静，2020），如东道国媒体负面情绪强烈（晏艳阳和汤会登，2023），数据风险日益突出（马述忠等，2023），"来源国劣势"引发东道国政府的监管阻挠（杨勃等，2020），贸易堡垒带来的跨国并购障碍与风险（杨连星，2021），文化差异导致并购整合失败（Ahern et al. ，2015），制度环境差异大导致信息不对称（Ahmad and Lambert，2019）、法律风险（俞锋和池仁勇，2015）等宏观因素。但是，这些研究大多限于单一风险或几种风险因子，且大多采用 logistic 回归等传统实证方法，较少采用大数据的机器学习方法。而随着大数据技术日益兴盛，通过机器学习模型挖掘更丰富的互联网企业跨国并购风险因子已成为可能。

随着国内互联网市场进入存量市场竞争时代，互联网行业"出海"已成为趋势，这对以往大多针对传统制造业的跨国并购研究提出了新的挑战。近年来，部分文献开始对互联网企业国际化展开探索式研究（Vecchi A and Brennan L，2022；冯乾彬等，2023）。罗（Luo，2021）提出主流的国际化投资理论难以适用于中国互联网行业等新兴行业的投资行为，传统的所有权优势、区位优势和内部化优势在数字经济时代有所削弱。在互联网企业进行跨国并购时，东道国的市场规模、地理距离不再是企业着重考虑的因素，而是更倾向于获取东道国丰富的数字技术和研发资源（蒋殿春和唐浩丹，2021）。相比于传统制造业，互联网行业的敏感性会导致企业在并购时会遭受更为严厉的东道国政府监管（郭全中和李祖岳，2023），如近年来美国对我国的中兴、华为和字节跳动等互联网企业的定点打击，以及美国外资投资委员会（CFIUS）以国安理由介入调查并取消的并购案例越来越多。GDPR 等数据隐私法规的出台也对我国互联网企业"出海"提出了更高的要求（马述忠等，2023）。区别于传统制造业跨国公司，互联网企业独特的成长路径蕴含着特有的跨国并购风险（楼润平等，2019），因此，区别于传统制造类企业，有必要对互联网企业国际化作更深入的探讨。

综合来看，现有文献机器学习研究主体多是上市公司国内并购（王言等，2021），较少专注跨国并购事件；研究对象以传统制造业为主，较少专注互联网企业；预警指标体系以微观（企业）财务指标为主（Jia et al.，2020），较少涉及宏观（国家）和中观（行业），对跨层面多角度的影响因素的综合分析较少；预警风险因子以财务类指标为主，非财务类指标已经逐渐增多（陈艺云，2022）；研究方法已经大量探索机器学习模型，但 Stacking 集成学习算法模型少见。为此，基于互联网企业跨国并购事件及其文献，本章从国家宏观、行业中观、企业微观和大数据四个维度构建互联网企业跨国并购财务风险大数据预警指标，通过算法优化构建集成预测模型，并对比不同学习算法在跨国并购风险预警的预测效果，以期为跨国并购风险管控提供新思路。

5.3　Stacking 集成学习算法建模与风险因子指标体系构建

5.3.1　研究思路

本章设计的基于 Stacking 模型的互联网企业跨国并购财务风险大数据预警模型实施路线如图 5 – 1 所示。国内和国外并购交易分析平台中记录了大量互联网企业跨国并购记录数据，本章首先通过网络搜集软件、手工等方法收集我国互联网企业跨国并购的样本。除基础数据预处理工作外，本章就可能出现的样本过拟合和特征维度过多的问题提出了解决方案。在模型设计和实施阶段，依据"好而不同"的原则在模型候选列表（包括集成学习模型和非集成学习模型）中进行随机选择并针对跨国并购数据集完成训练，并采用机器学习任务中常用的准确率和曲线下区域（AUC）值等指标进行模型评估，选取预测精度最高的组合模型作为基模型组合。其次，基于 Stacking 集成学习的思路，对单分类器的输出结果进行特征融合优化，并将其作为输入进行元模型的训练，以输出最终的预测结果。最后，通过输出特征重要性图来分析模型中各个特征对预测结果的影响程度。这有助于我们理解模型对于不同特征的关注程度，并帮助我们进行特征选择和模型调整的优化工作。

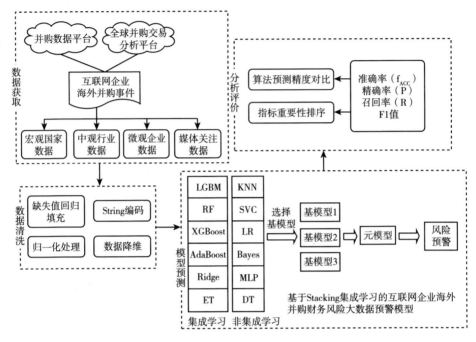

图 5 – 1　模型实施路线

5.3.2　Stacking 集成学习算法建模

集成学习技术是将一系列基学习器通过迭代、组合等方式组成新的机器学习模型来降低方差以及提高模型的泛化性能（Dasarathy and Sheela，1979），首先，依据预先设定的规则生成多个分类器；其次，利用预设定的组合规则将这些分类器合理地组合起来，形成一个元分类器，其泛化能力更优于单一分类器；最后，综合分析多个分类器的预测结果，得出最终的输出结果。基于"堆叠泛化"（stacked generalization）概念，沃尔伯特（Wolpert，1992）认为集成学习是一种将多重机器学习模型分类、分层，最后通过一类投票（Vote）方法输出模型最终分类结果的算法模型。对比传统的基于投票法的集成学习模型与 Stacking 模型，后者的分类准确性均优于前者（Sigletos et al.，2005）。Stacking 算法使用特殊的结合方法，可以将不同类型的机器学习算法汇集并堆叠成为一个新的学习器（徐继和杨云，2018）。

Stacking 算法建模过程见图 5–2。首先，对数据集进行重采样，获取多个子集，一般分为与基学习器个数相同的份数。第一层学习模型通常是指对原始数据即没有标签的数据进行预测并进行有监督的学习。本章所用的数据均是在已有事实结果的情况下获取，数据已经有了明确结果，故第一层学习模型不再考虑。基学习器是指在构建 Stacking 算法中用于构建第二层预测模型的机器学习算法。每个基学习器仅使用一个其他基学习器未预测过的子集来作为预测集，以保证这个子集未参与训练过程，且可以减少过拟合程度。通常在选择基学习器时，选择计算方法有偏差的弱学习器来产生分类结果，以免导致后续的训练受第二层结果影响过大，造成结果方差偏离较大。在分配训练子集过程中，应当避免每一块数据索引互相重叠（史佳琪和张建华，2019），以防最终输出结果出现严重的过拟合。

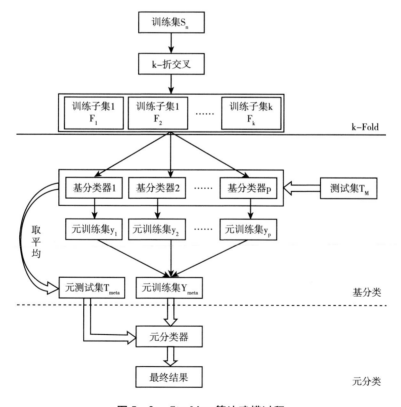

图 5–2 Stacking 算法建模过程

其次,得到所有基学习器的输出结果后,对相互之间的结果进行相关性分析。筛选出相关性较差的输出结果,保留其算法模型,而对于相关度较高的模型则保留预测结果最好的一组模型。其原因在于,不同的算法本质上是不同维度以及不同的数据结构角度拟合数据,然后根据不同的原理来建立模型,而最终的叠加是一个纠错过程(徐继和杨云,2018)。这就使得对于整体 Stacking 集成学习模型而言,基学习器的召回率比准确率更重要。本章选择泊松(Pearson)法来衡量各个模型的差异程度,其计算方法如下:

$$r_{xy} = \frac{\sum_{i=1}^{m}(x - \bar{x})(y - \bar{y})}{\sqrt{\sum_{i=1}^{m}(x - \bar{x})^2}\sqrt{\sum_{i=1}^{m}(y - \bar{y})^2}}$$

其中,x 和 y 分别表示不同模型输出的预测值。r_{xy} 越小,模型匹配度越高。

再次,选择所有相关性较差的结果组合记录其所对应的基学习器,得到第二层基学习器集合。这些基学习器在最终的集成学习算法之中将会反复训练堆叠,结果也会不断做交叉验证,最终选取得到精确率更高的集成学习模型。

最后,第三层通常选用投票法来产生最终的预测结果。基于陈铁明和马继霞(2012)等已有研究,通常赋予最优模型以更高的权重。根据随机森林或其他树形决策分类器的特征,在已经获得数据分类结果的情况下,可以使预测结果更好的模型得到更高权重,也可以使用加权投票法来简化算法流程(徐继和杨云,2018):

$$H(x) = \sum_{t=i}^{r} w_i h_i(x)$$

其中,w_i 为第 i 个个体学习器的权值,$w_i > 0$,且 $\sum_{i=1}^{T} w_i > 0$。或者平均法:

$$H(x) = \frac{1}{T}\sum_{i=1}^{T} h_i(x)$$

其中,i 为第 i 个学习器。Stacking 算法具体表示如下:对于一个样本集合 D = {(x,y),p = 1,2,3,…,N},y_p 是第 p 个样本的结果,x_p 为第 p 个样本所对应的特征集。

5.3.3　互联网企业跨国并购财务风险预警因子体系

5.3.3.1　互联网企业跨国并购风险预警因子体系

综合现有研究，本章构建的中国互联网企业跨国并购风险预警因子包括四个维度（见表 5-1），共计 86 个指标。其中，股吧评论属于大数据非财务指标，下面将详细解析，其他类指标限于篇幅不再详析。这些风险预警因子相对独立又相互关联，从风险演化链角度来看，东道国宏观风险因子、市场中观风险因子、企业微观风险因子往往会依次显现，媒体关注等大数据预警因子则凭借独特的实时动态优势贯穿其中，它们的综合预警效果最终会通过主并企业财务危机形式呈现，而上述纷繁复杂的风险预警过程无法采用传统的财务风险预警模型，需要引入以集成学习为代表的智能财务危机预警模型。

表 5-1　　　　　　互联网企业跨国并购财务风险预警因子体系

一级指标	二级指标	三级指标
宏观：国家	政治风险	X1 执政时间（东道国现任领导人任期剩余年数；DPI）；X2 政府稳定性（东道国政府保持政权的能力以及执行所宣布政策的能力；ICRG）；X3 军事干预政治（东道国政府中军队部门的参与程度；ICRG）；X4 腐败（东道国政治体系的腐败程度；ICRG）；X5 民主问责（东道国民众诉求得到政府回应的程度；ICRG）；X6 政府有效性（东道国政府机构提供公共服务和社会保障的质量，以及政府的政策制定和执行质量；WGI）；X7 法制（东道国法律体系健全程度和产权保护程度；WGI）；X8 外部冲突（海外国家行为对东道国在位政府带来的风险和威胁；ICRG）
	经济基础	X9 市场规模（年 GDP 总量；WDI，CEIC）；X10 发展水平（年人均 GDP；WDI，CEIC）；X11 经济增速（GDP 增速；WDI，CEIC）；X12 经济波动性（GDP 增速的波动率；WDI，CEIC）；X13 通货膨胀率（居民消费价格指数 CPI；WDI，CEIC）；X14 贸易开放度（东道国进出口贸易总额占 GDP 的比重；WDI，CEIC）；X15 失业率（失业人口占劳动人口比率；WDI，CEIC）；X16 投资开放度（外商直接投资 FDI 和对外直接投资 OFDI 总额占 GDP 的比重；WDI，CEIC）；X17 资本账户开放度（东道国 Chi-Ito 指数；Bloomberg）；X18 收入分配（基尼系数，表示东道国收入分配的不平等程度；WDI，CEIC）

续表

一级指标	二级指标	三级指标
宏观：国家	偿债能力	X19 外债占 GDP 比重（外债为年末外债余额，衡量东道国经济运行风险和国际融资能力；WDI, QEDS）；X20 财政余额占 GDP 比重（财政余额为财政收入减去财政支出的差额，衡量东道国财政状况和财政可持续性；WEO）；X21 公共债务占 GDP 比重（公共债务为各级政府及其机构所欠债务，衡量东道国债务风险；WEO）；X22 经常账户余额占 GDP 比重（经常账户余额为货物和服务出口净额、收入净额和经常转移净额之和，衡量东道国外部经济平衡和国际竞争力；WDI）；X23 短期外债占总外债比重（短期外债为一年以内的债务，衡量东道国外债结构风险；WDI, QEDS）；X24 外债占外汇储备比重（外汇储备为东道国货币当局持有并可以随时兑换外国货币的资产，衡量东道国外汇储备充裕程度；WDI）；X25 银行业不良资产比重（银行不良贷款与贷款总额的比率；WDI）；X26 贸易条件（出口价格指数与进口价格指数的比率，用于评估东道国在国际市场上的竞争力；WDI）；X27 是否为储备货币发行国（东道国扮演国际储备货币角色的程度；德尔菲法）
	社会弹性	X28 内部冲突（东道国社会、种族和宗教冲突严重性；BTI）；X29 环境政策（东道国对环境议题的重视；BTI）；X30 资本和人员流动的限制（东道国制度对于外来人口和外国资本流入的限制程度；EFW）；X31 劳动力市场管制（东道国制度对于劳动者的保护程度，包括雇佣和解雇规定，最低工资和工作时间规定等；EFW）；X32 商业管制（东道国行政和官僚成本，开业难易，营业执照限制等；EFW）；X33 社会安全（每十万人中谋杀死亡人数；UNODC）；X34 教育水平（东道国居民平均受教育年限；UNESCO）；X35 其他投资风险（没有被政治、经济、金融风险要素所覆盖的投资风险；ICRG）
	对华关系	X36 是否签订 BIT（中国商务部）；X37 投资受阻程度（专家打分，德尔菲法）；X38 双边政治关系（专家打分，德尔菲法）；X39 贸易依存度（中国和东道国双边贸易占该国贸易的比重，CEIC, WDI）；X40 投资依存度（中国和东道国双边投资占该国投资的比重，CEIC, WDI）；X41 免签情况（东道国对中国公民发放签证的便利程度，商务部）
中观：市场	市场环境	X42 营商环境（全球营商环境排名；WB）；X43 赫芬达尔指数（市场集中度）
	市场反应	X44 股价波动率（投资者认可度）；X45 评级结论（证券分析师预测）

续表

一级指标	二级指标		三级指标
微观：企业	并购流程	并购战略	X46 行业选择；X47 区位选择
		并购交易	X48 并购溢价率（并购定价风险）；X49 支付方式
		并购整合	X50 整合方式；X51 商誉减值（并购整合效果判断）
	财务能力	负债能力	X52 资产负债率；X53 带息负债比率；X54 速动比率；X55 现金流动负债比率；X56 经营活动产生的现金流量净额/带息债务
		盈利能力	X57 净资产收益率；X58 总资产报酬率；X59 主营业务利润率；X60 成本费用利润率
		营运能力	X61 总资产周转率；X62 应收账款周转率；X63 流动资产周转率；X64 存货周转率
		发展能力	X65 总资产增长率；X66 销售利润增长率；X67 资本保值增值率
		现金流量	X68 净利润现金含量；X69 营业利润现金净含量；X70 营业收入现金净含量；X71 全部现金回收率；X72 营运指数；X73 每股经营活动现金流量净额；X74 每股企业自由现金流量
	技术创新投入		X75 技术投入比率［企业本年科技支出（包括用于研究开发、技术改造、科技创新等支出）/本年营业收入］
	内部控制质量		X76 内部控制衡量指标（DIB 迪博数据库）
	审计意见		X77 审计意见类型
媒体关注（大数据）	网络搜索		A1 百度指数（百度搜索词条）
	股吧评论		B1：T－2 年帖子数；B2：T－2 年评论数；B3：T－2 年舆论热度；B4：T－2 年积极情绪指数；B5：T－3 年帖子数；B6：T－3 年评论数；B7：T－3 年舆论热度；B8：T－3 年积极情绪指数（东方财富网）

注：BIT 为双边投资协定；Bloomberg 为全球领先的金融数据供应商彭博；BTI 为德国智库博德曼基金会发布的全球开发中与转型国家转型指标；CEIC 为香港环亚经济数据有限公司数据库；DPI 为世界银行世界发展指数；EFW 为 FRAZER 研究所发布的经济自由度指数；ICRG 为 PRS 集团发布的国家风险指南；QEDS 为国际货币基金组织；UNESCO 为联合国教科文组织；WEO 为国际货币基金组织；UNODC 为联合国毒品和犯罪问题办公室；WGI 为世界银行全球治理指数；WDI 为世界银行数据库。

5.3.3.2　股吧评论指标

当前，自媒体兴盛，数以亿计的网民活跃于各类网络平台，他们发表的在线信息可能蕴含着一些企业陷入财务危机的"真知灼见"或"蛛丝马迹"。其中，股吧参与人数众多且言论活跃，具有较高的风险预警研究价值。股吧平台是媒体、机构投资者、小众投资者、供应商以及基金经理之间信息传递的重要媒介，其产生的大数据对于研究公司股票价格和财务状况的变化极具价值（Lai，2022）。股吧评论中不乏资深网民与相关专家对跨国并购事件的真知灼见，其言论具有一定的专业性和科学性。它们所传递的信息以及情感交流的互动和波动在一定程度上能够反映企业在实施跨国并购后的运营状况，具有企业财务危机预警价值。同时，互联网上的网民对企业的相关行为也会产生反应，这涵盖了线下接触企业的人们所产生的各种情绪。所有这些信息通过线下行为映射到互联网，并通过聚集、排斥和融合的作用在互联网中形成股民情绪，进而形成与相关企业相关的网络舆情（宋彪等，2015）。这些客观、科学的数据可以为财务危机预警提供帮助，而且自然语言处理（NLP）技术可以对它们进行情感分析及客观的量化处理，因此，通过大数据量化处理形成的指标可以解决以往非财务指标片面、主观、难以量化的问题。通过分析和监测这些数据，可以及早发现潜在的财务风险因素和市场反应，帮助企业及时采取措施避免危机的发生或减轻其影响（段珊珊和朱建明，2016）。

关于股吧评论的指标获取，本章采用蟒蛇（Python）作为编程基础，选取中国最大的财经网站东方财富网作为数据来源，从中批量爬取评论的标题、内容文本、时间等。为了对所爬取的内容文本进行情感分析，本章构建了专门的情感词库，采用的情感词典：一是基础词典，以知网（HowNet）为主；二是网络语言词典，以玻森数据（BosonNLP）和简化中文文本处理（SnowNLP）为主；三是金融专业领域词典，以证券和财经领域词汇为主；四是新闻词典，主要以新闻、政策中隐性情感倾向的词汇为主。基于以上的情感词典，加入其他手动收集的情感词和股吧情感词典（表略），得到本章进行集成学习的评论数据情感词典。此外，在日常交流中，除了情感词典中的积极词汇和消极词汇以外，大量的副词和否定词也经常被用来加强或减弱所要表达的内容。为了更准确地评估文本情感，本章参考 HowNet 情感词典、相关研究和人工收集的信息，整理出副词和否定词的词典（表略），并将它们分为 7 个等级，根据现有的文本情感分析文献进行具体赋值。积极词汇赋值为 1，消极词汇赋值为 -1，副词和否定词的值在 $-1.0 \sim 2.5$，绝对值越高表示程度越强。

另外，根据情感词典和机器学习程序分析股吧评论的情感值。本章使用结巴（jieba）分词将收集到的文本内容的句子分割成词汇，将分割后的词语中的情感词与情感词典中的词汇自动进行对比，并使用程度副词进行加权计算得到情感值。最后，根据文本中各词汇的情感值，相加汇总后可得到每一个帖子中文本的情感值。若情感值大于 0，则当前主题帖为积极评论帖；若情感值小于 0，则当前主题帖为消极评论帖；若情感值为 0，则将其定义为中立评论帖。

本章将主并互联网企业实施跨国并购后被 ST 的年份定义为 T 年。鉴于企业财报发布的滞后性，T－2 年财务数据可能已蕴含"亏损"信息，股吧评论可能已经提前"反映"而非夸大财务危机预警效果，故选取企业 T－3 年与 T－2 年的股吧评论数据进行研究具有合理性。

由此，本章给出股吧评论大数据指标的定义见表 5－2。

表 5－2　　　　　互联网企业跨国并购事件的股吧评论大数据指标

符号	定义	说明
B1	T－2 年帖子数	LN（T－2 年帖子汇总数）
B2	T－2 年评论数	LN（T－2 年帖子下的评论汇总数）
B3	T－2 年舆论热度	LN（T－2 年帖子汇总数＋帖子下的评论汇总数）
B4	T－2 年积极情绪指数	（T－2 年积极评论帖子数－T－2 年消极评论帖子数）/（T－2 年积极评论帖子数＋T－2 年消极评论帖子数）
B5	T－3 年帖子数	LN（T－3 年帖子汇总数）
B6	T－3 年评论数	LN（T－3 年帖子下的评论汇总数）
B7	T－3 年舆论热度	LN（T－3 年帖子汇总数＋帖子下的评论汇总数）
B8	T－3 年积极情绪指数	（T－3 年积极评论帖子数－T－3 年消极评论帖子数）/（T－3 年积极评论帖子数＋T－3 年消极评论帖子数）

资料来源：东方财富网。

综上所述，本章选取 T－2 年帖子数、T－2 年评论数、T－2 年舆论热度、T－2 年积极情绪指数、T－3 年帖子数、T－3 年评论数、T－3 年舆论热度、T－3 年积极情绪指数 8 个指标，把它们全部输入跨国并购财务危机预警模型。本章借助 Python 收集到约 60 万条数据，汇聚 45 家互联网上市公司的 56 起跨国并购事件的 8 个大数据指标总共 280 个指标数据。具体的互联网企业跨国并购财务风险大数据预警模型见图 5－3。

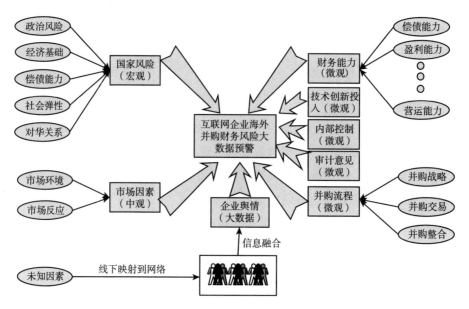

图 5 - 3　互联网企业跨国并购财务风险大数据预警模型

5.4　互联网企业跨国并购财务风险预警的 Stacking 模型及数据分析

5.4.1　数据获取

完整且质量高的数据是机器学习的重要基石。在数据获取的过程中，应以数据质量评估标准为导向，以确保数据的完整性、一致性和准确性，并在最终结果的形成中予以体现。同时，需要摒弃传统的逻辑思维方式，不再仅从因果逻辑的角度出发，寻找与实验目标有可能相关联的因素，而是应该尽可能地从多个维度收集企业的所有相关信息。这些特征值有可能是以非线性的形式呈现在最终的分类结果之中，传统的线性回归方式对非线性叠加的特征利用率较差，而借助集成学习算法，则有可能从海量的、杂乱无章且不清晰的数据中找寻到蕴含有规律、有价值和能够理解应用的特征。

5.4.1.1 数据来源

鉴于许多中国互联网企业注册于开曼群岛等避税天堂，本章以实际营业地或办事机构所在地处于中国并在沪深两市、香港联交所、美国纳斯达克交易所、美国纽约交易所等上市的中国互联网企业为主并企业，以实际营业地或办事机构所在地处于中国大陆以外（不含港澳台地区）的企业为目标企业，以 2013 年 1 月 1 日至 2020 年 12 月 31 日期间发生的 45 家中国互联网企业 56 起跨国并购事件为研究样本，具体信息主要源于清科研究中心、全球并购交易分析库（Zephyr）、中国全球投资跟踪报告（美国企业研究所和传统基金会）、国泰安（CSMAR）海外直接投资数据库，同花顺金融数据终端（iFind）等数据平台，通过网络搜集软件、并购数据库、手工等方法收集，结合新浪财经、巨潮资讯、东方财富网等多方平台加以验证和筛选，并对如下样本进行剔除：未对外公告的并购事件；并购前为 ST 类公司；目标公司所在地为港澳台地区；数据缺失的样本。最终得到 56 起中国互联网企业跨国并购事件样本。宏观层面的东道国国家风险指标和数据主要来自 IIS 发布的历年《中国海外投资国家风险评级报告（2013—2021）》（CROIC -IWEP）；中观层面的数据主要来自 WB、CSMAR、百度搜索和同花顺；微观层面的企业数据主要来自 CSMAR、新浪财经、巨潮资讯等。

5.4.1.2 数据获取与存储

为了获取建模所需要的互联网企业跨国并购风险因子数据，研究团队编写了网络软件程序，在公开的跨国并购相关数据平台上获取互联网企业跨国并购事件的各个维度信息。这些数据平台覆盖了清科研究中心（数据库—并购事件）、新浪财经、巨潮资讯、东方财富网等网站。具体流程见图 5 - 4。一是获取链接。根据网站自身新闻链接（URL）规则获取各个数据的链接，设置基础新闻链接（baseURL）变量遍历所有数据。二是获取信息。利用美丽汤（BeautifulSoup）库对超文本标记语言（html）重构成文档树，并加入异常捕获、日志记录增强获取过程程序的健壮性。随机挂起程序，以减轻网站访问压力。三是数据存储。利用轻量级的轻量级嵌入式关系型数据库（sqlite3）数据库实时存储获取到的数据。

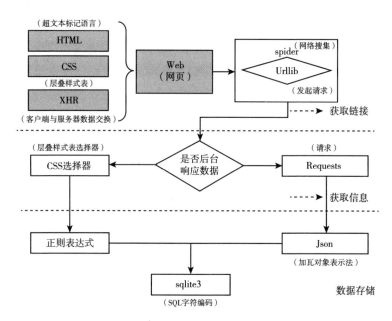

图5-4 基于网络搜集技术的数据获取框架

5.4.1.3 数据预处理

(1) 缺失值回归填充。在原始测试集中,除去对年份进行检索补全之外,发现缺失值分布较为均匀。考虑到数据有部分分布不均衡,本章将测试集中约15%的空缺数据删除,以减少对最终结果的影响。在增添的特征方面,由于对数据的除法运算会出现除零错误(0ERROR),将这一部分跳过之后会出现空值,所以选择回归填充缺失值的方法,分 flag = 0 和 flag = 1 的情况执行随机森林决策树回归填充缺失。上述缺失值填充原理是:在填补每个特征时,将其他特征的缺失值用 0 代替,每完成一次回归预测,就将预测值放到原特征矩阵中,再继续填补下一个特征。随着每个特征的填补,有缺失值的特征数量会逐渐减少,每次循环后需要用 0 填补的特征也会越来越少。当遍历到最后一个特征时,所有其他特征都已经用回归填补了大量有效信息,可以用这些信息来填补缺失最多的特征。最终,遍历所有特征后,数据将不再存在缺失值。

(2) 字符串(String)编码。由于区域特征比较少,对此部分的特征考虑选用独热编码或者直接编码。在初步选用的模型尝试后发现直接编码效果比较好，最终采取了直接编码的形式。

（3）归一化处理。由于参数变化范围较大，最终可能会对模型产生影响，需要移除掉身份标识（ID）、区域、行业等不需要标准化的数据后再对其他数据进行归一化处理，将该类数据原始值 x 使用 Z 分值（z – score）标准化到 x'。数据标准化过程中对序列 $x_1, x_2, \cdots, x_n$ 进行如下变换：$y_i = \dfrac{x_i - \bar{x}}{s}$，

其中，$\bar{x} = \dfrac{1}{n} \sum\limits_{i=1}^{n} x_i$，$s = \sqrt{\dfrac{1}{n-1} \sum\limits_{i=1}^{n} (x_i - \bar{x})^2}$，则新序列 $y_1, y_2, \cdots, y_n$ 的均值为 0，方差为 1，且无量纲。

（4）数据降维。数据降维就是通过特征选择或者特征变换操作将数据从原始的 D 维空间投影到新的 K 维空间。数据降维方法主要分为以下两类。一类是特征选择，它是在所有的特征中通过子集搜索算法寻找和模型最相关的特征子集的过程，即在所有特征中选择和目标最相关的一些特征，丢弃掉一些不太重要的特征。特征选择可细分为三个类型：一是过滤式，即根据特征的统计学特性选择特征，如最近邻过滤器（ReliefF）算法等；二是包裹式，即通过训练机器学习模型来选择特征，如支持向量机 – 随机森林（SVM – RFE）方法等；三是嵌入式，即在训练机器学习模型的同时选择了特征，如逻辑回归、拉索（LASSO）回归。另一类是特征抽取，也称特征降维，它是指通过某种线性变换或非线性变换，将数据从高维空间映射到低维空间，如主成分分析法（PCA；Twarwat A，2016）。因为特征选择的数据降维方法符合本章研究目的，同时 lasso 回归对于数据的要求极低，能够进行变量筛选和降低模型复杂度。变量筛选是为了在模型拟合过程中选取最重要的变量，增强模型的泛化能力。而复杂度调整则是为了避免过拟合现象，即过度拟合训练数据集，而导致在新的数据集上表现不佳的情况。因此，本章选择 LASSO 回归方法进行数据降维。LASSO 回归通过 L1 正则化对回归系数进行惩罚，可以将不重要的变量系数缩小甚至置为 0，从而实现变量筛选和模型复杂度调整。因此，LASSO 回归是一种非常有效的数据降维方法，适用于高维数据的建模和特征选择（Tibshirani，1996）。参数 $\hat{\beta}$ 的计算公式如下：

$$\hat{\beta}_{lasso} = \text{argmin}\left(\sum_{i=1}^{n}(y_i - x_i'\beta)^2 + \lambda\sum_{j=1}^{p}|\beta_j|\right)$$

其中，λ（大于 0 的正数）属调和参数，用于调节惩罚项比例。当 λ 越来越大时，惩罚项的作用将越来越强，模型的大部分回归系数会被约束为 0，因而可以通过控制 λ 来控制所选变量个数。

5.4.2　过拟合问题

在机器学习中，过拟合是一个普遍存在的问题。为了降低过拟合的风险，通常采用增加数据量、正则化、数据增强、随机失活（Dropout）和集成学习等方法提高模型的泛化能力。其中，集成学习是将多个模型组合起来，通过投票、平均等方式得到最终的预测结果，可以有效降低模型的方差，提高模型的泛化能力。集成学习常用方法为 Bagging、Boosting 和 Stacking，它们分别使用并行、串行、树行的计算方法。

Stacking 算法是一类多重算法堆叠而成的强学习器，如同大多数强学习器一样，容易产生过拟合问题。不过，在构建模型并检验的过程中，模型最终的结果并不是适配训练数据，而是要适配验证数据。对于 Stacking 模型的过拟合问题，一般通过 K 折交叉验证予以缓解。本章采用 5 折交叉验证（见图 5 - 5），其中，模型 1（Model1）、模型 2（Model2）是不同的机器学习模型，如随机森林、逻辑回归、岭回归、极端梯级提升树分类器（XGBoost Classifier）、LGBM 分类器（LGBM Classifier）等。假如整个数据集有 12 500 行数据，训练集（training set）包含 10 000 行数据，测试集包含 2 500 行数据。因为是 5 折交叉验证，训练集会被划分为 5 份。以 Model1 的训练为例，需对 Model1 进行 5 次训练，每次挑选一份作为验证集，即每次的训练集为 8 000 行（10 000 × 4/5），验证集为 2000 行（10 000 × 1/5）。Model1 经过第一次训练后，在验证集上的输出记作 a1（2 000 行），在测试集上的输出记作 b1（2 500 行）；经过第二次训练后，在验证集上的输出记作 a2（2 000 行），在测试集上的输出记作 b2（2 500 行）。以此类推，Model1 经过 5 折交叉验证后，会得到 a1、a2、a3、a4、a5 和 b1、b2、b3、b4、b5。a1、a2、a3、a4、a5 即 Model1 每次经过训练后在验证集上的输出结果，将它们拼接在一起得到 A1，即 Model1 训练后在完整原始训练集上预测的结果。b1、b2、b3、b4、b5 即 Model1 每次经过训练后在测试集上的输出结果，将它们相加之后求平均得到 B1，即 Model1 训练后在完整原始测试集上预测的结果。Model1 的 5 折交叉验证，经过训练之后得到了 A1、B1。对其他的基模型进行同样的操作，假设零级（level－0）模型中共包含 5 个基模型，则经过上述操作后，可得到 A1、A2、A3、A4、A5 和 B1、B2、B3、B4、B5。此时再将 A1、A2、A3、A4、A5 合并在一起作为训练集，将 B1、B2、B3、B4、B5 作为测试集，来训练和测试等级 1（level－1）模型（元模型）。这样就以 5 折交叉验证的方式实现了 Stacking 方法。

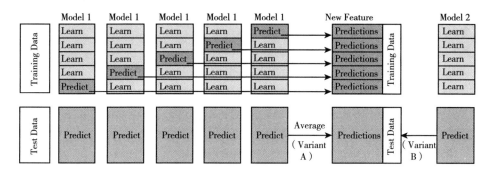

图 5 - 5　Stacking 模型的 5 折交叉验证流程

与此同时，本章对 Stacking 建模过程中可能出现过拟合的情况还作出如下处理。第一，如果所获取数据是原始数据，即没有分类完成，需要有监督地学习并完成分类结果，则第一层训练模型的选择中应当避免选择可能出现"低方差、高偏差"的模型，通常是指强学习器。第一层训练结果通常会作为初始训练集和测试集，使用低方差的模型有可能使最终模型输出一个偏差极大的结果。如果多次对模型进行调整后仍得不到理想的提升，则有可能是第一层训练模型过拟合。第二，在第二层训练模型的选择中，除应当选择输出结果相关度较低的基学习器组合之外，还应当注意这部分的训练集拆分不能使得不同的基学习器使用相同的训练集，这会导致训练集和测试集有交叉，影响真实的模型精确率，导致最终输出模型拟合度过高。第三，在进行特征工程时，如果使用多个特征进行运算得到一个新特征，新特征的使用会显著增强参与运算的特征在模型之中的权重。即使得到的实验数据精确度更高，也要防范过拟合的风险。

本章将通过混淆矩阵的相关指标、受试者工作特征曲线（ROC）及 AUC 值等判断预警模型的过拟合风险。

5.4.3 实验过程及结果分析

5.4.3.1 数据处理

本章通过并购数据库、网络搜集软件等多种数据渠道共获取了 2013 ～ 2020 年 45 家中国互联网上市公司 56 起跨国并购事件数据，并购标的涉及 16 个国家及地区，包含 86 个数据维度，对应数据处理方法分别为编码、归一化、一位有效（One - Hot）编码等。

5.4.3.2 样本选取

关于研究样本的分类，本章采用上市公司是否被 ST 作为财务困境的判别标准，ST 公司界定为财务困境公司，非 ST 公司界定为财务健康公司。从样本公司实施跨国并购后财务状况可知（见表 5 - 3）：财务健康公司为 32 家，财务困境公司为 13 家，两者比例约为 2.5：1。现有研究对智能财务危机预测时，大多将测试样本组和训练样本组的比例设为 1：2（滕晓东和宋国荣，2021）。遵循这一原则，本章从总研究样本中随机抽取 35% 作为测试样本组，剩下 65% 作为训练样本组。因此，最终的训练样本组由 29 家公司组成，其中财务危机公司 8 家，正常公司 21 家；测试样本组由 16 家公司组成，其中财务危机公司 5 家，正常公司 11 家。

表 5 - 3　　　　　　　　　　　研究样本概况

样本分组	样本类型	样本个数（个）		样本占比（约）	
测试样本	财务危机公司	5	16	31%（测试组内占比）	35%（总体占比）
	正常公司	11		69%（测试组内占比）	
训练样本	财务危机公司	8	29	28%（训练组内占比）	65%（总体占比）
	正常公司	21		72%（训练组内占比）	

5.4.3.3 数据降维

经初步处理后，本章通过 LASSO 方法筛选指标，筛选过程限于篇幅进行省略。在上述 86 个指标中删除 55 个系数约为 0 的指标，可以得到 31 个主要指标与财务危机预警具有相关性（见表 5 - 4），这些指标可以作为后续变量进入预警模型。

表 5 - 4 **互联网企业跨国并购财务风险预警指标（含大数据）**

宏观：国家风险	政治风险		X2 政府稳定性
	经济基础		X11 经济增速；X14 投资开放度
	偿债能力		X20 财政余额/GDP；X26 贸易条件
	社会弹性		X32 商业管制
	对华关系		X38 双边政治关系；X40 投资依存度
中观：市场	市场环境		X42 营商环境；X43 赫芬达尔指数
	市场反应		X44 股价波动率
微观：企业	并购战略		X47 区位选择
	并购交易		X48 并购溢价率
	并购整合		X51 商誉减值
	财务能力	负债能力	X52 资产负债率；X54 速动比率；X56 经营活动现金流量净额/带息债务
		盈利能力	X58 总资产报酬率
		营运能力	X61 总资产周转率；X64 存货周转率
		发展能力	X66 总资产增长率
		现金流量	X69 营业利润现金净含量；X70 营业收入现金净含量
	技术创新投入		X75 技术投入比率
	内部控制质量		X76 内部控制质量
	审计意见		X77 审计意见类型
媒体关注（大数据）	新闻媒体		A1 百度搜索词条
	股吧评论		T - 3 年积极情绪指数、T - 3 年评论数、T - 2 年积极情绪指数、T - 2 年帖子数

5.4.3.4 Pearson 相关性分析

Stacking 算法集成多种机器学习算法堆叠成为新的学习器，通过投票法或加权投票等方法来修正基学习器的错误分类。因此，在选择基学习器时要尽可能选择不同种类的学习器，这可以根据预测结果的二维 Pearson 相关系数作为参考依据。本章在计算后选取了逻辑回归（Logistic Regression）、岭回归（Ridge Regression）、极端梯级提升树分类器（XGBoost Classifier）、LGBM 分类器（LGBM Classifier）以及随机森林分类器（Random Forest Classifier）作为基学习器，各类算法的误差 Pearson 相关性分析的热力图见图 5 - 6。由图 5 - 6 可知，除了 XGBoost 与 Ridge 算法所输出的预测结果相关性较强外，其他算法所输出的预测结果相关性并不明显。因此，可以将这些算法作为基学习器组成最终的 Stacking 算法。

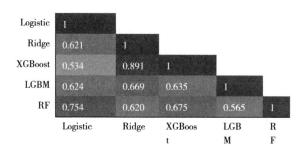

图 5 - 6　各类机器学习算法误差 Pearson 相关性分析的热力图

5.4.3.5　模型训练

将训练集根据基学习器数量进行 k 折交叉（本章 k = 5）后得到训练子集。分别使用软件机器学习库（sklean）库中五种基学习器 Logistic、Ridge、XGBoost、LGBM、RF 算法来训练得到训练模型。

5.4.3.6　模型质量的评价指标

机器学习需要建立模型来解决具体问题，通常需要使用一些指标来评估模型的性能和泛化能力，同时判断模型是否发生过拟合。常用的模型评价指标如准确率、精确率、召回率、F1 值、ROC 曲线及 AUC 值等，而它们都建立在混淆矩阵（confusion matrix）的基础上。

（1）混淆矩阵。混淆矩阵又被称为错误矩阵，被用来呈现算法性能的可视化效果，通常是监督学习。表 5 - 5 中，每一列代表预测值，每一行代表实际的类别，其中，TP 代表将正例正确识别成正例的数量；FP 代表将反例错误识别成正例的数量；FN 代表将正例错误识别成反例的数量；TN 代表将反例正确识别成反例的数量。

表 5-5 混淆矩阵

混淆矩阵		预测结果	
		预测为正例	预测为反例
真实结果	实际正例	TP（TruePositive）	FN（FalseNegative）
	实际反例	FP（FalsePositive）	TN（TrueNegative）

（2）评价指标。

模型质量的评价指标包括准确率、精确率、召回率和 FI 值（见表 5-6）。

表 5-6 机器学习模型评价指标

指标名称	计算公式	指标解释
准确率（f_{ACC}）	(TP + TN)/(TP + FP + FN + TN)	预测正确的样本占总观测数比重，用以衡量模型的整体效果，但在样本不均衡的情况下，得到的高准确率结果含有很大的水分，并不能作为很好的指标来衡量结果
精确率（P）	TP/(TP + FP)	在所有被预测为正例的样本中，真正为正例的样本所占的比例，代表着对正样本结果中的预测准确程度，精确率越高，说明模型在预测正例时的准确性越高
召回率（R）	TP/(TP + FN)	在所有实际为正例的样本中，被正确预测为正例的样本所占的比例，召回率越高，说明模型在检测正例时的能力越强
F1 值	2PR/(P + R)	F1 值综合考虑了精确率和召回率，可以用来综合评估模型的性能。值越大，输出结果越好

（3）ROC 曲线和 AUC 值。

ROC 曲线横坐标为假正类率（FPR）（实际为 0 的样本预测为 1 的概率），纵坐标为真正类率 TPR（实际为 1 的样本预测为 1 的概率），用于衡量模型在尽可能捕捉出少数类时，被误伤的多数类的变化情况。ROC 曲线通常是凸形的，且曲线越靠近左上角预测性能越好，越往下越差，曲线如果在虚线的下方则证明模型完全无法使用。ROC 曲线形成后，整个区域被划分为了两个部分，一部分是左上角的区域，另一部分是右下角的区域（见图 5-7）。ROC 曲线有一个很好的特性：当测试集中的正负样本的分布变换时，ROC 曲线能够保持不变。在实际的数据集中经常会出现样本类不平衡，即正负样本比例差距较大，且测试数据中的正负样本也可能随着时间变化。

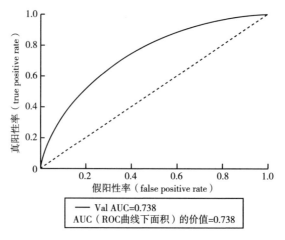

图5-7　ROC曲线

AUC（area under curve）值就是 ROC 曲线右下区域的面积，常用来理解 ROC 曲线和模型效果。AUC 的物理意义：随机选择一个正样本和一个负样本，分类器输出该正样本为正的那个概率值比分类器输出该负样本为正的那个概率值要大的可能性。AUC 反映的是分类器对样本的排序能力。另外，AUC 对样本类别是否均衡并不敏感，这也是不均衡样本通常采用 AUC 评价分类性能的原因。AUC 值越大，说明 ROC 曲线越接近左上角，模型拟合效果越好（见图5-8）。其中，AUC=1，是完美分类器，但绝大多数预测的场合，不存在完美分类器。0.5 < AUC < 1，优于随机猜测，有预测价值。AUC=0.5，跟随机猜测一样，模型没有预测价值。AUC < 0.5，比随机猜测还差；但只要总是反预测而行，就优于随机猜测。

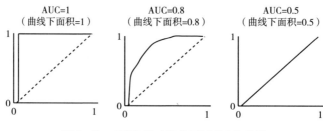

图5-8　AUC 值对应的不同 ROC 曲线

UC 的计算有两种方式，都是以逼近法求近似值。假定在 M 个正类样本，N 个负类样本，一共有 M×N 个二元组，其中对于每一个正负二元组，正样本得分大于负样本得分的二元组的占比就是整个模型的 AUC 值：

$$AUC = P(P_{正样本} > P_{负样本}) = \frac{\sum I(P_{正样本}, P_{负样本})}{M \times N}$$

其中，

$$I(P_{正样本}, P_{负样本}) = \begin{cases} 1, P_{正样本} > P_{负样本} \\ 0.5, P_{正样本} = P_{负样本} \\ 0, P_{正样本} < P_{负样本} \end{cases}$$

如果样本数量过多，对应的二元组会相当庞大，计算 AUC 的时间复杂度是 $O(n^2)$，n 为正负样本数之和，此时 AUC 的计算方法需要改进。具体来说，首先，将时间复杂度降低至 $O(M+N)$，M 为正样本个数，N 为负样本个数；其次，将样本按照得分（预测为正标签的得分）从大到小排序；最后，令最大得分对应的样本的队列 1（rank1）为 n=M+N，则存在 M−1 个正样本得分比它小，队列 1−M（rank1−M）个负样本得分比它小；第二大得分对应样本的队列 2（rank2）为 n=M+N−1，则存在 M−2 个正样本得分比它小，队列 2−M+1（rank2−M+1）个负样本得分比它小，以此类推。

此时，AUC 值计算如下：

$$AUC = \frac{\sum_{i \in positiveClass} rank_i - \frac{M(1+M)}{2}}{M \times N}$$

其中，$rank_{ins_i}$ 代表第 i 条样本的序号；M，N 分别是正样本个数和负样本个数；$\sum_{ins_i \in positiveclass}$ 表示把正样本的序号加起来。

AUC 是现在分类模型中，特别是二分类模型使用的主要离线评测指标之一。相比于准确率和召回率，AUC 有一个独特的优势，就是不管具体的得分，只关注排序结果，这使得它特别适用于排序问题的效果评估。

5.4.3.7　堆叠次数

基学习器参数设置无须过于苛刻追求精度，这是由 Stacking 堆叠算法的计算原理决定的。对基学习器进行 5 轮迭代后投票，分别输出每轮堆叠的精确率、准确率和召回率。选择精确率最高的一组参数并得到最终 Stacking 模型的输出结果。图 5-9 为五轮迭代过程中精确率、召回率和准确率的变化。最终结果使用准确率来进行比对分析，设置不同次数堆叠，会对结果产生细微影响。本章自第零次堆叠开始总计最高堆叠六次，得到了七种结果（见图 5-9）：其中，精确率和准确率均以检出跨国并购风险互联网企业数量为分子。由计算结果可以看出，整体的准确率随着堆叠次数的增加呈非线性变化。在研究中，需要根据实际情况参考不同的指标。本章希望系统能尽量全面地检出含有跨国并购财务风险的互联网企业，因此，召回率和准确率是本章的主要参考指标。通过对比，本章选取的堆叠次数为 1。

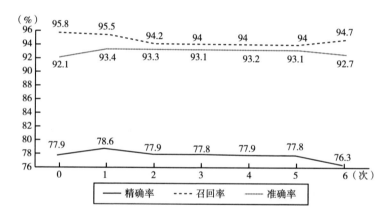

图 5-9　模型迭代次数与精确率、召回率和准确率的关系

5.4.3.8　输出结果

各模型的评价指标输出结果见表 5-7。对比传统的机器学习结果，Stacking 模型能够获取更高的准确率（93.4%），召回率（95.5%）也达到最高，说明本模型能够最大限度检出互联网企业跨国并购后当前是否有可能处于风险状况；Stacking 模型的 F1 值（0.862）高于其他模型的 F1 值，说明其稳健性较其他模型更为突出；Stacking 模型的 AUC 值（0.834）高于其他模型的 AUC，且处于 0.5 < AUC < 1 区间，说明模型具有良好的预测价值，过拟合风险较小（见图 5-10）。因此，Stacking 集成学习得到的相关指标证明该模型的可

靠性，可以用于对互联网企业跨国并购财务风险的预警。

表 5 - 7 各模型性能度量指标值

模型名称	准确率（f_{ACC}）/%	精确率（P）/%	召回率（R）/%	F1 值	AUC
Logistic	85.1	80.1	77.4	0.787	0.655
Ridge	71.7	79.4	75.2	0.772	0.648
XGB	82.3	69.8	80.1	0.746	0.661
LGBM	80.3	77.3	83.9	0.805	0.795
RF	91.4	81.1	90.3	0.855	0.810
Stacking	93.4	78.6	95.5	0.862	0.834

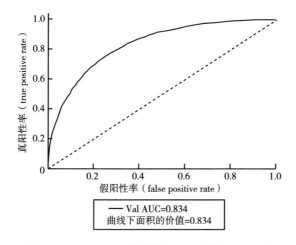

图 5 - 10 **Stacking** 模型的 ROC 曲线与 AUC 值

5.4.3.9 预警指标

Stacking 模型属于"黑箱"预测，不能得到一个简单的数学公式来计算预测结果，因为它是通过多个基模型和一个次级模型的组合来得到预测结果的。但是，我们可以通过输出特征重要性图来分析模型中各个特征对预测结果的影响程度，帮助我们理解模型对于各个特征的关注程度，从而优化特征选择和模型调整。

（1）重要性排序。

根据 Stacking 的重要性分析，得到有利于财务危机预警的 15 个重要指标见图 5-11。其中,基于国家风险维度是"投资开放度"指标,基于市场风险维度是"股价波动率"指标,基于财务能力维度是"总资产周转率""营业收入现金净含量""总资产报酬率""经营活动产生的现金流量净额/带息债务""存货周转率""速动比率""营业利润现金净含量""总资产增长率""资产负债率"这些指标,基于技术创新维度是"技术投入比率"指标,基于内部控制维度是"内部控制质量"指标,基于大数据维度是"百度搜索词条"指标和"T-2年积极情绪指数"指标。可见,目前影响互联网企业国际化投资风险的预警指标主要是微观层面,主并企业的财务能力指标有九个,且从重要性排序来看(见图 5-11),除了"技术投入比率"指标外,它们占据前十位;其次是技术创新投入(技术投入比率)和股吧评论(T-2年积极情绪指数),它们分列第 5 和第 11 位;再次是市场反应(股价波动率)与新闻媒体(百度搜索词条),它们分列第 12 和第 13 位;最后是内部控制(内部控制质量)与经济基础(投资开放度)。

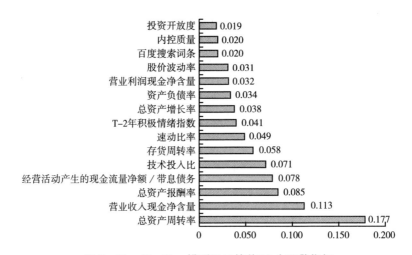

图 5-11　Stacking 模型显示的前 15 个预警指标

(2)进一步研究。

如果把预警指标重新分类,财务预警指标视为传统类,非财务预警指标视为创新类,针对输入 Stacking 模型的特征指标的重要性进行排序,那么就形成两类新的互联网企业跨国并购风险的预警风险因子(见图 5-12和图 5-13)。其中,排名前 5 的传统型财务预警指标分别是:总资产周转率、营业收入现金净含量、总资产报酬率、经营活动产生的现金流量净额/带息债务、技术投入比。具体来说，以企业营运能力指标（总资产周转率和流动资产周转率）为主，其次是企业盈利能力指标（总资产报酬率），再次是企业负债能力指标（经营活动产生的现金流量净额/带息债务）、企业创新能力（技术投入比）。排名前五的创新型非财务预警指标分别是：T-2 年积极情绪指数、股价波动率、百度搜索词条、内部控制质量、投资开放度，它们分别反映了投资者关注、股价走势、网络搜索、企业内控质量和东道国经济基础对中国互联网企业跨国并购风险具有一定的预警价值。

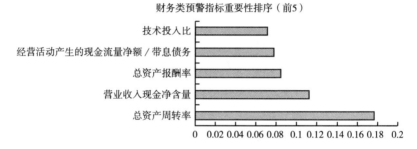

图 5 – 12　Stacking 模型显示的前 5 个财务预警指标

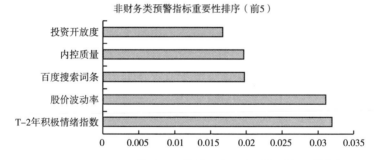

图 5 – 13　Stacking 模型显示的前 5 个创新型非财务预警指标

综合来看，企业营运能力、现金流量、盈利能力、负债能力和技术创新等传统型财务指标依然是互联网企业跨国并购风险预警的首选指标，但是股吧评论、股价波动率、网络搜索、企业内控质量与东道国投资开放度等创新型非财务指标对互联网企业跨国并购风险预警也具有重要的参考价值。

5.5　结论与不足

数智化时代，机器学习方法与股吧评论等大数据信息为互联网企业跨国并购风险预警提供了新的思路。本章基于 45 家中国互联网企业跨国并购样本及其 86 个风险预警指标，通过 Stacking 集成学习模型进行机器学习，研究发现，相对于 Logistic、Ridge、XGBoost、LGBM、RF 等机器学习模型，Stacking 集成学习模型的财务风险预警效果更好；关于互联网企业跨国并购风险预警因子的选择，企业营运能力、现金流量、盈利能力、负债能力和技术创新等传统型财务指标依然是首选指标，但股吧评论、股价波动率、网络搜索、企业内控质量与东道国投资开放度等创新型非财务指标也具有重要的预警价值。

本章的不足之处在于：一是互联网企业跨国并购研究样本只有 45 家，在划分为训练组与测试组后，测试组样本数量偏少；二是大数据维度的预警因子偏少，只涵盖新闻媒体与股吧评论。下一步研究将加大样本数量，纳入更多的大数据预警因子，如东道国媒体舆论、上市企业年报管理者陈述语调等，且深入探讨预警因子与互联网企业跨国并购风险之间的因果关系，为互联网企业跨国并购风险管控提供更多的决策参考。

第 6 章

东道国舆论环境与互联网企业
海外进入模式选择

6.1 引　言

随着经济全球化的深入，来自新兴经济体的跨国企业积极参与到对外投资活动中，逐渐成为了国际商务领域中的主导参与者，我国互联网企业在"数字丝绸之路"建设过程中表现尤其活跃。然而，在我国跨国企业大规模"走出去"的过程中，面临着外来者劣势和来源国劣势的双重影响（杨勃和刘娟，2020；Gu et al.，2022），进而导致我国跨国企业既面临着部分国家政府的审查、制裁、禁用等规制合法性危机（Zhang et al.，2023），也面临着国际社会的质疑、不信任等认知合法性危机（陈欧阳和张振宇，2023）。从来源国劣势的形成机制看，已有研究大多"笼统"地将来源国劣势归因于母国与东道国的制度差异（杨勃和刘娟，2020），且有关中国情景下的关于正式制度或非正式制度的讨论仍存在带有偏狭性评价的学术概念、认知标准以及测量低效度等问题（魏江等，2022），因此本章从"数字丝绸之路"的东道国舆论环境视角切入，运用大数据来测算舆论环境指标，进一步归纳来源国劣势的形成机制，扩展了互联网跨国企业如何获取合法性、缓解负面舆论不利影响的相关研究。

近年来，随着各国数字化技术的进步和网络的普及，在使国际舆论的传播规模与速度大幅度增加的同时，也放大了虚假新闻、不实报道的信息失真作用（陈强远等，2023；Jin et al.，2024）。来自部分"数字丝绸之路"东道国的负面舆论涉及面广、持续时间长、波及范围大，已然成为中国互联网企业海外投资的突出风险，一是破坏中国互联网企业的国际形象，直接引发社会民众对互联网跨国企业的不满；二是迫使东道国政府加强监管，采取对投资项目不利的措施。东道国舆论因素不同于制度距离、文化距离等阻碍跨国投资的因素，其不是静态的、根深蒂固的，而是可以广泛快速地具体化和传播，通过赋予组织规制、规范和认知的合法性来发挥立竿见影的影响力（Yiu et al.，2022）。随着国家安全、经济保护主义和社会运动的兴起，对外投资决策也越来越受到国际舆论的影响，因为其决策往往需要考虑东道国社会的普遍态度、偏好和公众舆论（Jakobsen and Jakobsen，2011；Yiu et al.，2023）。尽管没有得到广泛研究，但过去的一些研究已经强调了东道国舆论环境对企业跨境活动的影响。现有文献实证考察了东道国舆论对于跨国并购（Yiu et al.，2022；晏艳阳和汤会登，2023；Yiu et al.，2023）、对外贸易（孟丽君和李钢，2021）、对外直接投资（张先锋等，2021；Hu et al.，2023）、资本市场（Caporale et al.，2022；Jin et al.，2024）、旅游贸易（Zhai and Luo，2023）、政府决策（Barentt et al.，2017）、引进外资（程盈莹等，2021；陈强远等，2023）等因素的影响，而海外进入模式选择作为影响互联网企业国际化战略成败的重要决策之一，在一定程度上是互联网企业在国际化过程中合法性寻求的结果，其是否会因东道国舆论环境的变化而产生变动？东道国的媒体报道通过网络空间中互相连接的超链接，跨越地理距离的限制，对我国互联网企业国际化进程产生了何种影响？互联网跨国企业在不同的情境下，应如何正确地选择海外市场进入模式以规避或弱化东道国舆论风险？

本章的边际贡献主要体现在：现有组织合法性理论多采用管理学视角而缺乏传播学观照（陈欧阳和张振宇，2023；Zhang et al.，2023），且多聚焦于组织层面而缺少国家层面（Zhang et al.，2022），本章通过整合组织合法性理论和新闻传播学相关理论，引入东道国舆论因素这一新的研究视角，有助于中国互联网跨国企业更精准地应对复杂的国际形势，选择合适的进入模式以更好地获取合法性并规避东道国舆论风险；已有关于中国互联网企业海外市场进入模式的研究多是单独对比独资与合资两种进入模式，或是单独对比绿地投资和跨国并购两种进入模式，实际上这两个维度是互联网企业对外投资统一决策的两个方面，不应割裂开来进行研究，本章将四种进入模式结合起来考察，并引入国际化经验情景变量，更加完整地体现了互联网跨国企业选择"数字丝绸之路"海外市场进入模式的决策场景；相比于此前文献通过新闻报道所属网站 IP（Internet Protocol）地址来定位媒体国家（程盈莹等，2021），本章使用人工智能对发布新闻的网站内容、语种、IP 等进行分析，进而识别域名所属国家，并将样本考察期延长至 2022 年，使得研究数据更具有精确性、研究结论更具有稳健性。

6.2　理论分析与假设

6.2.1　东道国舆论环境、合法性与互联网企业海外市场进入模式选择

跨国企业海外投资进入模式主要分为两个维度：一是所有权水平，是选择独资还是合资；二是设立方式，是选择绿地投资还是跨国并购，由此布鲁什和亨纳特（Brouthers and Hennart，2007）构建了海外市场进入模式的二维矩阵。

东道国的舆论环境是塑造利益相关者国别感知和规范信念，影响政府官员、上下游企业管理者、企业雇用的当地员工、消费者、投资者等利益相关者等对国家形象认知的重要途径（张先锋等，2021；Yiu et al.，2023）。正面的舆论环境有助于塑造积极的国家形象，从而提升跨国企业的合法性，降低交易的不确定性和在东道国的经营成本（Hu et al.，2023），此时互联网跨国企业就可以按照公司内部的组织体系选择对子公司控制权较高的独资模式和速度更为迅速的跨国并购模式，以更大的规模转移母公司的知识与产业，进行更快的决策，且避免因为合法性缺失而发生关系管理成本，更快地进入市场并获取更高的收益。组织合法性是社会对组织实践的认可和接受程度，对互联网跨国企业能否高效地获得投资回报以实现国际化战略的成功尤为重要（何金花和田志龙，2019）。当进入海外市场时，互联网跨国企业面临着当地合法性的进入壁垒，而东道国合法性的来源之一便是舆论环境（Kim，2018）。东道国舆论环境将在一定程度影响双边外交、政治以及经济关系走向，并赋予企业合法性，具体来看：良好的舆论环境可以推动双方政府签订

制度约定，从而使东道国政府减少对互联网跨国企业的担忧，且凭借正式的协议，双方可以就互联网跨国企业的行为和标准作出进一步规范和明确，从而增加互联网跨国企业在东道国的规制和规范合法性（Bloch – Elkon，2007；汪涛等，2020）；良好的舆论环境有助于促进双边的组织、企业、民众等各个团体之间的交流，加深彼此的尊重和了解，削弱民族主义情绪的负面影响，从而增加互联网跨国企业在东道国的认知合法性（Zhang et al.，2022）。但反之，偏向负面的舆论环境会使互联网跨国企业面临着较高的合法性门槛。具体而言，东道国负面舆论会使跨国企业遭受规制、规范和认知三方面的合法性缺失，且任何一方面的合法性缺失都会阻碍互联网跨国企业在东道国的正常经营，从而迫使其调整战略决策（Scott，1995；张宁宁和杜晓君，2020）。

其一，东道国舆论环境恶化会使互联网跨国企业面临更高的规制合法性门槛，从而影响企业的海外投资决策。规制合法性主要来源于政府层面和法律层面的强制性因素，主要体现在中央政府和地方政府管制两个方面。媒体通过自身的信息媒介和公众监督属性，直接或间接地参与政府或地方决策（Bloch – Elkon，2007；尚虎平和刘洋，2023）。虽然媒体不是决策者，但其在引导的能量上并不亚于决策者本身（Wang and Wang，2014；Baum and Potter，2019）。媒体所营造的负面舆论环境会使母国政府的负面合法性溢出至跨国企业（魏江和赵齐禹，2019），从而引起当地政府部门对互联网企业更多的关注和监督，降低其规制合法性并提高被监管处罚及诉讼风险的概率（Liou et al.，2023）。当互联网跨国企业面临较高的舆论风险时，其更倾向于通过与当地合法性较高的企业建立合资企业的方式来规避风险压力。合作伙伴间的联系可以使互联网跨国企业得到更多关于东道国潜在变化的政策信息与舆论环境变动趋势信息，降低自身在东道国所面临的投资成本与风险。从设立方式的角度来看，绿地投资相较于并购的优势在于其能够为东道国带来技术、品牌和知识，同时创造新的就业岗位，因而更受政府和当地公众的欢迎，互联网跨国企业也能够相对容易地获得合法性。与之相反，并购项目只是东道国原有企业的所有权的转变，常常会伴随着部分人员变更甚至失业。倘若目标企业属于当地经济支柱，并购目标企业则会影响当地的经济发展和财政税收。因此并购项目容易引发东道国对国家安全的担忧，通常在东道国媒体以及政治讨论具有更高的曝光度（杨攻研，2022；Yiu et al.，2023），导致其受到更为强烈的政策约束（姜建刚，2023）。例如，2017年10月，四维图新联合腾讯、新加坡政府投资基金拟收购荷兰地图公司HERE10%的股份，由于美国外国投资委员会暗中炒作"国家（数据）安全"等舆论而被迫放弃交易。

其二，东道国舆论环境恶化会使互联网跨国企业面临更高的规范合法性门槛，从而影响企业的海外投资决策。规范合法性是社会公众等利益相关者基于自身的社会价值观念和道德规范对跨国企业行为作出的评价，是衡量企业的经营活动与东道国的文化、道德和社会规范的契合程度。文化交流的受阻使互联网跨国企业在获取规范合法性时面临着文化和社会规范上难以理解的障碍，不容易获取利益相关者的信任与支持，从而难以与东道国既有的价值观或社会规范相融合（Dhanesh and Sriramesh，2018）。此时，合资方式为互联网跨国企业融入当地社会网络并获得在东道国经营的规范合法性创造了有利条件。依靠合资伙伴的文化嵌入性，跨国企业可以尽快地融入当地环境，并更加快速地理解东道国的社会期望；通过与合资伙伴的紧密合作，可以从合作者那里学习到当地企业的规章制度、惯例以及行为规范，使其身份能迅速地从"外部人"转变为"内部人"，有利于互联网跨国企业在东道国获取规范合法性（何晓明等，2023；Bruijn et al.，2023）。从设立方式的角度来看，规范合法性的缺失会给并购后的企业带来整合的难题，企业文化和经营理念难以落实到被并购企业，需要互联网跨国企业付出巨大的协调和管理成本，这可能导致跨国并购所产生协调整合的成本超过其所带来的效益。而通过绿地投资的设立方式，企业无须面对整合难题，可以更容易获得规范合法性，更有效地应对舆论风险。

其三，东道国舆论环境恶化会使互联网跨国企业面临更高的认知合法性门槛，从而影响企业的海外投资决策。认知合法性指社会公众及消费者等对企业的接受和认可程度。人们对外部世界的感知，受到个体特质的塑造之外，还会受到社会环境的暗示和影响（晏艳阳和汤会登，2023；Huang et al.，2021）。因此，作为一种公共话语，媒体话语成为了塑造受众认知的关键力量。如果东道国的宣传机构频繁发布负面报道，认知上的易得性导致概率性忽视，容易引起东道国民众对我国及所属企业的产品或服务反感，从而影响互联网跨国企业认知合法性方面的表现（张先峰，2021）。此时，互联网跨国企业会倾向于寻找东道国本土企业建立合作关系，通过学习或模仿（同构）的方式迅速了解东道国市场民众的喜好，同时及时彰显自身守法合规等信息以增强东道国民众的信任和理解，进而获取身份认同（Salomon and Wu，2012）。从设立方式的角度来看，收购东道国已有的经营企业，容易引起东道国居民的民族主义情绪，常常被舆论质疑对国家福利的贡献（Yiu et al.，2023）。且海外并购还会引起市场资源的重新配置，收购后整合中持续的裁员也难以被当地成员所接受。因此在较大的认知合法性差距下，作为外来者的互联网跨国企业会倾向以绿地投资模式进入。

此外，东道国舆论环境恶化会导致互联网跨国企业投资时面临着较大的不确定性。高风险可能会阻止互联网跨国企业在东道国进行投资，或者采取行动降低风险（如通过选择进入模式）（Eduardsen and Marinova，2020）。随着不确定性的增加，跨国并购和绿地投资的生产率门槛也随之提高，且跨国并购的生产率门槛提升速度快于绿地投资（Zhou et al.，2021）。面对不确定性，跨国并购给企业带来了更少的灵活度来调整或改变其行动，而绿地投资属于增量投资，赋予了企业增长期权，不仅可以帮助企业限制下行的风险，而且还可以使其灵活把握增长潜力（曲国明和潘镇，2022），因此企业将更倾向于绿地投资而非跨国并购，更倾向于选择合资模式而非独资模式（张海波和李彦哲，2020）。基于此，我们提出以下假设。

H6 - 1：东道国舆论环境越差，相比于跨国并购，中国互联网企业更倾向于选择绿地投资进入海外市场。

H6 - 2：东道国舆论环境越差，相比于独资模式，中国互联网企业更倾向于选择合资模式进入海外市场。

6.2.2　国际化经验的调节作用

具有广泛国际化经验的跨国企业更有能力应对复杂和不断变化的东道国舆论环境，能够通过前期不断的经验性学习形成适合东道国环境的管理、技术、生产能力等，从而减轻舆论环境对后续投资项目的影响（张铮等，2022）。此时随着跨国企业合法性的提高，寻找当地合作伙伴的需求逐渐减少，并且为了更好地保护企业取得的竞争优势，企业倾向于选择独资模式进入海外市场（Powell and Rhee，2019）。相反，对国际市场经验较为有限的企业在决策时可能更倾向于选择与当地企业合作的方式来逐渐了解和熟悉东道国市场，完成经验积累这个先期的过程。此外，企业的前期投资经验可以帮助其有效地认知东道国舆论环境，防范由此所引发的东道国政府审查、工会或民众反对等风险，这有助于减少未来的进入成本和不确定性，进而克服并购整合风险，降低并购成本，相比绿地投资模式能更快速地实现生产和经营范围的扩展，即企业选择跨国并购模式进入海外市场的概率大大增加（黄海波等，2019）。基于此，我们提出以下假设。

H6－3：国际化经验丰富的互联网跨国企业更倾向于选择跨国并购进入舆论环境较差的东道国。

H6－4：国际化经验丰富的互联网跨国企业更倾向于选择独资模式进入舆论环境较差的东道国。

6.3 研 究 设 计

6.3.1 模 型 设 定

为探讨东道国舆论环境对互联网跨国企业海外市场进入模式的影响，本章构建如下二元 Logit 模型进行估计：

$$\Pr(Mode_{ijt} = p) = \frac{1}{1 + \exp^{-M}} \tag{6-1}$$

$$M = \alpha + \beta_1 Media_{jt} + \beta_2 Control_{1it} + \beta_3 Control_{2jt} + \mu_t + \delta_h + \theta_j \tag{6-2}$$

其中，变量 i、t、j、h 代表互联网跨国企业、时间、国家、行业。被解释变量 $\Pr(Mode_{ijt})$ 表示互联网跨国企业 i 以跨国并购或独资模式进入东道国市场的概率 p，M 是解释变量 $Media_{jt}$、国家层面控制变量 $Control_1$、企业层面控制变量 $Control_2$ 等相关因素的线性回归，其中，$Media_{jt}$ 表示东道国 j 在 t 年的舆情指数，μ_t 为时间固定效应，δ_h 为行业固定效应，θ_j 为东道国固定效应。如果回归系数 β_1 为正数，则表明该变量增加了互联网企业以跨国并购和独资模式进入海外市场的概率。反之，如果回归系数 β_1 为负数，则表明该变量增加了互联网企业以绿地投资和合资模式进入海外市场的概率。

6.3.2　主要指标及数据说明

（1）样本选择。样本数据主要来源于国泰安"海外直接投资"数据库。参考曲国明和潘镇（2022）的方法，本文编写 Python 程序遍历该数据库，查找各公司各年新出现的海外子公司，并手动校对和标准化其名字从而确认企业的对外投资事件及其进入模式。接着，本章基于上市公司年报对部分缺失值进行补全，并删除投资于中国香港、中国澳门、开曼群岛等免税地的投资事件和投资事件少于 5 次的地区，从而形成 2015～2022 年我国 120 家互联网上市公司海外直接投资事件 311 条，遍布 56 个"数字丝绸之路"国家，并按照"证券代码—投资东道国—投资年份—模型 1（Mode1，绿地/并购）—模型 2（Mode2，独资/合资）"整理保存。此外，本书对连续性变量进行 1% 的缩尾处理以消除极端值影响。

（2）被解释变量。本章的被解释变量为互联网企业的海外市场进入模式，包括绿地投资、跨国并购和独资、合资。参考以往研究，按照企业股权结构的选择将进入模式划分为独资与合资两类，并以 95% 的权益标准作为分界点，即股权比例等于或超过 95% 则视为独资，赋值为 0；股权比例小于95% 则视为合资，赋值为 1。从设立方式的角度来看，跨国并购赋值为 0，绿地投资赋值为 1。

（3）核心解释变量。本章的核心解释变量为东道国涉华舆论环境，数据来源于 GDELT 数据库（Global Database of Events，Language and Tone）的事件数据库（Event Database）。该数据库包含着 200 多个国家的新闻媒体所发布的报道（包括广播、印刷、网页等形式），并依托于情感文本分析技术，对每一篇新闻的事件参与者、事件类型、事件发生地和新闻链接（URL）等内容进行提取，并计算出每一篇新闻的情感值。由于 2013 年 GDELT2.0 发布，2015 年情感值算法发生较大变化，因此本章选取 2015～2022 年的数据进行分析。参考程盈莹等（2021）的研究，本章在谷歌云计算平台（Google BigQuery）创建项目，使用结构化查询语言（SQL）的正则表达式设置 5 个筛选条件并删除 URL 一样的重复报道，初步得到 830 余万条新闻语料。筛选条件如下：参与人 1 地理位置（Actor1Geo_CountryCode）或参与人 2 地理位置

（Actor2Geo_CountryCode）或事件发生地地理位置（ActionGeo_CountryCode）字段为 CH；参与人 1（Actor1Code）或参与人 2（Actor2Code）字段为 CHN。例如，若参与人 1 为美国，参与人 2 为中国，新闻链接识别为英国，则该条新闻为英国媒体报道的美国与中国之间发生的某个事件。与李等（Li et al.，2023）学者不同的是，本章并非采用 Actor1Code 与 Actor2Code 之间的从属关系来衡量两国的政治关系，而是通过每条新闻的 URL 来锁定其新闻来源国从而衡量舆论环境。具体来看，首先使用 Python 爬取每条新闻的 URL 所属域名，接着使用生成式预训练转换器 4（GPT－4）、因特网协议 138（ip138）等多种人工智能查询工具对网站的语言、内容和 IP 进行分析，从 7 万余个域名中识别 55912 个域名的所属国家，得到 2015～2022 年 731 万余条涉华舆论及其对应所属国家，进而通过每篇新闻的语气值计算出各东道国各年的舆论环境指数（年度涉华报道的平均值），即等于（正面新闻总语气值 + 负面新闻总语气值）/总新闻报道数量。

（4）调节变量。国际化经验（Experience）测量方式为在每次投资事件公告之前，互联网跨国企业在全球进行的总投资次数。投资次数越多，说明该企业国际化经验越丰富。

（5）控制变量。本章从企业自身特性、东道国特征两个层面对模型进行控制，其中企业层面控制变量为企业规模、企业年龄、企业高管海外背景、绩效水平；东道国层面控制变量为东道国市场规模、东道国战略资源禀赋、东道国自然资源禀赋、东道国经济发展水平。控制变量的数据来源及其解释性说明详见表 6－1。

表 6－1　　　　　　　　　控制变量数据来源及指标说明

控制变量	符号	变量描述	资料来源
东道国市场规模	Pop	人口总数取对数	世界银行
东道国经济发展水平	Gdpgrowth	GDP 增长率	世界银行
东道国战略资源禀赋	Tec	东道国高科技出口占制成品出口的百分比	世界银行
东道国自然资源禀赋	Res	东道国燃料出口占商品出口的百分比	世界银行
企业规模	Size	总资产取对数	国泰安
企业年龄	Age	Ln（投资年份－成立年份＋1）	国泰安
高管海外背景	Overseas	海外背景的高管占高管团队人数比例	国泰安
绩效水平	ROA	总资产收益率	国泰安

6.3.3 描述性统计

图 6-1 展示了 2015~2022 年互联网跨国企业所面临的全球舆论环境的变化趋势，可以明显看出，在 2020 年全球舆论环境略微恶化的情况下，全球涉华舆论环境产生了大幅度的波动（刘丛等，2023；龚为纲等，2023）。由于语言、媒介实力等多方面的限制，许多发展中国家一般通过翻译国际媒体的新闻来获取有关中国的信息（龚为纲等，2019），因此这种误导性报道将通过国际媒体从报道国向国际社会快速扩散，导致部分国家涉华舆论环境的大幅度恶化。而在 2021 年中国率先实现了经济的复苏，并积极参与全球疫苗合作和援助，这些举措增强了中国在国际上的地位，使舆论的导向从担忧转向了信心（Urdinez，2023），从而使全球涉华舆论环境大幅度回升，但相较于新冠疫情开始前仍有下滑。此外，参与"一带一路"倡议的东道国舆论环境始终好于非"一带一路"国家，说明"一带一路"倡议在有效提高东道国与中国的外交立场一致性的同时，还能弱化、解构甚至消解敌意叙事对中国国家形象的负面影响（王金波，2022）。

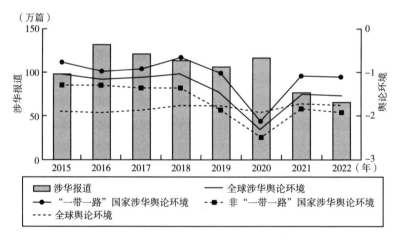

图 6-1　2015~2022 年东道国舆论环境变化趋势

资料来源：笔者计算所得。

其余主要变量的描述性统计参见表 6-2，其中相关性分析显示所有变量相关系数均低于 0.5（限于篇幅，相关性分析留存备索），VIF 最大为

1.5，平均 VIF 为 1.16，数值远小于经验值 10，说明没有严重的多重共线性问题。

表 6 - 2　　　　　　　　　　　　描述性统计

变量	样本数	平均值	标准差	最小值	最大值
Mode1	411	0.730	0.445	0.000	1.000
Mode2	411	0.263	0.441	0.000	1.000
Media	411	-1.628	0.571	-3.172	2.144
Pop	411	17.767	1.728	11.445	21.065
Gdpgrowth	411	2.457	3.297	-11.031	13.588
Tec	411	11.124	12.852	0.001	96.032
Res	411	25.010	16.576	0.001	67.045
Size	411	22.468	1.135	19.546	28.222
Age	411	2.863	0.303	2.079	3.526
Overseas	411	0.173	0.180	0.000	0.800
ROA	411	0.060	0.867	-1.156	0.916
Ownership	411	0.102	0.303	0.000	1.000
Experience	411	5.421	6.691	0.000	33.000

6.4　实证分析与检验

6.4.1　回归分析结果

采用 Logit 模型实证检验基准回归和调节效应的结果如表 6 - 3 所示。表 6 - 3 中列（1）、列（2）显示东道国舆论环境的回归系数显著为负。这说明，东道国舆论环境越好，互联网跨国企业越倾向于选择独资模式和跨国并购进入东道国市场；东道国舆论环境越差，互联网跨国企业越倾向于选择合资模式和绿地投资模式进入东道国市场，因此 H6 - 1，H6 - 2 得到验证。

表6-3		基准回归和调节效应结果		
变量	（1）	（2）	（3）	（4）
	Mode1	Mode2	Mode1	Mode2
Media	-0.759 ***	-0.622 **	-0.683 **	-0.550 *
	（-2.93）	（-2.11）	（-2.27）	（-1.88）
Media × Experience			0.096 ***	0.073 **
			（2.56）	（2.09）
Experience			0.021	-0.028
			（1.07）	（-1.37）
Pop	-0.033	0.129	-0.072	0.093
	（-0.43）	（1.57）	（-0.88）	（1.12）
Gdpgrowth	0.055	0.032	0.063	0.056
	（1.29）	（0.74）	（1.38）	（1.26）
Res	0.013	-0.014	0.011	-0.016 *
	（1.59）	（-1.56）	（1.28）	（-1.78）
Tec	0.007	-0.016	0.004	-0.021 *
	（0.76）	（-1.50）	（0.33）	（-1.80）
Size	-0.233 **	0.273 ***	-0.232 **	0.345 ***
	（-2.25）	（2.62）	（-2.17）	（3.16）
ROA	0.412	-0.142	0.573	-0.100
	（0.30）	（-0.10）	（0.42）	（-0.07）
Age	0.177	-0.186	0.110	-0.149
	（0.43）	（-0.45）	（0.26）	（-0.36）
Overseas	-0.682	0.263	-0.964	0.183
	（-1.04）	（0.40）	（-1.43）	（0.28）
_cons	4.692 *	-9.593 ***	5.798 **	-10.648 ***
	（1.73）	（-3.25）	（2.03）	（-3.50）
FEYear	Yes	Yes	Yes	Yes
FEIndustry	Yes	Yes	Yes	Yes
FECountry	Yes	Yes	Yes	Yes
N	411	411	411	411
Pseudo R^2	0.052	0.056	0.071	0.071

注：* 、** 、*** 分别表示在10% 、5% 、1% 的水平上显著，括号内为 z 值。

表6-3中列（3）和列（4）显示，东道国舆论环境与互联网企业国际化经验的交互项系数均显著为正，这表明互联网企业的国际化经验正向调节东道国舆论环境与海外投资进入模式的关系，即减弱了负面舆论环境与绿地投资、合资模式之间的正向关系，进一步说明具有丰富国际化经验的互联网企业更加了解东道国当地企业的运营模式和沟通方式，更有能力防范可能存在的东道国舆论风险，有助于新建的海外子公司获得合法性，减弱企业对东道国合作伙伴的需求，从而以独资的模式进入海外市场。

6.4.2 稳健性检验和内生性分析

本章采用替换核心解释变量和更换估计模型两种方法检验以上估计结果的稳健性，并采用工具变量法来处理遗漏变量可能造成的内生性问题。考虑到舆论偏向普遍存在于各国的主流媒体的新闻报道中，且东道国其余的媒体会转载本国的主流媒体的报道，因此东道国主流媒体的舆论情感值更能反映东道国的舆论环境。本章在每个东道国中选取一个主流媒体（对华新闻报道量最大的媒体或官方通讯社），重新计算各国的舆论环境指标来作为替代变量进行稳健性检验。替换核心解释变量的稳健性检验结果如表6-4中列（1）和列（2）所示，替代变量主要媒体（Mainmedia）估计系数与基准模型系数方向上保持一致，分别在1%和5%水平上显著。此外，本章更换估计模型，采用Probit回归模型进行验证，结果与Logit模型回归结果保持一致，表明基准回归的结论具有较好的稳健性。

表6-4　　　　　　　　　　　　稳健性检验

变量	更换核心解释变量		更换估计模型		工具变量法		
	（1）	（2）	（3）	（4）	（5）	（6）	（7）
	Mode1	Mode2	Mode1	Mode2	Media	Mode1	Mode2
MainMedia	-0.737^{***} (-3.60)	-0.104^{**} (-2.06)					
Media			-0.476^{***} (-3.06)	-0.371^{**} (-2.14)		-0.264^{***} (-3.36)	-0.061^{**} (-2.42)

续表

变量	更换核心解释变量		更换估计模型		工具变量法		
	(1)	(2)	(3)	(4)	(5)	(6)	(7)
	Mode1	Mode2	Mode1	Mode2	Media	Mode1	Mode2
Culture_Media					0.518 ***		
					(7.10)		
Pop	0.012	0.159 **	−0.022	0.075	−0.077 ***	−0.017	0.022
	(0.17)	(2.02)	(−0.47)	(1.55)	(−4.88)	(−0.99)	(1.42)
Gdpgrowth	0.055	−0.106	0.034	0.022	0.044 ***	0.021 **	0.002
	(1.32)	(−0.28)	(1.32)	(0.86)	(5.59)	(2.26)	(0.21)
Res	0.016 *	−0.011	0.008	−0.007	−0.008 ***	0.001	−0.002
	(1.86)	(−1.32)	(1.61)	(−1.57)	(−5.05)	(0.82)	(−1.58)
Tec	0.009	−0.016	0.004	−0.010	0.001	0.001	−0.003 **
	(0.98)	(−1.50)	(0.79)	(−1.58)	(0.80)	(0.81)	(−1.97)
Size	−0.232 **	0.256 **	−0.140 **	0.153 **	0.024	−0.043 *	0.051 **
	(−2.22)	(2.48)	(−2.26)	(2.50)	(1.56)	(−2.13)	(2.41)
ROA	0.317	−0.358	0.300	−0.628	0.155	0.111	−0.064
	(0.23)	(−0.26)	(0.39)	(−0.07)	(0.82)	(0.43)	(−0.35)
Age	0.097	−0.105	0.102	−0.094	−0.208 ***	0.003	−0.030
	(0.23)	(−0.25)	(0.41)	(−0.39)	(−3.36)	(0.04)	(−0.37)
Overseas	−0.727	0.335	−0.427	0.142	−0.138	−0.149	0.049
	(−1.09)	(0.51)	(−1.09)	(0.36)	(−1.42)	(−1.15)	(0.38)
_cons	3.850	−9.138 ***	2.826 *	−5.554 ***	0.492	1.462 ***	−1.208 **
	(1.39)	(−3.19)	(1.73)	(−3.22)	(0.89)	(2.94)	(−2.41)
FE Year	Yes	Yes	Yes	Yes	Yes	Yes	Yes
FE Industry	Yes	Yes	Yes	Yes	Yes	Yes	Yes
FE Country	Yes	Yes	Yes	Yes	Yes	Yes	Yes
N	311	311	311	311	311	311	311
Pseudo R^2	0.067	0.047	0.054	0.055		0.047	0.058
Cragg-Donald Wald F statistic					152.26 [16.38]		

变量	更换核心解释变量		更换估计模型		工具变量法		
	（1）	（2）	（3）	（4）	（5）	（6）	（7）
	Mode1	Mode2	Mode1	Mode2	Media	Mode1	Mode2
Kleibergen-Paap rk LM statistic					25.52 [16.38]		
Kleibergen-Paap rk F statistic					50.45 ***		

注：* 、** 、*** 分别表示在 10%、5%、1% 的水平上显著，括号内为 z 值。Cragg-Donald Wald F 统计量和 Kleibergen-Paap rk LM 统计量用于检验工具变量是否识别不足，[ ] 内为 Stock-Yogo 检验 10% 水平下的临界值，若其大于临界值，则说明拒绝了"弱工具变量"的原假设；Kleibergen-Paap rk F 统计量检验工具变量是否是弱工具变量，若其显著，则说明拒绝了"工具变量识别不足"的原假设。

为进一步处理可能存在的内生性问题，本章采用工具变量法进行估计。借鉴张先锋等（2021）构建工具变量的方法，采用在东道国之外但同属一个文化圈的国家的舆论环境的平均值作为东道国舆论环境的工具变量，其中文化圈的划分参照龚为纲等（2019）的研究结果。龚为纲等（2019）基于 GDELT 数据库内 18 亿个超链接形成的媒体网络结构，对所有国家进行了文化圈的划分，其中包括儒家文化圈、西欧文化圈、伊斯兰文化圈、非洲文化圈、中东欧文化圈和拉美文化圈。表 6-4 中列（5）的第一阶段工具变量估计结果表明，工具变量 Culture_Media 与解释变量 Media 的呈显著正相关关系，符合预期，且工具变量通过了弱工具变量检验和沃尔德（Wald）内生性检验，说明本章选取的工具变量是合理可靠的。第二阶段回归结果显示，东道国舆论环境 Media 系数仍显著为负，与基准回归模型系数符号一致，这表明在处理了遗漏变量等内生性问题后，本章得出的结论仍然是稳健的。

6.5 进一步分析

基于前面的分析和结论，东道国舆论环境是通过影响互联网跨国企业在东道国的规制、规范和认知合法性来影响最终的海外进入模式决策，本部分参考牛志伟等（2023）的研究使用多元回归模型在宏观层面上对三条合法性影响机制进行逻辑检验。

规制合法性：参考韩（Han，2021）和唐晨曦等（2023）的衡量方式，以中国企业大型投资项目在特定东道国受到东道国政府严格审查或直接终止的数量加 1 的自然对数并取负号来作为跨国企业在该国规制合法性的替代性指标。若互联网跨国企业在该东道国的规制合法性越高，则其越有可能达成投资协议，反之越有可能被东道国政府怀疑，导致交易受阻。数据来自中国全球投资追踪（CGIT）数据库。

规范合法性：规范支柱是被整个社会所普遍接受的价值观、文化以及信仰，大部分学者使用文化距离来衡量跨国企业在特定东道国获得的规范合法性（杨亚平和杨姣，2020；Dau et al.，2022）。由于本章的规范合法性是一个动态指标，而文化距离是一个静态指标，故本章参照陈强远等（2023）的研究，使用我国在特定东道国设立的孔子学院和课堂的总数量除以各国的人口总数构建规范合法性指标。孔子学院是我国文化和价值观交流的典型媒介，通过各种形式推广汉语文化，提升海外民众对中国的价值观认同。数据来自中国国家汉语国际推广领导小组办公室（以下简称国家汉办）每年发布的《孔子学院年度发展报告》和中国国际中文教育基金会创建的孔子学院全球门户网站中的新闻动态及微信公众号推文。

认知合法性：参考姜建刚（2023）的研究，本章采用皮尤研究中心（PRC）的全球态度调查项目（Global Attitudes and Trends）中"对中国的印象"这一问题的数据来构建认知合法性指标。PRC 是一家总部位于美国的独立、非营利的社会科学研究机构，该研究中心专注于公众舆论调查、数据分析和社会趋势研究，旨在为公众、政策制定者和学者提供准确、客观和可靠的信息，其中全球态度调查项目是 PRC 自 2002 年起在全球 60 个国家展开的同步问卷调查。问卷中"对中国的印象"这一问题包含"非常正面""比较正面""比较负面""非常负面"四个选项，将四个选项分别设置权重并计算正面评价得分占总评价得分的比例来衡量认知合法性。如果该指标越趋近于 1，则说明互联网跨国企业在该东道国的认知合法性越高。

表 6 - 5 中列（1）~列（3）汇报了东道国舆论环境对三条合法性机制的影响，可以看到东道国舆论环境 Media 的回归系数均为正，且在 1% 的水平

上显著。这一结果揭示了东道国舆论环境对互联网企业海外进入模式选择影响的规制、规范和认知合法性渠道，进一步丰富了舆论对互联网跨国企业战略决策的作用机制分析。

表6－5   机制检验结果

变量	(1)	(2)	(3)
	规制合法性	规范合法性	认知合法性
Media	0.197 ***	0.960 ***	0.120 ***
	(2.90)	(7.56)	(5.30)
Pop	− 0.225 ***	− 0.111 ***	− 0.051 ***
	(− 10.71)	(− 2.83)	(− 6.69)
Gdpgrowth	0.031 ***	− 0.077 ***	− 0.001
	(2.76)	(− 3.68)	(− 0.27)
Res	− 0.004 *	− 0.134 ***	0.004 ***
	(− 1.86)	(− 3.30)	(5.26)
Tec	− 0.002	− 0.012 **	0.007 ***
	(− 0.88)	(− 2.56)	(7.05)
Size	− 0.001	− 0.058	0.029 ***
	(− 0.05)	(− 1.09)	(3.62)
ROA	0.320	− 0.428	− 0.068
	(0.90)	(− 0.65)	(− 0.72)
Age	0.120	− 0.040	− 0.010
	(1.09)	(− 0.20)	(− 0.33)
Overseas	− 0.129	0.161	− 0.147
	(− 0.71)	(0.48)	(− 0.30)
_cons	2.936 ***	6.560 ***	0.760 ***
	(3.94)	(4.70)	(3.12)
FEYear	Yes	Yes	Yes
FEIndustry	Yes	Yes	Yes
FECountry	Yes	Yes	Yes
N	311	311	275
R^2	0.254	0.211	0.472

注：*、**、***分别表示在10%、5%、1%的水平上显著，括号内为t值。

6.6 结论与启示

在逆全球化和保护主义盛行的背景下，本章重点探讨东道国涉华舆论环境如何影响"数字丝绸之路"建设过程中互联网跨国企业的国际化进入战略，即是采取独资还是合资、绿地投资还是跨国并购进入海外市场，并运用新闻传播相关理论和组织合法性理论来探讨相应影响机制。本章的实证发现如下：东道国舆论环境越差，互联网跨国企业选择合资和绿地投资的可能性越大，这是因为舆论恶化所带来的环境不确定性增高和企业合法性降低所导致的；当互联网跨国企业积累了丰富的国际化经验时，负面舆论环境与合资模式、绿地投资的正向关系被削弱；机制检验发现，东道国舆论环境通过影响互联网跨国企业的规制、规范和认知合法性来影响海外市场进入模式的选择。

本章得到以下启示：第一，东道国舆论环境对互联网跨国企业海外投资过程具有重大影响，因此互联网企业应密切关注东道国媒体的舆论动向，做好舆情监控。但是由于语言障碍，大量中小企业难以准确了解东道国详细的舆论动向，因此中国政府应着力动态追踪、分析和量化各主要投资目的国的舆论偏向，以帮助互联网企业在投资前进行风险评估以选择合适的进入模式。第二，当前互联网企业在活跃国内经济以及开展对外直接投资进程中日益重要，政府应加快出台相关政策，促进互联网企业更好地开展"走出去"战略。为此，受到东道国负面舆论影响更深的互联网企业，应该更加注重获得东道国政府和社会的广泛认同，正确处理好自身在海外投资过程中的产品定位、劳动力雇佣、环境保护等国际社会长期炒作的问题，以实际行动化解舆论风险。第三，互联网企业应重视积累国际化经验，不应忽略自身能力的培养而盲目投资。如果开展跨国并购，需要结合自身前期海外投资经验、当地政治经济舆论环境，以有效规避整合风险，实现市场规模和资源协同效应。国际化经验能够提升互联网跨国企业的合法性，增强企业抵抗负面舆论带来的不利影响的能力。而对于部分缺乏海外投资经验的企业，可以吸引或培养一批具有海外背景的经营管理人才以提高互联网企业对东道国舆论风险的把控度、对当地法律法规等制度安排的了解程度，从而弥补自身海外经验的欠缺。

第 7 章

互联网企业国际化投资风险管控
典型案例分析

7.1 基于"国家安全"的互联网企业跨国并购国家风险案例分析

互联网企业跨国并购国家风险主要包括东道国国家风险与主并国国家风险。其中，前者多表现为东道国政府出于"国家（数据）安全"过度监管导致的中国互联网企业跨国并购或国际化投资失败，如四维图新并购荷兰 HERE 失败、蚂蚁集团并购美国速汇金失败、字节跳动并购 Musical. ly 后遭到美国国家安全审查、昆仑万维被迫出售基达（Grindr）、印度借口国家安全四次禁用至少 414 款中国 App 等，本章基于"数字丝绸之路"选取四维图新与茄子快传典型案例进行剖析；后者是近年来新出现的现象，如巨人网络并购以色列 Playtika 所引发的中国政府监管风险（袁乙灵和江乾坤，2022）。限于篇幅，本章不再讨论后者。

7.1.1 四维图新并购欧洲地图公司 HERE 失败

四维图新（002405）成立于 2002 年，是我国导航地图、动态交通信息、乘用车和商用车定制化车联网解决方案领域的领航者。2016 年 12 月 26 日，图新香港（四维图新全资子公司）、东方力量（Oriental Power，腾讯全资子公司）与罗科（Rocco，新加坡政府投资公司子公司）三方宣布，将共同入股荷兰公司 SIWAY，并由其收购德国地图公司 HERE10% 的股权。此次交易中，HERE 被估值为 31 亿欧元，图新香港预计投资不超 9 700 万欧元。

作为欧洲大型数字地图提供商，HERE 地图在欧美车载导航仪用地图领域掌握 80% 的市场份额。HERE 的核心业务为通过其丰富的地图数据和关键的位置平台为各类客户提供地图服务和解决方案，其业务延伸至 200 多个国家和地区，如印度孟买、德国柏林、美国芝加哥等。HERE 与掌握 30% 日本市场份额的"先锋（Pioneer）"已展开资本合作。

然而，2017 年 9 月 26 日，HERE 宣布，停止接受腾讯控股等 3 家企业的出资，"经过监管审查，三方认定没有可行路径获得所需的交易许可，不再追求达成这笔交易。"四图维新也宣称，"由于海外监管审批的特殊性，在审核期截止日前，仍未获得海外监管机构对本次交易的许可"，公司将停止交易。

尽管荷兰属于"一带一路"共建国家，但由于美国政府的"长臂管辖"，此次交易失败的原因竟然是未能获得美国监管机构的批准，美国政府担心汽车收集的详细地图信息被中方获得。四维图新在声明中表示，在历经美国外国投资委员会（CFIUS）两个阶段、前后持续五个月的审查后，交易在审查截止日前仍未获得通过。在审查期间，四维图新和 HERE 合计回复超过 10 轮以上的问题，并多次积极沟通、修订投资方案；HERE 方面由 CEO 带队，专门向 CFIUS 进行了沟通，CFIUS 对此不予回应。

7.1.2　茄子科技新兴市场投资风险管控得当

7.1.2.1　茄子科技简介

茄子科技原名茄子快传（SHAREit），是中国早批试水跨平台近场传输的软件，2011 年于联想内部孵化。2015 年，茄子快传选择单独拆分，转型"出海"。目前，茄子科技已经发展成一款全球用户总量超 24 亿，涵盖常年居于谷歌商店年度 App 总榜单前十的"出海"产品，版图扩张到印度、印度尼西亚和非洲等多个新兴市场，业务遍及 200 多个国家和地区，涵盖全球 45 种语言，办公室分别位于北京、上海、新德里和班加罗尔（见图 7 - 1）。茄子科技早已不是一个传输工具、下载中心，它正转型为一个超级平台，可以刷视频、玩游戏，而且还在印度发布了支付工具茄子支付（SHAREit Pay）。目前，茄子科技已经建立了多元化的产品矩阵，从工具到内容，将更多样的互联网服务带给全球用户。

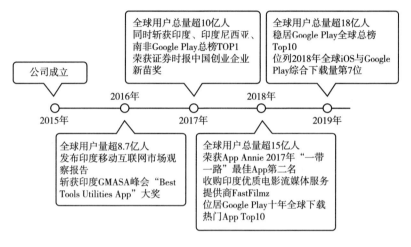

图7-1 茄子科技发展史

资料来源：笔者整理。

2020年6月29日，茄子科技突遭印度政府封禁而被迫退出印度市场。多年努力一朝清零，但是茄子科技并没有沉寂，反而继续增长，目前它旗下多元化产品矩阵在全球累计安装用户数已近24亿。

7.1.2.2 新兴市场投资概况

2017年3月，茄子科技官方宣布正式进入10亿用户俱乐部。从用户增长变化图可以看出，2015年下半年茄子科技进入发展快车道，基本保持三个月新增1亿用户的节奏。2018年6月，茄子科技稳居41个国家谷歌商店工具类榜单排名第一，64个国家苹果商店效率榜排名第一，全球范围内拥有超过15亿用户，其中月活用户超过5亿。与此同时，茄子科技员工数量不足240人，即每一个茄子科技员工都对应了近600万用户，这种效率放在中国市场绝无仅有，放在全球市场也是罕见的现象。

在工具类互联网"出海"企业中，猎豹移动最早在2014年已经"出海"

并取得成功，茄子科技则是踩在风口的尾巴上成长起来的。猎豹移动 "出海" 是诸般情报收集完毕，通盘战略考虑通透之后，毕全功于一役式的单点突破。茄子科技则是发现机遇点之后快速出击，而且相对于猎豹移动千人以上的团队规模，茄子快传几十人的队伍看似微乎其微。"让高质量的互联网服务照亮新兴市场的每一个角落"，正是茄子科技的愿景。在印度、印度尼西亚、南非、俄罗斯，甚至炮火不断的中东地区，茄子科技在当地的普及和受欢迎程度，绝对超过了微信在中国市场的地位。2020 年 5 月，腾讯和快手完成对茄子科技的 C 轮投资，具体金额未披露，这显示茄子科技从 "印度国民工具" 转型超级平台获得市场认可，成为 "风行全球的一站式内容分发平台"。

7.1.2.3　进军印度市场概况

2014 年茄子科技刚进入印度时，公司并没有多高的期待。一是印度只是众多国际市场其中之一，二是联想手机在印度市场销售，茄子科技仅是借顺风车预装在联想手机里简单推广。但从谷歌商店、苹果商店等官方应用平台反馈的数据显示，一年的时间，茄子科技的用户数几何级增长，直接过亿，每天的新增用户数更是高达 150 万。

当时茄子科技刚从联想分拆出来不久，整个团队也就 30 多人，在印度没设任何办公室，没有雇用过任何印度本地员工，本地推广也基本没做，那用户哪里来的？联想手机的顺风车肯定起了些作用，但联想在印度市场的手机出货量每年 1000 万部左右，还不至于让茄子科技的用户这么短时间内增速达到这个量级，肯定有其他更重要的原因。

茄子科技于是连续派了几批员工到印度，通过连续几个星期的用户使用习惯、市场环境、竞品分析等深入调查，终于摸出了几条线索：一是印度没有经历桌面 PC 互联网普及，直接进入了移动互联网时代，70% 以上上网行为都是用手机完成。二是印度的网络基础设施水平低，网络环境糟糕，大约2/3 的用户还在使用第二代移动通信网络（2G）和窄带电话拨号上网，即使是一些酒店的付费无线保真（Wi-Fi），速度峰值也仅有 100Kb/s。三是印度智能手机普及率低但增速明显。印度手机用户达 6 亿，渗透率超过 47%，但智能手机仅占总手机用户的 10% 左右，不过新增用户非常明显，很像 2010年左右的中国手机市场。四是印度贫富差距很大，3/4 的财富掌握在 10% 人手中，各邦的工资水准较低，普通网民对手机上网费用非常敏感。五是印度手机用户获取互联网内容的渠道非常少，以至于还出现了专门的装机客，通过给别人装软件、视频、音乐、图片等获得收入。有了这些核心线索，茄子科技用户几何级增长的秘密也水落石出——和国内其他快传类网络传输工具一样，它不需要网络，不消耗流量，就能够传输各种资源。根据工具类软件的特点，一旦一个印度用户发现它好用，想把内容传给朋友，就必须动员朋友也安装一个，也就相当于免费的二次、三次……N次传播，如此，也就形成了几何级甚至可称为"病毒式"的增长。

茄子科技在印度调研还发现，一些印度手机门店卖手机时会推荐必选App，茄子科技就是其中一项。茄子科技高层敏锐地意识到，印度、印度尼西亚等新兴市场正面临巨大的增长机遇，于是团队当即决定"全押（All in）"海外市场，首选印度市场且迅速火爆。在印度，仅2016年年初它的用户总数就超过1.5亿，传输了印度80%以上的智能设备内容，与瓦茨普，脸书等成为印度人购买智能手机之后的必选"国民软件"。

为进一步巩固在印度的市场地位，茄子科技在印度设立专门的办事处，并组建投资基金，对印度本土优质内容的版权商和有潜力的创业者进行投资，积极布局内容分发与消费领域。同时，利用自身积累的"出海"经验，帮助很多中国的App企业找到海外新兴市场的发展途径。茄子科技在印度市场招聘，收到了印度众多一线大学毕业生的竞相应聘，因为几乎所有印度用户都热爱茄子科技，是真正明星级的"国民应用"，热度一点不低于脸书、谷歌等美国企业。

7.1.2.4　突遭印度封禁中国企业App

2020年6月29日晚，印度电子与信息技术部突然发表声明称，为保护印度主权完整、国防安全与社会秩序，将封禁包括茄子科技、抖音国际版、微信、快手在内的59款App。此后印度政府又多次封禁中国企业App，累计封禁了至少414款中国App。此次封禁令更多的是政治考量，其抓手就是"网络主权"及"数据主权"（许可，2020）。事实上，茄子科技的数据存储在新加坡，数据相关义务由其在新加坡的法律主体承担，数据存储服务的提供商是美国的亚马逊。当时，茄子科技在印度市场的数亿级用户瞬间丢失。

这些用户占当时它总用户数的30%，收入贡献同样极高，它也冲击了茄子科技的"单一市场打透"的战略。

7.1.2.5 成功应对国际化投资国家风险

（1）果断放弃印度市场，搭建政府关系（GR）团队进行风险预警。印度封禁令对茄子科技决策层来说是非常突然的，他们都是从电视新闻中才得到消息，第一反应是想办法补救，耗费三个多月时间进行各种各样的努力和尝试。但经过包括律师和政府关系在内的上上下下多个渠道的沟通，"最终我们认知到这样的一件事情，就是它和商业与技术无关，其实是一个偏政治形态的东西。"于是，茄子科技果断决定放弃印度市场。印度封禁令事件后，茄子科技迅速搭建了一个新的GR团队。该团队中既有来自中国的员工深入研究"中国企业"身份会带来哪些限制和制约，又有海外市场本地的员工提前进行大量的风险评估和预警，从宏观政策角度提供一个科学的决策机制。茄子科技还对东道国风险数据进行了"更小颗粒度"的切分，按照东道国政策进展实现灵活可配，评估成本的上升与安全性的代价。

（2）加快调整商业化策略，多元化市场收入翻番。撤出印度市场后，茄子科技迅速加快商业化步伐。因为之前公司用户侧仍处于高速增长状态，且想要平衡用户的体验和收入，所以商业化进程不快。茄子科技商业化策略就用自建的广告平台向直销客户做交付，根据广告主的需求去做端到端的优化，服务好诸如虾皮网、来赞达、托克皮亚等本地大电商平台。茄子科技商业变现有一套基本的方法论：前面叫广告主的预算（budget）；中间是效率（efficiency），包括销售转化和交付效率；后面是流量（traffic）。公司在任何一个国家地区的商业化，都是这三个板块的联动。大约一年时间，茄子科技商业化收入达之前的两倍，这些增量主要来自东南亚、中东、北非市场。分阶段来看，印度市场封禁后的前六个月在东南亚增速非常快，后六个月是中东和北非，12个月之后南非开始起量，2022年开始拉美等新区域紧随其后。从交付量级来看，印度尼西亚和菲律宾等核心优势区域基本上做到仅次于谷歌和脸书，是当地第三大媒体交付平台，每天对外的安装交付达到了数百万量级。

（3）以本地化重新开拓其他新兴市场，实施多元化产品矩阵策略。印度事件后，除了把商业化增长作为重心，茄子科技还采取多种策略持续拉动用户数量，保持用户增长。首先，重新开拓印度以外的新兴市场。从用户绝对体量来看，公司海外市场分成四大集群：第一大集群是东南亚；第二大集群是南亚，去除印度，包括孟加拉国、巴基斯坦等国；第三大集群是中东、北非、海湾六国在内的国家（Middle East and North Africa，MENA）；第四大集群是南非国家。拉美等新区域是公司2022年重点发展的新集群。当之前完全聚焦印度市场的千人团队被释放出来，公司把其他国家的产品版本做了深度的优化。2021年发布了划时代的新版本茄子科技6.0，针对印度尼西亚、菲律宾、埃及、孟加拉国、南非这些区域都进行了大量本地化的修改，效果就是这些地区的新增用户和回流用户迅速变多。尤其MENA和拉美增速较快。其次，实施多产品矩阵策略。除茄子科技主产品之外，公司还有"去做吧（Do it）"系列的产品矩阵，包括克隆它（CLONEit）、清扫它（CLEANit）、听它（LISTENit）、看它（WATCHit）、喜欢它（LIKEit）等。其中，游戏社交和新的工具类产品效果良好，部分产品的月活已做到了千万量级。

（4）积极探索第二增长曲线。随着网络基础设施的完善，快传工具终将被丢弃。为此，茄子科技不断尝试新业务，迎合用户的新需求。例如，在茄子科技里做快游戏。很多用户除了吃鸡这种大型游戏以外，也有去玩中轻度游戏的需求，但专门为了这些游戏去下载安装整个过程还是挺麻烦的，公司做了一个类似于小程序的东西在茄子科技里面，它的体验比第五代（H5）网页游戏更好，用户还不用下载，即点即玩。类似地，公司也做短视频和泛内容。当前抖音和快手在海外竞争激烈，油管模式也非常成熟，茄子科技做短视频有什么优势？茄子科技最大的优势还是自己的下沉用户，这些用户的智能手机性能并不够好，装不了特别多的App，尤其是像抖音那样超过几百兆的App，基本上一个App就把手机塞满了，什么事情也做不了，所以公司一直在做极简的包体、极速的体验、极简单的操作。虽然用户设备和网络升级后，一定会有一部分人流失，但也会有一部分人留下来，公司会针对这些用户非常努力地提供差异性内容和服务。

7.1.3　结论与启示

一是以数据安全名义的国家安全审查正成为中国互联网企业国际化投资

过程中的新障碍。四维图新并购 HERE 等跨国并购案的失败对于"所有涉及个人数据的跨国交易是一个重大警示",意味着"国家安全"担忧已经延伸至更广泛的领域,美国等非"一带一路"国家"长臂管辖"的"溢出效应"正对"数字丝绸之路"建设构成现实威胁。

二是印度封禁令意味着"科技民族主义"在全球各个角落正以不同的样貌呈现出来,越来越多的国家和地区开始从自身安全及国际竞争的角度看待科技发展,甚至推出了一系列极端保护措施,"出海"互联网企业需要对数据、技术、产品、人才等科技元素的全球自由流动持谨慎态度,摸清自身的定位,加快商业化和本地化策略,丰富多元化产品矩阵,开拓多元化全球市场,积极应对剧烈变化的外部环境。

7.2 基于 COSO 框架的蚂蚁集团国际化投资风险管控案例分析

7.2.1 中国金融科技企业国际化投资概况

中国金融科技已走在世界前列,从百度、阿里巴巴、腾讯、京东(BATJ)到陆金所、宜信、恒昌等互联网巨头或金融科技公司正大力布局海外市场。金融科技行业与传统金融行业差异在于其将"金融"与"科技"相结合,将技术服务于金融业务、金融活动与金融市场,具有交易成本低、覆盖渗透性强等特点(卜亚,2019)。随着"一带一路"倡议及境外投资税收优惠等激励政策的相继出台,叠加国内金融科技市场由于竞争者增加和监管力度加大等因素形成的市场饱和与竞争压力加剧的态势(王卓和李健,2019),我国金融科技企业纷纷将目光投向海外市场,不仅将金融产品和科技服务面向全球推广,而且开始实施国际化投资战略。

当前我国金融科技企业"出海"模式主要有自营、参股控股和经营合作三种方式(邱阳和方旖旎,2018)。然而,基于地缘因素和市场潜力,我国金融科技企业主要面向东南亚及"一带一路"共建地区等新兴国家进行投资,这些国家往往政党林立,经济、文化差异显著,民族、宗教等问题复杂,市场进入风险巨大；倘若进入金融体系较规范、金融市场较发达的欧美国家开展投资活动，则可能面临东道国阻击、外来产品被抵制等风险。

因此，如何针对上述风险实施有效管理正成为业界关注的难题，而蚂蚁集团作为全球金融科技领域最大的"独角兽"，已在56个国家和地区受理商户线下支付业务，在10个国家和地区拥有本地电子钱包，10个本地数字钱包的有源天线单元（AAU）已接近12亿，其良好的国际化投资风险管理经验值得总结与推广。

7.2.2　蚂蚁集团的国际化投资概况

7.2.2.1　蚂蚁集团国际化发展概况

蚂蚁科技集团股份有限公司（蚂蚁集团）原为蚂蚁金融服务集团（蚂蚁金服），于2014年10月正式成立，现已成为支付宝移动支付平台的控股股东，全球最大的金融科技"独角兽"。蚂蚁集团海外布局始于2015年，目前已在中国、印度、巴基斯坦、孟加拉国、泰国、菲律宾、马来西亚、印度尼西亚、韩国、中国香港全球10个国家和地区拥有本地电子钱包，形成"1 + 9"的布局模式，覆盖全球共12亿用户，境外用户近3亿。

虽然蚂蚁集团一直积极开拓国际业务，但近几年绝大部分收入仍然来自内地。截至2020年6月止的12个月内，蚂蚁集团通过公司平台处理的国际总支付交易规模达6 219亿元，2017～2020年上半年境外地区营业收入分别为34.2亿元、43.1亿元、65.86亿元、32.1亿元，占比5.23%、5.03%、5.46%、4.42%，主要来自跨境支付及商家服务。

7.2.2.2　蚂蚁集团国际化投资方式

（1）路径选择。蚂蚁集团遵循"一带一路"倡议，首先以亚洲作为拓展区域，逐渐向非洲、欧洲等渗透。蚂蚁集团以韩国、印度等亚洲国家为海外业务的首发地，2015年11月，蚂蚁集团以持股2%参与成立韩国首家互联网银行开泰银行（K - Bank），直至2016年底，开泰银行才获得执业牌照；与初入韩国遇冷不同，同年蚂蚁集团入股印度一付通（Paytm），短短几年一付通用户从2 000多万猛增至4.5亿，成为印度最大的移动支付和商务平台、世界第四大电子钱包，并于2021年11月18日成功上市，创下印度史上最大首次公开上市（IPO）记录；2016～2018年，蚂蚁集团加快在南亚和东南亚的布局，与印度尼西亚等多国的银行或电子支付企业合作拓展业务。

（2）合作参股。蚂蚁集团的海外业务多采用多国本土化战略，少数股权投资，以技术输出为主，充分利用当地企业优势。蚂蚁集团海外金融业务布局不谋求绝对控股，一般为不超过49%持股比例，只有2019年并购英国跨境支付公司万里汇（WorldFirst）是个例外。由于支付及其他金融业务都属于强监管业务，各国多采用牌照管理，并配套复杂严格的监管规则，非本国企业投资面临比较大的监管风险；蚂蚁集团通过参股或者战略合作的方式，和本地具有金融牌照的公司共同开展支付业务，蚂蚁集团主要提供技术支持，如技术开发平台和支付业务解决方案，如此既降低了市场进入难度，也便于激活本地企业的市场与政府资源，有效防范政策和法律风险。

（3）由点及面。蚂蚁集团依托以支付业务为先导，跟随阿里巴巴集团生态战略布局"出海"，延伸多元金融业态。蚂蚁集团海外布局试图复制支付宝在国内开创的"从场景到支付到金融"的发展路径，与阿里巴巴集团的国际化战略高度协同，如2016年4月，阿里巴巴以10.2亿美元收购来赞达约54%的股权，同期蚂蚁集团宣布与来赞达旗下的在线支付工具东南亚版支付宝（HelloPay）合并，后者将改名为"支付宝"，由此通过与阿里巴巴的应用场景绑定输出支付技术；2019年后蚂蚁集团开始从支付业务向多元金融转化，海外业务的深度进一步提升，如2019年1月投资印度尼西亚消费分期公司岩心科技（Akulaku），2019年11月印度布局消费借贷产品—付通（Postpaid），2020年1月投资印度餐饮O2O企业永恒（Zomato）等，开始从支付业务向零售行业及消费金融领域拓展。

实际上，在过去近10年的时间里，通过一笔笔战略投资，蚂蚁集团编织了一张远比金融大的矩阵网络，为支付宝交易提供场景、技术等支持。在布局国内市场的同时，蚂蚁集团也将视线转向东南亚，将国内的成功经验复制到印度、柬埔寨等新兴市场，进行一系列颇有远见的重磅投资，使得公司将在未来相当长一段时间里持续受益。

根据新经济创投数据服务商IT桔子统计数据，在投资总数上，截至2020

年8月，蚂蚁集团相关的对外投资一共有171笔，对外投资总额高达近3 000亿元人民币。从行业上看，涉及金融、汽车交通、本地生活、文娱传媒、企业服务等方方面面。这与支付宝所提供的各种场景全方面服务完美契合。在行业分项方面，金融业依然是蚂蚁集团对外投资的主要方面，共有43笔投资；企业服务排名第二，投资数目为41笔。汽车交通、本地生活、文娱传媒分别位列3～5位（见图7-2）。

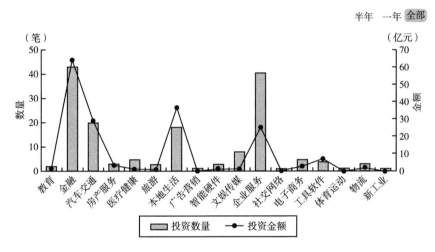

图7-2　蚂蚁集团的海外投资行业

资料来源：IT桔子。

7.2.3　蚂蚁集团国际化投资风险管控分析

7.2.3.1　基于COSO的金融科技企业国际化投资风险管控框架

金融科技企业国际化投资过程充满不确定性，任何一项决策或一些环境的变动都会产生显著的影响，同时金融科技行业自身的特殊性使得企业在海外布局时面临多维度的风险：宏观环境上存在进入东道主国家可能要承担的政治风险、新兴市场国家金融科技基础薄弱带来的经济风险以及发达地区对金融领域监管趋严导致的法律法规风险。中观层面有市场风险和竞争风险，前者包括"一带一路"某些共建国家仍以现金交易为主，金融信用体系尚未建立，普惠金融和消费金融产品落地难；后者包括传统金融产品和当地金融科技巨头的竞争，本土新企业崛起也增加了海外布局的压力。微观则有运营风险、文化整合风险、人力资源不匹配风险、研发技术风险，如金融科技行业用户数据安全存在很大不确定性，技术不足可能导致信息泄露。

COSO 委员会发布的《企业风险管理框架》（2017 版）对风险管理体系设立了"治理和文化，战略和目标设定，绩效，审阅和修订，信息、沟通和报告"五要素及相应的 20 项原则。该框架对风险管理重新进行了定义，旨在加强风险管理和战略的协同效应，强调风险文化和战略关系，将战略管理付诸行动，以此作为指导风险识别、评估和应对等风险管理手段（周婷婷和张浩，2018）。本章在 COSO – ERM（2017）框架的基础上，结合金融科技企业国际化投资风险的特点与内涵，构建了一个独具行业特性的金融科技企业国际化投资风险管理整体框架（见图 7 – 3）：在战略目标的指导下，针对金融科技领域特有风险与国际化投资进程中重点关注风险项目进行识别与分析，借助数字技术的力量与信息化平台，在治理与文化、投资方式、业务逻辑、技术支持以及征信系统五个方向上实施有效措施应对与防范风险，采取全球本土化（glocal）策略以适应东道国环境与文化，且根据战略的调整与市场的变动不断优化，将风险管理贯穿于金融科技企业海外布局全过程。

7.2.3.2　蚂蚁集团国际化投资风险管控实践

蚂蚁集团起步于支付宝，一直以为全球提供普惠金融服务为宗旨，初始主要业务为支付、理财、微贷、农村金融等，之后不停扩大金融版图，完善蚂蚁金融生态体系，聚焦场景＋支付、数字金融与科技服务三大板块，演绎"能力输出"商业模式下的"引流—变现—技术赋能"逻辑，实现长期可持续发展（夏杉珊等，2015）。2016 年，蚂蚁集团将全球化战略作为公司未来十年三大战略之一，通过支付业务打开市场，再复制境内成熟商业模式到海外，从广度、深度、密度全面构建全球金融网络（见图 7 – 4）。截至 2020 年7 月，蚂蚁集团全球活跃的支付用户超过 12 亿人（国内约 9 亿，海外约 3亿），阿里支付（Alipay ＋）服务支持 200 多个国家和地区的线上交易，覆盖全球超过 250 万商户。蚂蚁集团目标是未来 10 年，服务全球 20 亿用户。蚂蚁集团已成为全球最大的金融科技"独角兽"企业，估值曾高达 2 000 亿美元，在国际化投资风险管理方面积累了丰富的实践经验。

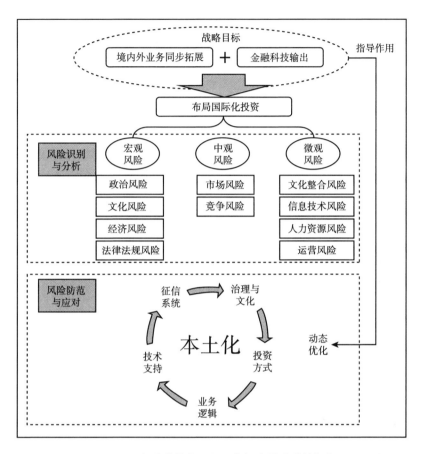

图7-3　金融科技企业国际化投资风险管控框架

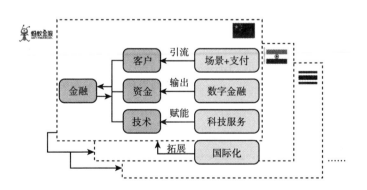

图7-4　蚂蚁集团的三大业务板块与国际化

资料来源：中信证券研究部绘制，征信证券研究部。

（1）蚂蚁集团国际化投资策略。自2015年投资印度 Paytm 公司始，蚂蚁集团逐步进行全球布局。与阿里巴巴投资偏好绝对控股或成为大股东的方式不同，蚂蚁集团根据东南亚当地财阀的影响力与诉求，制定了"投资＋技术支持"的国际化投资策略，参股了10余个本地版"支付宝"，目的是进入当地市场，宁愿持有少数股份而不寻求控股。从它"出海"与东道国、合作对象和合作方式来看，蚂蚁集团主要在"一带一路"共建国家及地区开拓市场，以具有金融和互联网背景的公司作为合作对象，在全球化进入路径开创了特有的"投资＋输出技术"的"出海"模式，即以当地原有公司为主，不新设企业，再辅以股权投资，5年间发起了14项境外投资（见表7-1）。

第一，在不同国家寻找相应的切入场景。菲律宾具有独特的金融基础设施，当地银行认为只有上流社会和高净值的个人才能负担得起银行提供的服务。银联银行甚至要求，若用户用未能保持超过2 000美元的余额可能会导致罚款。绝大多数个人，甚至企业都依赖当地汇款网络与网点。截至2018年，依然有66%的菲律宾人没有银行账户，34%的城市居民住所附近找不到银行网点，90%的菲律宾人没有信用记录，更不要提有信用卡。但菲律宾又有很强的社会消费能力，70%国内生产总值（GDP）来自个人消费。菲律宾社会的典型消费特点是小额高频，买什么都要小包，连电话充值都一次充几块十几块。公司发薪方式是双周，甚至每周发一次，钱一到手马上花，简直是周光族。因此，在菲律宾小额借贷的需求相当大，但他们又在大银行的服务范围之外。2017年2月，蚂蚁集团投资菲律宾全球金融科技创新公司（Mynt），与本地电信服务商 Globe 各占股45%，菲律宾第二大集团 Ayala 占股10%。全球金融科技创新公司位于菲律宾首都马尼拉，掌控菲律宾最大的电子钱包公司全球电信公司（GCash），它旗下还有融合借贷（Fuse Lending）平台，面向个人和小微企业发放贷款。全球金融科技创新公司首席执行官安东尼曾谈道，蚂蚁集团对全球电信公司电子钱包有多维度赋能。菲律宾人身份证明多达十几种，图书证、海员证都可以使用，这给身份验证带来很大难度，蚂蚁集团的风控等核心技术恰好填补了本地支付公司在这一领域的空白，数据平台与阿里云为其重新搭建架构。汇款是菲律宾重要的金融应用场景，它不但有7 000多个岛屿，还有1 200万散布全球的务工人员，偏远地区汇款接收与外汇二次中转是巨大的用户痛点。2018年6月，支付宝香港联合全球

表 7 - 1

蚂蚁集团境外投资概况

年份	国家/地区	合作对象	主营业务（对方背景）	合作方式	持股比例及投资金额	投资性质	电子钱包
2014	澳大利亚	Paybang	支付	未披露	成立合资子公司		
2015	印度	Paytm	移动支付，商务；移动资讯公司 0ne97 子公司	3 次投资＋输出技术和经验	与阿里共同持股 62%；1.35＋6.8 亿美元＋未披露	A 轮、B 轮、E 轮	Paytm
2015	韩国	K－Bank	韩国首家互联网银行	发起股东＋输出技术	不详	共同发起设立	
2016	新加坡	M－Daq	跨境证券交易公司	纯投资	不详	战略投资	
2016	泰国	Ascend Money	支付、互联网信贷；正大集团旗下企业	2 次投资＋输出技术和经验	20%；数千万美元＋未披露	A 轮 战略投资	Ascend Money
2017	韩国	Kakao Pay	支付（即时通讯 Kakao 旗下部门）	投资 2 亿美元	小于 40.5%	战略投资	Kakao Pay
2017	菲律宾	Mynt	支付（运营商 Globe Telecom）	投资＋输出技术和经验	大股东，非控股，45%，未披露	A 轮	全球电信电子钱包（Gcash）
2017	印度尼西亚	Emtek	支付（印度尼西亚第二大媒体巨头）	与 Emtek 成立合资公司	不详	成立合资子公司	DANA
2017	马来西亚	TNG	支付（马来西亚银行和联昌国际银行）	两家银行引入支付宝	无股权合作	成立合资公司	TNG
2017	新加坡	Hello pay	电商平台 Lazada 旗下品牌	合并	全部；10 亿美元	与 Hellopay 合并	Hellopay 更名 Alipay

续表

年份	国家/地区	合作对象	主营业务（对方背景）	合作方式	持股比例及投资金额	投资性质	电子钱包
2017	美国	速汇金	汇款服务公司	失败			
2017	中国香港地区	支付宝 HK	支付	联合设立			Alipay HK
2018	印度	Zomato	外卖	3 次投资	29%（2 + 2.1 + 6 亿美元）	战略投资	
2018	巴基斯坦	TMB (Telenor)	小微企业银行	战略投资	45%（1.845 亿美元）	股权投资	Easypaisa
2018	孟加拉国	bKash	移动转账提供商	投资 + 输出技术和经验	10%（未披露）	战略投资	Bkash
2019	印度尼西亚	Akulaku	消费分期公司	投资 + 输出技术和经验	不详（1 亿美元）	D 轮	
2019	英国	World First	支付公司	收购	100%（7 亿美元）	并购	
2019	印度尼西亚、泰国	BLUE mobile	智能零售	未披露	未披露	C 轮	
2019	印度尼西亚	Bukalapak	电商平台	未披露	未披露	D 轮	
2019	越南	eMonkey	移动支付（越南 M - Pay Trade）	提供技术专业知识；不详	不高于 50%		eMonkey
2020	瑞典	Global Blue	购物退税服务体系		未披露（1.25 亿美元）		

资料来源：笔者整理。

电信公司电子钱包推出区块链跨境实时汇款服务，首笔汇款由在港工作 22 年的菲律宾人格雷斯（Grace）现场完成，耗时仅 3 秒。

马来西亚的情况又与菲律宾不同，银行卡渗透率达 80%，智能手机用户覆盖率超 80%，是菲律宾的两倍，用户对金融服务理解更深入，互联网行业发展迅速，创业密度极高。不过，马来西亚移动支付的最大对手是现金，本地 90% 的交易以现金形式进行的。同样在 2017 年，蚂蚁集团与马来西亚最大两家银行——马来亚银行（Maybank）和联昌国际银行（CIMB Bank）达成战略合作。2018 年 5 月，蚂蚁集团与联昌国际银行集团旗下子公司一触即付组建股权合资公司，提供移动钱包及相关金融服务。双方首先从火车、公交、地铁、高速公路等交通场景切入，因为一触即付是当地最大预付费卡公司，堪称马来西亚"国民交通卡"。可见，这与中国的出行大战有逻辑上接近之处，本质上还是移动支付战争的延伸。

在印度，电影院是印度支付的重要场景。印度人看电影会先到电影院，排队买票，当场选电影与场次，而且大多数电影院仅有一个放映厅，一天只在有限时段播放同一部电影，所以电影票经常售罄，有的人等一两个小时还无法入场。Paytm 为印度最大的移动支付和商务平台。2015 年 1 月和 9 月，蚂蚁集团对 Paytm 进行两轮投资，合计 9 亿多美元，占股 40%。蚂蚁集团提出增加在线购买电影票功能，Paytm 最初持反对意见，理由是当地人喜欢享受临时排队的惊喜感。但蚂蚁集团坚持认为：随着中产阶层崛起，时间会成为稀缺品。结果此功能被证明异常受欢迎，Paytm 单月就售出整个印度票房 1/6 的电影票。Paytm 售票比例已为全印度的 22%，还推出扫电影海报二维码即刻订票等新功能。

支付宝在新加坡已覆盖从机场到酒店、餐厅、游乐场等几乎每一个支付触点，它于 2015 年 9 月在新加坡开通，也有一段缓慢爬坡期。2017 年 9 月，支付宝与新加坡旅游局签署了谅解备忘录，自此中国用户在新加坡支付宝使用率实现了两位数增长。

第二，连续投资印度"支付宝"Paytm。在金融海外板块中，蚂蚁集团对印度"支付宝"Paytm 的投资最为关键。Paytm 成立于 2012 年，8 年内融资 10 次，总金额近 50 亿美元。2019 年底，Paytm 完成了 E 轮 10 亿美元融资，蚂蚁集团、软银中国跟投。这是蚂蚁集团第四次参与 Paytm 投资。2020

年年初，Paytm 又获得微软 1 亿美元的战略投资（见表 7-2）。蚂蚁集团对 Paytm 的投资始于 2015 年 2 月，公司也是 Paytm 早期的风控与云技术合作方。在蚂蚁集团的帮助下，Paytm 复制支付宝在中国的成功经验，在应用中加入支付水电煤气的功能；同时迎合印度本土市场对黄金的喜好，开发出黄金版余额宝，允许用户以一个卢比起购买黄金。在经历一系列操作后，Paytm 在印度高速发展，截至 2019 年用户数突破 3 亿人，商户数突破 1 200 万户。

表 7-2   Paytm 的历次融资

投资时间	投资轮次	投资金额	主要投资机构
2015-02-01	A 轮	1.35 亿美元	蚂蚁金服（阿里巴巴）
2015-09-29	B 轮	6.8 亿美元	阿里巴巴；蚂蚁金服（阿里巴巴）
2016-08-29	C 轮	亿元及以上美元	联发科；淡马锡；高盛；阿里巴巴；赛富基金
2016-09-01	战略投资	6 000 万美元	联发科技
2017-05-19	D 轮	14 亿美元	软银中印
2017-11-29	战略投资	6 亿美元	软银中印（领投）
2018-06-14	战略投资	4.45 亿美元	阿里巴巴；软银资本（SoftBank capital）
2018-08-28	战略投资	3.61Zrll7L	沃伦·巴菲特（Warren Buffett）
2019-03-26	战略投资	5 000 万美元	律格资本
2019-11-25	E 轮	10 亿美元	蚂蚁金服（阿里巴巴）；软银愿景基金普信集团（领投）
2020-08-12	战略投资	1 亿美元	微软 Microsoft

资料来源：新经济创投数据服务商 IT 桔子 2020 年统计数据。

第三，持续投资印度 Zomato。在支付相关领域方面，蚂蚁集团相当重视本地生活的应用场景，虽然投资笔数不多，但笔笔重磅。在海外支付市场，蚂蚁集团最重磅的投资则是对印度"大众点评+饿了么"Zomato。印度在线食品配送与餐厅点评平台 Zomato 成立于 2008 年，12 年内融资轮次高达 15 次，总融资额达到 19.6 亿美元；其中蚂蚁集团投资了 4 次，且 3 次是独家投资（见表 7-3）。

表 7-3   Zomato 的历次融资

投资时间	投资轮次	投资金额	主要投资机构
2011-09-28	A 轮	350 万美元	印孚边缘（Info Edge）（领投）
2012-09-28	B 轮	230 万美元	印孚边缘（领投）
2013-02-28	C 轮	1 000 万美元	印孚边缘（领投）
2013-11-21	D 轮	3 700 万美元	红杉资本（Sequoia Capital）（领投）

投资时间	投资轮次	投资金额	主要投资机构
2014 - 11 - 19	E 轮	6 000 万美元	红杉资本、维资本（VY Capital）
2015 - 09 - 08	F 轮 - 上市前	6 000 万美元	淡马锡（Temasek）、维资本
2017 - 05 - 02	F 轮 - 上市前	2 000 万美元	红杉资本（领投）、淡马锡（领投）
2018 - 02 - 02	战略投资	2 亿美元	蚂蚁金服（阿里巴巴）、阿里巴巴
2018 - 08 - 06	战略投资	5 亿美元	软银愿景基金
2018 - 10 - 15	战略投资	2.1 亿美元	蚂蚁金服（阿里巴巴）
2019 - 02 - 09	战略投资	4 000 万美元	林溪资本（Glade Brook Capital）
2019 - 03 - 01	战略投资	6 225 万美元	外卖超人（Delivery Hero）（领投）
2019 - 10 - 05	战略投资	6 亿美元	蚂蚁金服（阿里巴巴）、淡马锡
2020 - 01 - 10	战略投资	1.5 亿美元	蚂蚁金服（阿里巴巴）
2020 - 04 - 08	F 轮 - 上市前	500 万美元	柏基（Baillie Gifford）

资料来源：新经济创投数据服务商 IT 桔子 2020 年统计数据。

　　蚂蚁集团早在 2018 年 2 月便以 2 亿美元战略投资永恒，获得永恒的最大股份。或许是因为在国内市场错失美团的关系，蚂蚁集团对永恒的投资不遗余力，2020 年 1 月又对永恒注资 1.5 亿美元。截至 2019 年年底，永恒覆盖印度及其他 23 个国家，拥有 7 200 万月活用户。在收购物流及食品速递初创公司锐步（Runnr）后，永恒每月外卖订单同比增长了 11 倍达到 3 200 万个，外卖收入由 2018 年的 1 700 万美金涨到了近 5 亿美元。

　　永恒早在 2017 年 9 月便基本实现业务全面盈利。2018 年底其推出永恒黄金会员（Zomato Gold）服务，该权益可以在永恒黄金会员指定餐厅就餐时获得全年买一赠一的优惠，目前有 150 万付费会员，为永恒带来了近 5 000 万美元的收入；公司同时在考虑将该会员服务从堂食延伸到外卖业务（见图 7 - 5）。

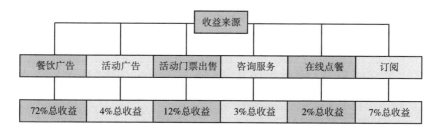

图 7 - 5　永恒的盈利模式

资料来源：笔者整理。

（2）蚂蚁集团国际化投资风控管理内容。第一，战略目标：能力（金融＋科技）输出，境内外同步拓展。为满足金融市场监管、强化科技赋能手段、挖掘长期业务潜力等核心发展需求，蚂蚁集团的战略调整经历了三个阶段：从支付宝初创时期战略重心放在大力发展支付业务上，到拓展金融业务，扩大金融版图，再到2014年蚂蚁集团正式成立后，战略规划不断革新升级，力图塑造蚂蚁金融生态圈，同时着眼国际化布局，响应"一带一路"倡议，为共建国家提供资金、金融产品和服务，实现为更多地区带来普惠金融的愿景。

战略的变化影响着企业风险管理全过程，在上述战略调整过程中，蚂蚁集团风险防控工作的范畴也逐渐国际化。海外初投期，蚂蚁集团仅仅提供资金与商业建议，风险管控流程停留在表面，引起了几次较为严重的风险管理失控事件；之后，蚂蚁集团的海外投资模式逐步成熟化，不仅注入资金，还提供技术与金融服务，通过技术"出海"和战略投资双向输出打开当地市场，风险管理步骤与内容也在战略的指导下不断调整优化。目前，蚂蚁集团的能力（金融＋科技）输出战略目标可总结为：向世界输出金融产品与科技服务，借助海外布局将金融生态圈与发展模式复制到海外，实现海内外同步发展，其国际化投资风险应对与管控的措施也相应地调至契合这一大方向。

第二，风险识别与分析。蚂蚁集团开展国际化投资面临的主要风险如下（见表7－4）。

表7－4　　　　　蚂蚁集团国际化投资风险的识别与分析

风险类型	具体类型	风险表现
宏观风险	政治风险	蚂蚁集团在投资美国等发达国家时，东道国可能对中国发展持有敌对态度或奉行贸易保护主义，从而采取措施进行干涉甚至阻拦，如蚂蚁集团并购美国速汇金失败
	经济风险	蚂蚁集团投资对象往往是"一带一路"共建国家，如印度、巴基斯坦，这些新兴经济市场通常未形成健全的金融监管体系，政策切换频繁，市场波动大
	法律法规风险	金融领域问题复杂，涉及大量资金运转与操作，各国对此都持谨慎态度，进入别国市场壁垒重重，蚂蚁集团在进入印度市场时就面临金融牌照难以获取的问题

风险类型	具体类型	风险表现
中观风险	竞争风险	蚂蚁集团进入英国、新加坡等市场时，已有的金融产品会阻碍其占据市场；而印度、印度尼西亚等新兴市场也相继出现新的金融科技公司，对蚂蚁集团造成竞争压力
	市场风险	对于金融科技行业发展不成熟的国家，人们可能不习惯使用蚂蚁集团的产品与服务，市场需求低
微观风险	人力资源风险	印度、孟加拉国等国家的人力资源薄弱，当地人员的能力水平与技术涵养与国内不匹配
	信息技术风险	由于技术限制，蚂蚁集团的跨境金融业务可能存在安全风险，交易过程中的信息可能被泄露
	运营风险	金融行业本身面临的信用问题在海外市场更易被放大，在不了解当地市场情况下确定的运营策略很可能会诱发严重的问题，蚂蚁集团初进印度市场时就由于经验不足爆发了两次风控失效事件
	文化整合风险	蚂蚁集团派遣人员或工程师驻扎支援当地企业时，由于文化差异会产生理念不同、员工不配合管理等问题

第三，风险防范与应对。

一是创新治理与文化。"治理与文化"源自 COSO - ERM（2017）框架的五要素，确定了现代公司治理的基调和企业使命与核心价值观的地位。从公司治理的角度来看，蚂蚁集团采取的是独立董事机制，外部和内部董事共同参与决策过程，同时下设风险控制委员会负责监督工作，并设置督察长监管稽查部，共同监督风险管理活动。非控制性战略海外投资是蚂蚁集团主要采取的手段，维持目标公司独立性的同时丰富其金融生态，保持目标公司原有的发展活力与模式，防止部分运营风险；从企业文化的角度来看，蚂蚁集团推行运营本土化策略，注重对当地员工的情绪管理，减少文化整合风险。如对印度 Paytm 投资，蚂蚁集团派驻了大量国内高阶工程师，但是文化之间的差异使得印度员工与国内工程师无法真正融合。为此，蚂蚁集团开发了一套通用和定制相结合的系统模式，培育本土员工能力水平，提升当地公司技术能力，与公司科技发展相接轨，也为海外业务发展提供人力资源支持，而国内工程师仅支援当地公司一些细微的业务需求情况，由此缓解双方文化冲突（王炳焕，2019）。

二是调整业务逻辑。在开拓国际版图的过程中，蚂蚁集团业务内在发展模式也随之更新调整：报表策略从资产负债表模式向利润经营表模式转型，开放平台拓展金融协同业务以降低风险。在旧有资产负债表的模式下,公司目标集中于借助业务发展吸引巨额资金扩大资产负债表规模,虽然增加资本占用率,但也放大了风险。在数字金融转型升级增速的背景下,该模式已不能满足公司的战略需求,尤其是目前蚂蚁集团正在构建全球范畴的金融网络,必须要有效利用资金,布局海外投资发展增效业务。而利润表经营表模式的核心在于输出技术、服务,联合金融全产业链企业助力垂直型业务纵深发展,契合"能力输出"或"引流—变现—赋能"模式,不仅减少资金占用,而且弱化风险敞口,实现收入增长。截至 2019 年底,蚂蚁集团已投资合作多家海外金融机构,借助跨境支付拓展垂直型金融协同业务,将技术、服务、场景复制海外市场,实现交叉销售,增加客户黏性,降低投资风险。

三是完善大数据征信系统。金融科技公司的大数据征信模式与传统形式不同,它依托信息技术的发展,海量数据得以沉淀积累,并被筛选挖掘及应用到不同场景不同行业中,通过大数据分析,收集分析用户、组织、企业在互联网留下的数据,作为信用评价的依据。对此,蚂蚁集团拥有得天独厚的优势,其依托的阿里巴巴平台可以为其提供真实可靠的用户交易数据,本身的理财、保险金融业务也可以收集大量数据,再结合芝麻信用评级体系,构成了一个互联互通的有机整体。蚂蚁集团在拓展海外市场的同时,也在不断采集当地用户、企业的数据与信息,对其信用状况进行精细动态的画像。蚂蚁集团金融服务对象主要是本土小微企业,借助阿里巴巴交易信息系统为基础建立的大数据库体系(见图 7-6),可以快速形成东道国当地小微企业的信用指标报告、风险预警云图等分析产品,评估企业的信用等级,计算其可借贷的额度,从而极大地缩短信用评估时间,并且使评估结果更加精准有效,继而提升服务质量、降低风险。

四是强化技术服务支持。作为金融科技公司,技术是蚂蚁集团发展壮大、走向国际的起点,也是它全球化进程中的风控枢纽和安全保障。目前蚂蚁集团基础技术模块凝聚为"BASIC"五个方面:区块链(Blockchain)、人工智能(AI)、安全(Security)、物联网(Iot)、云计算(Computing)。其中,区块链技术是蚂蚁集团数字化转型的核心,依托区块链团队的研发成果,蚂蚁集团电子钱包广泛覆盖全球多个国家和地区。由于区块链的原理是逐节点记录与传递信息,具有不可篡改、数据透明等特征,因此,利用该技术不仅可

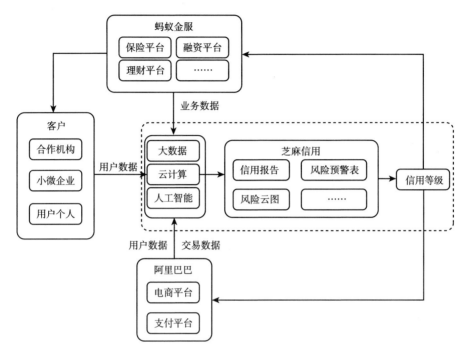

图 7 - 6　蚂蚁集团大数据征信体系

以减少交易成本，保证资金流转的安全，降低交易与运营风险，而且其授权机制能够保障用户、企业的信息不被泄露，降低信息安全风险。人工智能、物联网、云计算等技术则在打造多种金融外延产品的同时，辅助安全风控系统弱化潜在风险。2018 年，蚂蚁集团完成了中国香港地区与菲律宾电子钱包的跨境互联，首次实现实时跨境汇款，增强跨机构间的协同作用，助力数字金融服务再升级。此外，蚂蚁集团在进入不同地区市场时，针对技术的引进与应用的策略会与本地科技状况相吻合。如蚂蚁集团在将服务技术向印度、印度尼西亚等输出时，遇到了系统不相匹配等问题。这些区域金融领域的基础建设不完善，硬件与网络条件并不能很好地承接引进的软件系统。为此，蚂蚁集团对输出的技术会进行本土化转换，调整系统参数与指标以匹配当地的设施状况，同时为有无网络等情况提供不同的技术解决方案，满足本地化需求。

五是制定灵活的投资方式。蚂蚁集团公司在国际化投资过程中，针对不同国家经济基础、金融监管政策和科学技术发展水平，确立了不同的投资进入模式。对于新兴市场国家，一般采取以投资为主，输出技术为辅的运作模式,旨在了解当地市场的需求,实现运营本地化,借助当地合作伙伴市场网络优势,更快地进入当地市场,如对印度的一付通、孟加拉国的比奇现金(bKash)等合作对象,蚂蚁集团都采取"投资＋技术输出"的模式;对于欧美发达国家,则采取并购的方式进行,利用其原有的优势,更好地接入国内蚂蚁集团体系内,既服务于目标,也降低了与当地其他金融产品抢占市场的竞争风险,如并购新加坡的东南亚版支付宝(Hello Pay)与英国万里汇(World First)。2019年,蚂蚁集团并购英国万里汇时,鉴于美国海外投资委员会(CFIUS)以"可能会泄露美国公民信息"为理由拒绝了2018年蚂蚁集团收购速金汇的方案(雷蕾,2018),英国 World First 事先将美国区域的业务剥离并转让给原股东,以此绕过 CFIUS 对该项并购业务的审查,减少政治风险与法律风险。同时,由于金融行业涉及复杂的资金支付与运转,各国政府针对外来金融企业都设立了不同的限制条款,金融牌照往往难以获取。蚂蚁集团根据国情差异,或选择已有金融牌照的本土企业合作,或发起股东获取当地牌照,由此应对法律法规方面可能存在的风险。

7.2.4 结论与启示

中国金融科技企业国际化投资已成潮流,蚂蚁集团作为目前"出海"发展态势良好的公司,其国际化投资风险管理的实践经验可以总结为以下四点。

一是精心制定实施全球化战略目标。蚂蚁集团在推进国际化投资进程中,制定了"金融科技输出,境内外协同拓展"的战略蓝图,并据此设定了具体的业务发展目标。通过跨境支付服务、金融产品与服务创新以及技术解决方案的输出等多种途径,蚂蚁集团成功地将多元化的金融生态体系复制到海外市场。在这一全球化战略框架内,蚂蚁集团构建了一套与之相匹配的风险管理体系,针对金融科技企业在境外布局时可能遭遇的特有风险及普遍性风险,采取了有效的应对与防控措施,显著降低了风险影响。这为我们提供了宝贵启示:金融科技企业在国际化进程中,必须确立清晰明确的战略目标,并以其为指引,构建一套高效、针对性的风险控制机制。

二是充分发挥金融科技企业技术领先优势。金融科技行业汇聚了卓越的研发团队与前沿技术。企业能够凭借其深厚的技术积累,运用大数据、云计算等先进工具，精准采集并分析风险因素，构建全面的风险控制系统，从而有效预测并显著降低风险敞口。在境外投资的各个阶段，金融科技行业应充分利用其技术优势，确保资金、产品、服务等输出的全过程均受到尖端信息技术的严密保护，以最大化地预防风险发生。对于金融科技行业而言，信息与资金传输的安全性以及征信体系的建设是核心关切。为此，企业应灵活部署区块链、大数据等先进技术，以有效防范与控制这些关键领域的风险。

三是因地制宜推动境外投资本土化策略。作为全球领先的独角兽企业和全球本土化战略的杰出实践者，蚂蚁集团的经验深刻展示了在国际化进程中本土化工作的重要性。无论是投资模式、运营模式还是技术转移，都需紧密结合当地的发展状况、法律法规以及金融市场特点，制定适应性策略，以降低法律风险、运营风险和文化融合风险等。针对金融科技行业特有的牌照获取难题，在境外扩张过程中，企业应依据不同国家的政治环境及法律体系，精心挑选合作伙伴，开展投资或并购活动，从而有效应对风险管理挑战，确保业务稳健发展。

四是持续优化境外投资风险管理。蚂蚁集团在境外投资实践中，对国际化投资风险的管理始终保持高度灵活与动态调整。针对各国经济基础、金融监管政策以及科技发展水平的差异性，蚂蚁集团采取了多样化的投资进入模式，并配套实施了针对性的风险应对策略。更重要的是，随着外部环境的变化，其风险管理措施也相应地进行调整，以确保与市场实际情况相契合。其他企业应从中汲取经验，为自身的国际化投资风险管理体系注入灵活性与适应性，使其能够迅速响应不同国家、不同时期的金融市场环境变化。

7.3 基于 GBS 理念的共享型互联网企业国际化投资风险管控案例分析

7.3.1 共享型互联网企业国际化投资风险控制概况

共享经济（sharing economy）最早被称为"协同消费"（Collaborative Consumption），是指"消费者在联合活动中与其他人一同消费产品或服务的行为"（Felson and Spaeth，1978）。爱彼迎（Airbnb，2008 年成立）、优步（Uber，2009 年成立）等互联网企业成功将共享经济理念应用于实践。共享经济经常被视为达到"去中心化、公平以及可持续发展的经济体"的主要渠道。在共享经济市场中，供给更加富有弹性，商品的选择也趋于多元化。这种经营模式对供需双方都是具有无限潜力的全新市场（Sablik，2014；Martin，2016）。共享经济是一种共享知识、观念、物品以及空间的新渠道，它能够增强服务质量、满足客户个性化的需求并改善就业环境（Roblek，2016）。共享型互联网企业的主要特征是：基于闲置资源，由互联网平台所支撑，以短时让渡使用权为手段，以获得收益为目标（何超，2018）。

7.3.1.1　共享型互联网企业国际化现状

共享经济最早出现在美国，在线二手交易平台易贝、在线影片租赁平台奈飞（Netflix）、在线雇佣平台优步瑞（原名 Elance，现为 Upwork）等共享经济原型企业率先探索并引领全球共享经济的萌芽时代。2007 年之后，全球共享经济进入高速成长期。尤其是 2008 年金融危机之后，创业企业大量涌现。出行平台优步、民宿租赁平台爱彼迎、跑腿网站跑腿兔（TaskRabbit）、同城快递闪送（Postmates）、食品共享网站社交晚餐服务（Grub With Us）等美国共享平台快速发展。而美国共享平台模式一经市场认可，便引来众多的海外效仿者，加剧了该领域的全球竞争。如对标优步的打车平台有印度的欧乐（Ola），东南亚的格步科技等；西班牙真实旅行（Trip4Real）对爱彼迎的境外扩张也产生不小的威胁，最终被爱彼迎收购；俄罗斯最大的网络服务门户央捷科斯、私厨特色菜预订平台蒙切里（Munchery）、快速为宠物找保姆的马来西亚企业宠物乐园（Petsodia）等。

新技术可为经济转型升级提供新动力。"大智移云物链"等信息技术的日渐成熟促使实物资产大规模共享成为现实，大量新的共享产品或应用场景不断涌现，模仿者纷至沓来。但是盲目对新产品、新服务采取过激反应，盲目投入大量资金抢占市场容易导致失败的结局，多家共享单车、共享充电宝、共享雨伞等企业的相继倒闭就为所有想进入共享行业的企业敲响警钟。随着我国共享经济持续发展，市场结构更趋合理，共享型互联网行业进入飞速成长时期。目前，我国各领域的共享经济代表企业如下（见表 7－5）。

表 7 – 5　　　　　　　　　　中国共享型互联网代表企业

领域	代表企业
打车和拼车	滴滴出行、曹操专车、领行科技（T3 出行）
自行车共享	哈啰出行、美团单车
旅行住宿	小猪短租、途家
二手交易	闲鱼
洗衣干洗服务	E 袋洗
教育	程序员客栈

共享型互联网企业在本土的繁荣发展，也刺激了整个产业进军海外的趋势。共享经济本质是为用户提供商业服务，当消费者数量以及使用频次达到饱和，并且随着产业不断成熟，市场进入壁垒不断降低，使得大批潜在竞争者涌入，为争夺市场地位，共享企业就会不满足于本土市场，开始启动跨境投资计划，争夺海外收益份额。如优步从创立之初就以全球化扩张为目标，其在美国本土的最大竞争对手来福（Lyft）则以加拿大为重点"出海"对象，不仅避开与优步直接竞争，也不断提高自己的市场渗透率；在国内，除了滴滴出行，美团也在不断加速全球化探索：投资印度外卖平台司伟吉、印度尼西亚出行平台戈吉克，布局海外住宿业务，向海外输出其商业模式。表 7 – 6 是国内外具有代表性的共享型互联网企业的海外布局情况。

表 7 – 6　　　　　　　　共享型互联网企业海外布局情况

代表企业	成立时间	国籍	覆盖海外区域	用户数 （月活跃用户）
优步	2009 年	美国	全球 65 个国家 600 + 个城市	1.15 亿
来福	2007 年	美国	美国与加拿大 600 + 个城市	2 290 万
格特	2010 年	以色列	英国、美国、俄罗斯、以色列等 100 + 个城市	企业用户 1.7 万
欧乐	2010 年 12 月	印度	印度、澳大利亚、新西兰等 170 + 个城市	3 200 万
转向	2021 年 5 月	印度尼西亚	东南亚等国城市	1 亿
格步科技	2012 年	马来西亚	新加坡等 8 个国家 465 + 个城市	3 100 万
滴滴	2013 年 1 月	中国	巴西、日本、墨西哥、澳大利亚等城市	4 亿
美团	2010 年 3 月	中国	东南亚、南亚、印度等地区	1.27 亿

7.3.1.2 共享型互联网企业国际化投资风险管控现状

共享型互联网企业本身业务多样、生态复杂，又正逐渐加快国际化步伐，因此其跨国风险管控问题日益突出。而互联网企业通常处于科技进步的前沿，员工普遍年轻化，喜欢接受新鲜事物，这意味着它们相比传统企业更具有利用大数据、云计算、AI 技术等建设全球财务共享的动力与优势，在助力自身提高决策质量和运营效率，降低财务成本等方面发挥着重要作用。下面以优步为例介绍共享型互联网企业国际化投资风险管控现状。

优步成立于 2009 年 3 月，总部位于美国加州旧金山。作为网约车的鼻祖，优步致力于运用技术手段以共享方式解决"打车难、打车贵、服务质量参差不齐"难题。优步打造的商业生态系统有以下特性：掠夺、竞争与共生。其中，"掠夺"追求的是"野蛮增长"，迅猛拓展全球网约车市场，不仅拓宽国内业务，也积极开展国际化投资，充分利用共享经济的网络效应，迅速向全球蔓延。截至 2024 年上半年，优步已覆盖全球 60 多个国家的 600 多个城市，拥有月活跃用户 1.15 亿，其海外投资情况如表 7-7 所示。

表 7-7 优步海外布局概况

投资时间	投资目标	国家/地区	投资类型
2015 年 11 月	地图公司（TomTom）	荷兰	战略联盟
2016 年 8 月	金融公司欧特雷（Otly）	荷兰	战略投资
2016 年 8 月	餐饮公司旅（Brigad）	法国	战略投资
2017 年 7 月	救护车平台蜜蜂（Ambee）	孟加拉国	战略投资
2020 年 1 月	出行平台易行（Careem）	中东、北非	31 亿美金收购
2020 年 8 月	科技公司自动出行（Auto cab）	英国	收购

由表 7-7 可知，优步在选择对外投资目标时，并不只局限于同类出行企业，如收购出行平台易行，更多是通过投资或战略联盟的形式与相关产业合作，扩大业务外延边界，并巩固主要出行业务的发展。通腾导航（TomTom）公司是一个基于云计算和大数据的地理信息平台，优步与其合作主要原因就是想借助其地图开发、本地搜索以及道路导航等技术提高自身服务的质量与效率；优步投资餐饮公司旅（Brigad），就是为在海外推出优步外卖（Uber Eats）服务铺路。这类对外扩张的路径需要大量的资金支持，而拓展新的业务往往会遭受挫

折，无法在短期内实现盈利，会给优步的资金周转造成巨大的压力。

因此，优步在其国际化发展中也催生了全球财务共享服务模式的建立，实现交叉合作推进业务处理流程，利用事前的埋点与事后倒逼业务端改进等方式管控风险，尽量避免业务风险；在资金管理方面，实现资金集约管理以控制财务风险；同时基于财务共享对信息系统高度集成化，并对信息系统不断进行完善，以保障财务信息传递的安全。

面对不同难题，优步也有针对性地进行风险管控。首先，选择迂回战术，实施紧缩与集中战略。例如，出售了俄罗斯与东南亚的业务，跨境服务将重点关注中东与北非等关键市场，同时将一部分重心转向共享单车、外卖、自动驾驶等领域，让新兴业务可以为优步贡献更多的收入。其次，尽量选择合作协议方式，或取得当地互联网巨头的融资，以较低的成本与本土企业进行商业联盟，携手共赢。例如，优步与百度公司进行全球战略合作，优步海量用户数据与百度地图等相互协同，跨越传统的产业边界，实现同时追求差异化与成本领先，做到跨越时间参与外部潮流。最后，充分利用新技术。优步利用大数据等信息技术实现万物互联，使得用户的行为变得可以量化、预测，从而准确捕捉或快速应对客户群体变化，缩短新兴服务的产品周期，加快新产品的普及速度；利用共享平台系统，优化企业的管理流程，使业务更容易快速转型，让组织更加扁平化，企业运作成本更低廉，从而使得节约的成本或创造的新价值可以继续投入公司的业务转型、对外投资与数字化升级，形成一个良性循环帮助企业整体降低风险。

7.3.2 基于 GBS 理念的共享型互联网企业国际化投资风险管控理论分析

7.3.2.1 基本概念

（1）共享型互联网企业国际化投资风险。根据经济合作与发展组织（OECD）的定义，风险是未来结果对期望的偏离概率。企业国际化投资风险具有四点共性：源于事件发生的不确定性、表示潜在的负面影响或损失、具有客观性和动态性（朱兴龙，2016）。综上所述，共享型互联网企业国际化投资风险可以理解为能够导致共享型互联网企业在东道国投资利润与预期结果产生偏差的概率。

（2）共享型互联网企业风险管控。企业风险管控机制的落地实施取决于健全高效的企业管理机制与平台，而我国企业跨国管理存在缺陷，尤其是对于新兴行业共享型互联网企业，其本身的管理模式不够完善、成熟，在应对国际化投资时，缺乏健全的机制与丰富的经验应对环境与交易的复杂化。在博采众长的基础上，共享型互联网企业风险管控应当包括以下内容（见表7-8）。

表7-8 共享型互联网企业风险管控内容

风险管控措施	具体内容
营造风险管控的内部环境	包含对风险的认知水平和应对风险的意识两方面； 建立风险防范理念和意识，提高企业风险防范战略制定的效果和实施效率； 企业风险管控结构内化，助力全员风险管控机制的实施
设定合理的风险管控目标	企业对外投资面临的不确定因素更多、环境更加复杂，风险管控的难度更大； 依据自身投资动机和东道国投资环境，结合企业发展战略拟定风险管控目标
构建风险识别与评估体系	准确识别风险，量化评估风险；有效运用国际化投资风险识别工具和手段识别风险； 采用一定的测量手段评估风险后果
建立风险控制机制	风险防范重点在于预防潜在风险，尽量避免风险发生带来的可能损失； 风险应对是采取适当措施减少已发生风险的负面影响
设置风险管控绩效评价机制	检验风险防范体系的实施效果，建立反馈机制，动态调整现有的风险防范体系

（3）全球财务共享服务理念（Global Business Services，GBS）是指全球有多个共享中心，多个职能且同一套管理模式。GBS理念是企业大环境驱动下的一种战略转型，如价值链的重构、企业核心竞争力的改变、数字化技术引领财务管理变革、财务组织从科层制组织到生态组织的转变、财务人员数量、结构和能力的变化、管理模式向前中后台模式转变、会计准则与制度面临挑战、公司治理与财务监管理念与方式改变等，同时伴随"大智移云物区"等新技术的发展及迭代，企业有了经济全球化、企业集团化、管理数字化的现实需求。GBS的发展一是远程化；二是它会越来越数字化与智能化；三是知识化，越来越为业务提供咨询、分析等价值；四是全面化，覆盖的职能会越来越多；五是国际化，只要跨越语言关就能服务更多不同国家的业务。

中兴通讯于 2005 年正式成立国内企业首家财务共享服务中心（FSSC），进而发展成为集"战略财务—业务财务—共享财务—专家团队"四位一体的 GBS 中心（陈虎，2015），通过统一全球规范标准，实现集团资金的集中管理，减少集团海内外运营的财务风险和资金风险，并建设业务财务团队，提升了财务管理对业务价值链、战略决策的支持作用，使得集团海外扩张的业务整合风险等得到有效遏制（中国共享服务领域调研报告，2019）。GBS 中心既有在总部或区域设立的实体财务共享中心，也有针对全球各地区业务拓展借助全球网络平台搭建的虚拟共享中心，通过集团内部资源整合，有效地提高了企业内部协作与服务交付的水平。周婷婷和王舒婷（2021）研究发现：中国上市公司建立 GBS 后，运营效率得到持续改善，"一带一路"跨国并购绩效也显著提升。中国公司通过股权资本、高管人脉与"一带一路"共建国家的公司所建立的丝路联结对"一带一路"跨国并购绩效具有积极影响。特质风险是丝路联结影响"一带一路"跨国并购绩效的可能传导路径。

7.3.2.2　共享型互联网企业国际化投资风险特征

共享型互联网企业国际化投资风险特征可以从宏观（社会环境）、中观（行业竞争）、微观（企业内部）三个层面进行识别与分析（见表 7 - 9），本章重点关注其行业与企业层面的风险，主要从竞争风险、市场风险、整合风险、技术安全风险、财务风险等进行分析（见表 7 - 10）。

表 7 - 9　　　　　共享型互联网企业国际化投资宏观风险

大类	具体风险	风险源
宏观环境	政治风险	东道国或母国的政治力量或事件；双边关系；国际环境变化
	法律法规风险	东道国法律规章的差异性；企业事前尽职调查不到位
	社会责任风险	环境、社区、人权、劳工等相关问题；与当地非政府组织与社区的沟通障碍；只重视业务利益

表 7 - 10　　　　　共享型互联网企业国际化投资中、微观风险

大类	具体风险	风险表现
中观（行业）维度	竞争风险	A. 在共享经济发展的刺激下，各种类型的共享型互联网竞相发展。 B. 共享型互联网的产品与服务更注重用户的需求与情感诉求，了解当地市场的共享品牌的竞争力优于外来企业

大类	具体风险		风险表现
中观（行业）维度	市场风险		A. 共享型互联网企业的服务往往对传统业务有巨大改进，或者引入新创的全新技术，与市场需求的吻合度通常难以作出准确判断，特别是针对未知的海外市场。 B. 无论是哪个国家和地区，共享型互联网行业的市场容量都是有限的，互联网企业将技术转化为产品投入市场之后，能否在有限的市场容量中占据合理的份额是一项挑战
微观（企业）层面	整合风险	管理整合风险	A. 共享型互联网企业发展的高成长性，使企业组织结构整合过程中易出现矛盾。 B. 若合并相似的共享型互联网企业，在现有的运营平台上提供的服务存在重复，在市场渠道、平台维护、人力投入等方面造成浪费。 C. 共享型互联企业的业务的多元化特征不断加强，导致企业合并后需要对多个领域的业务资源进行整合，增加了整合的难度
		文化整合风险	A. 各国语言和传统观念，沟通不畅。 B. 共享型互联网大多通过独树一帜的经营理念赢得消费者，但也使得合并后的文化冲突更加明显
微观（企业）层面	财务风险	技术安全风险	A. 共享平台汇聚海量的用户数据与交易信息，对系统的存储能力与分析技术有较高的要求。 B. 共享型互联网技术产品更新换代快、寿命周期短；数据的转移有泄漏的风险。 C. 共享型互联网技术转换为产品过程中的应用效果是否良好，是否有获利价值存在不确定性
		估值风险	A. 共享型互联网企业定价机制尚未统一。 B. 共享型互联网企业涉及业务一般都属于新兴产业，用传统的财务指标评价不准确。 C. 共享型互联网企业的价值评估不是以可准确获取的财报数据为基础，主要取决于它的发展前景，在很大程度上依赖于对未来的预测，但结果存在极大的不确定性
		融资风险	互联网企业对外投资一般采取组合型投资，同时投资于若干个项目，这对资金运营及融资能力都是考验

7.3.2.3 基于 GBS 理念共享型互联网企业国际化投资风险管控框架

未来 GBS 的发展方向和定位是建立风险管控、业财税一体化、大数据管理、科技创新等数字化管控平台，因此建设 GBS 中心可重点对共享型互联网企业国际化投资微观风险特征进行管控，基于 GBS 理念下共享型互联网企业国际化投资风险管控框架如图 7-7 所示。

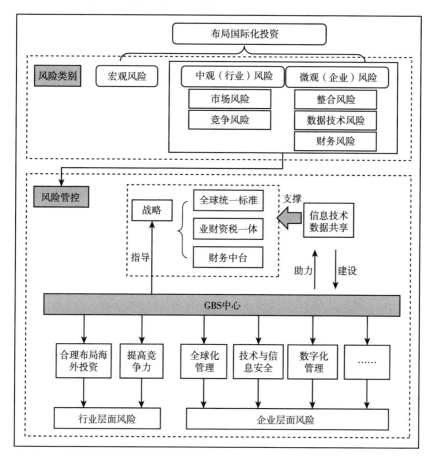

图 7-7 基于 GBS 理念下的共享型互联网企业国际化投资风险管控框架

7.3.3 基于 GBS 中心的滴滴出行网约车国际化投资风险控制案例

7.3.3.1 滴滴出行公司概况

（1）滴滴出行发展历程。基本概况。滴滴出行（简称滴滴）成立于 2012 年 7 月 10 日，最初名为北京小桔科技有限公司。经腾讯多轮投资推动，滴滴发展迅速。2014 年 8 月 19 日，滴滴专车在北京公测，主要面向中高端商务群体租车，当年用户过亿。2015 年 2 月 14 日，滴滴与快的经过激烈的价格大战后决定以合股的方式战略合并，双方人员架构保持不变，业务平行发展，保留各自品牌和业务独立性。2015 年 5 月 7 日，滴滴在杭州正式上线，定位从中高端商务出行转变为提供便捷优惠的出行服务。滴滴起初根据乘客消费等级划分为滴滴专车、顺风车、快车三类服务，之后陆续推出拼车、礼橙优享、特惠快车等模块，满足不同场景及不同消费层次的客户需求。如今，滴滴出行"出行 +"业态圈包含四大内容：出行服务、汽车电商、汽车金融和汽车后市场。

2021 年 6 月 30 日，滴滴在美国悄然上市；7 月 2 日，国家网络安全审查办公室（网信办）对"滴滴出行"启动网络安全审查，随后"滴滴出行"App 与滴滴旗下 25 款 App 在全国应用商店全面下架。2022 年 6 月 10 日，滴滴正式从纽交所退市，市值缩水 566.77 亿美元。7 月 21 日，国家网信办公告滴滴违反《数据安全法》等相关法律，存在违法收集、处理个人信息和严重影响国家安全的数据处理活动，严重侵害个人信息权益，给国家网络安全、数据安全带来严重的风险隐患，对公司处罚 80.26 亿元，公司总裁柳青、董事长兼 CEO 程维也分别被罚款 100 万元。

盈利模式。从成立起，滴滴就以快速且强悍的打法进入各大城市，在与快的、优步中国带"血"的补贴大战中胜出，占中国网约车市场超 90% 的份额。随后，滴滴凭借着新开辟的车服、金融等业务逐渐扩大体量，其外卖业务（现已暂停）和出行业务与美团开启了新一轮较量。顺风车事件后，滴滴面临巨大的舆论压力，业务重心由增长转向安全合规。司机乘客两端的补贴、业务扩张、政策监管成本是滴滴盈利之路上的三座大山。根据滴滴（NASDAQ：DIDI）2021 年末发布的首份业绩报告，2012~2018 年，滴滴累计亏损 390 亿元，仅 2018 年的补贴金额花掉 113 亿元。2019~2021 年，滴滴连续亏损 98 亿元、107 亿元、500 亿元，累计亏损 705 亿元（见图 7-8）。网约车是一个双边市场，司机和用户各占一边。滴滴平台上的司机以专职司机为主，其运营成本会随市场规模增加而增加，而为了在某个时间节点增加单量，滴滴的补贴投入也会增加，即需要在运营成本和规模之间达到平衡，才能达到盈利点，滴滴在 2019 年第四季度达到了这种平衡。不过，2020 年产品下架以来，滴滴出行司机流失超过1 500万，市场份额也从高峰的90%下降到不足70%（2022年6月），且错失了新能源车的绝佳窗口期。2021年末，滴滴持有现金和短期投资超过600亿元，虽然全年亏损500亿元，但巨额现金储备保证其暂时不会有生存危机。

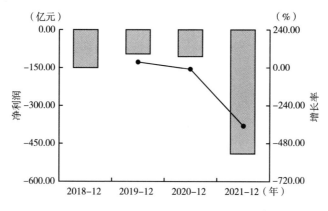

图7-8 滴滴出行净利润及增长率

资料来源：滴滴出行2021年业绩报告。

融资概况。滴滴是腾讯系重要公司，被各路资本寄予厚望。加上首次公开募股（IPO）募资44亿美元，滴滴前后融资共计23轮，融资累计超过258亿美元。截至2021年12月末，软银是滴滴最大的股东，持股比例为20.1%，其次是优步，持股11.93%；腾讯持股6.54%，创始人程维持股6.5%，重要股东持股比例超过45%。

反垄断问题。作为平台经济模式的代表，网约车领域的反垄断一直受到社会密切关注。2016年9月，商务部发言人沈丹阳曾表示，正在根据《中华人民共和国反垄断法》等有关法律法规对滴滴优步合并案进行反垄断调查。国内网约车领域持续呈现"一超多强"的格局，2020年5月，滴滴平台的月活跃人数为5 439万人，是第二名首汽约车的22倍多，占据绝对的市场支配地位（见图7-9）。多年来，滴滴在共享出行领域一家独大，这让其他网约车平台几乎没有发挥的余地。当2021年7月滴滴被要求下架后，各网约车平台开始在前方争分夺秒地抢司机、抢用户，通过大力度的补贴和优惠活动拉新。在滴滴订单量持续下行的同时，及时用车、T3出行、曹操出行、如祺出行等均保持强势增长。但《2021年Q3移动互联网行业数据研究报告》显示，

2021年第三季度网约车行业市场渗透率为21.9%，较去年同期仅增长0.9个百分点，国内网约车行业进入存量博弈阶段，其与互联网行业一样面临拉新难、留存难、转化难等问题。

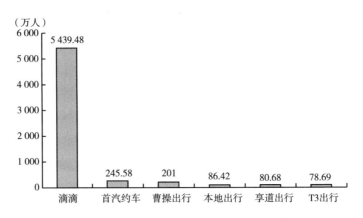

图7-9　2020年5月我国网约车各大平台活跃人数

资料来源：前瞻产业研究院整理。

（2）滴滴出行国际化投资战略布局与发展现状。滴滴秉持建立"全球最大的一站式出行平台"的战略目标，从一开始就把眼光投向海外市场。

滴滴出行的全球化进程可以分为两个层次：一是业务拓展，即在当地市场网推出网约车相关服务。首先通过合并中国优步，充分借助其海外资源拓展国际业务。2018年1月，滴滴正式收购巴西最大的本土出行服务平台99，上线了时尚（Pop）快车服务，半年时间覆盖巴西全国。同年4月，滴滴在日本与软银成立合资公司，在日本上线打车功能。目前，滴滴在拉丁美洲、澳大利亚与新西兰、日本、俄罗斯等13个海外市场运营打车、外卖和支付业务，在拉丁美洲市场份额接近50%。二是资本扩展，即通过投资全球各地有潜力的出行相关企业，在国际市场中扶持自己的出行阵营，以便在未来更好地抗衡优步等行业巨头。如滴滴投资美国的来福、印度的欧乐（Ola）、中东地区的易行，以及欧洲当地共享出行独角兽博尔特（Bolt，原名Taxify），而这些企业都是优步在当地的主要竞争对手，滴滴通过战略结盟方式进行海外扩张，同时利用当地成熟的品牌和团队更加快速有效地在当地开拓市场。总体来看，滴滴的国际化进程如表7-11所示。

表7-11 滴滴出行海外布局概况

投资时间	投资目标	国家地区	投资类型
2015年8月	打车应用格步科技	东南亚	战略投资
2015年9月	优步在美国主要竞争对手来福	美国	战略投资（1亿美元）
2015年9月	印度本土最大打车服务提供商欧乐	印度	战略投资
2016年6月	优步中国	美国	并购（换股）
2017年7月	打车应用格步科技	东南亚	第二轮投资（20亿美元）
2017年8月	出行平台易行	中东、北非	战略投资
2017年8月	爱沙尼亚出行平台博尔特（Bolt，原Taxify）	欧洲、中非	战略投资5 000万美元
2018年1月	出租车平台99	巴西	并购
2018年11月	投资高深智图（Deepmap）	美国	战略投资（6 000万美元）
2019年7月	酒店品牌欧优（OYO）	印度	战略投资（1亿美元）

2020年4月，程维宣布了滴滴未来3年的战略目标，其中着重提到滴滴"0188计划"的全球化战略：全球月活跃用户要超过8亿，未来3年每天服务超过1亿单，其中国际化业务达到日均1 000万单。如今，滴滴在海外16个国家提供服务，包括澳大利亚、新西兰、日本等国家，主要分布在非洲和拉美地区。此外，公司还在积极投资收购本地企业，希望能拓展食品配送业务和支付业务。截至2020年初，滴滴海外打车业务约占全球打车业务的20%，已在海外累计服务超过10亿出行订单，其在海外的直接竞争对手有优步、来福等。不过，2022年俄乌冲突爆发以来，滴滴相继停止在俄罗斯、哈萨克斯坦和南非的运营，当地市场久攻不下是主要原因。

在"出海"业务上的"高举高打"，必然伴随着剧增的成本。滴滴开打国际化业务的2018年，整体亏损高达109亿元。相比上年的25亿元亏损，同比增长336%。2020年以来，滴滴国际化业务一度停滞，内部甚至做好了全年海外业务不增长的准备。虽然滴滴当年上线了跑腿、货运、商务旅游、社区团购等多元化业务，希望在主业务上纵深发展来提高天花板，然而国际化业务仍是最有可能拓宽边界的突破点。2020年，滴滴副总裁柳青两度提及网约车业务已经扭亏为盈。当前，滴滴的"出海"业务主要聚焦于拉美、澳新以及日本市场。通过使用人工智能技术检测司机戴口罩情况以及在全球范围内投资优步的竞争对手，滴滴在海外的网约车市场将面临新一轮整合。2021 年 1 月 18 日，滴滴与软银向"滴滴出行日本"加投 52 亿日元（约合 5 000 万美元），该资金将用于帮助该公司拓展新市场并提供额外服务。

从市场竞争环境来看，滴滴海外市场业务的拓展远比想象的困难。滴滴进入南非比优步晚了 8 年，比博尔特（Bolt，原名 Taxify）晚了 6 年。2021 年 3 月滴滴进入时，当地的网约车市场已经被具有先发优势的优步和 Bolt 控制，其中优步占据了南非 78% 的网约车市场，Bolt 占了 28%，滴滴想要打破这种垄断局面非常困难。此外，南非的社会环境也并不平静。在南非，出行平台正面临司机群体集体抵制的尴尬局面。由于燃油价格上涨等多重因素，司机收入减少，司机们抗议平台的低工资和高佣金，以平台剥削和工作条件恶劣为由，呼吁对该行业进行监管。2022 年 3 月，南非的优步、滴滴和博尔特的司机又开始了全国性罢工，类似行为发生了多次。在南非市场遇挫之前，滴滴在俄罗斯遭遇类似境地。滴滴进驻前，莫斯科和圣彼得堡已被俄罗斯本土的网约车巨头央捷科斯和城市交通（Citymobil）牢牢占据。哪怕滴滴刚进入时佣金率只有 5%，且保证司机的每趟轮班至少有 41 美元的收入以及额外的附加费，依旧无法撼动俄罗斯本土头部选手的位置。当滴滴的佣金率提高到与央捷科斯等相差无几的程度且停止司机补贴后，滴滴平台的流量增长便立即停止，且司机开始外流。俄罗斯的本土选手强到连优步都很难分得一杯羹。优步早年在俄罗斯也有运营，基于对抗本土选手的压力，优步随后退出俄罗斯市场，转而成了央捷科斯的股东。有分析人士悲观地认为，"北美是优步的大本营、欧洲与非洲市场几乎铁板一块；东南亚市场，优步已成为 Grab 第一大股东；拉美市场靠股权投资撑起，是国际化出行业务最后的底牌，但重要性和本土出行市场不是一个量级。滴滴在与优步的国际化市场竞争中颓势已现，确实不如守住本土出行市场。"

7.3.3.2　基于 GBS 理念滴滴出行国际化投资风险管控

（1）滴滴出行国际化投资风险类别。滴滴国际化投资面临一系列复杂的风险，如何对其进行相应的风险管控将影响项目的推进和战略目标的实现。本章先对滴滴国际化投资的风险类别进行分析，然后从建设 GBS 中心角度提出相应的风险管控策略。

第一，行业层面。

竞争风险。优步 2010 年 6 月于旧金山推出网约车服务后，"共享出行第一股"来福成立于 2012 年，主营美国、加拿大 600 多个城市，其业务上更专注于共享出行，也向无人驾驶出租车网络商业化方向进行探索，与通用汽车（GM）、慧摩（Waymo）等车企拥有更好的关系。欧洲"独角兽"企业 Taxify 的业务横跨欧洲、非洲、西亚和中美洲共 25 个国家和 40 多个城市，印度 Ola 已占据当地超过 80％ 的打车市场份额，中东地区的易行、东南亚的格步科技也都是滴滴进军海外市场强有力的竞争对手。其中，优步从 2014 年就制定了"优步无处不在"（Uber Everywhere）的全球化目标，相继进军法国巴黎、英国伦敦和亚洲。2016 年 8 月，优步已在中国 60 座城市开展业务，但被滴滴收购了优步中国的全部资产。除网约车业务之外，优步还提供外卖业务和货运业务等。目前，优步独占全球市场份额的 37.2％，覆盖全球 71 个国家和地区的 1 万余座城市，每天处理的出行次数为 1 600 万次，拥有司机或快递员数量约 350 万人，月活跃用户达到 1.15 亿（2022 年第一季度），是滴滴海外市场的主要竞争对手。

市场风险。滴滴出行在将目光瞄准拉美地区时，看中的是拉美地区是世界上增长速度第二快的移动市场。这对于互联网出行企业来说是一个巨大的空白市场，但是当时第三支付体系与基础设施建设的不完善阻碍了滴滴的业务拓展。此外，在与日本软银集团合作推出网约车服务时，日本出租车行业发展成熟，出租车司机市场地位高，而日本民众普遍比较保守，因此初期出行业务推广面临停滞的难题。

第二，企业角度。

整合风险。滴滴出行对外投资、收购的公司基本都是网约车平台，属于相关性行业，尽管业务类型相似，但公司文化、管理模式等存在较大差异，尤其跨国并购带来的整合风险更为突出。以滴滴全资收购巴西"99 出租车"为例，一是管理整合风险。滴滴并购整合的目的是做大做强巴西网约车市场，但用户选择网约车消费时看重的却是服务质量与价格等。滴滴若与当地打车平台合并或形成战略联盟，最明显的改变就是补贴减少，溢价也时有出现，对乘客和司机来说，已经无法通过比较选出哪个更优惠。此次并购实质上减少了用户选择网约车公司及其产品的机会，长期来看可能形成恶性循环，反而造成当地网约车市场的下滑（尹慧敏和王姝，2018）。二是文化整合风险。中国企业注重长期发展规划，为此愿意保持足够的耐心与定力，而巴西企业偏好短期发展战略，看重短期收益，所以滴滴与巴西99的并购存在企业文化与管理理念的文化冲突。如果滴滴决策层忽视巴西99的运营现状，强制其员工遵循总部指令，容易激发矛盾与冲突，导致并购整合效果不佳。

技术安全风险。在共享平台，所有的节点之间是可以被连通、连接的，因此从任意节点输入的信息数据都能够在平台上流通，可以与其他数据汇总，为不同模式场景下的业务提供支撑。在此背景下，对于用户信息的保密问题就要耗费大量的资源去解决完善。滴滴在提供服务时，收集最多的就是用户的定位信息，与用户的工作、住宅、生活轨迹等密切相关，如果被泄露就会对用户的人身安全、隐私产生较大的威胁；同时，国外对于个人的隐私问题尤为重视，而跨境建立数据平台又要加强数据安全控制无疑也是对技术与财力的考验。另外，随着滴滴业务的不断发展，用户与司机群体数量阶梯式增长，且用户与司机都需要平台实时进行反馈，当有更多的数据被记录下来时，数据不再仅仅是商业智能（BI），意味着每个人开始去用数据，每个人用的数据很有可能是自己产生的结果，也可能是别人的输入，这就会导致注册信息、登录信息、使用交易数据量的巨大膨胀，也意味着实时计算需要的计算能力和存储能力变成更大的问题。

财务风险。一是估值风险。共享型互联网企业对外投资定价风险源于难以准确掌握目标企业的财务状况。滴滴选择投资对象最看重的是团队、技术和先进的理念以及未来的发展前景，这些无形资产很难被量化。滴滴对目标企业盈利能力的预测也不准确。衡量共享型互联网企业盈利能力可能存在不可靠的现象：网约车平台一般都是通过前期的优惠政策与补贴吸引客流，只查阅财务报表都会出现亏损，但是随着人们出行新习惯的养成，就会对网约车的出行机制产生依赖，从而加大后续的发展。二是融资风险。在国内市场，滴滴正面临各种竞争对手的崛起，如曹操专车、T3出行等，价格战及补贴成为主要竞争手段；在国外市场，滴滴已投资优步、欧乐、格步科技、易行、博尔特和来福等多家大型网约车公司，更是耗资11亿美元收购巴西"99出租车"。连续的巨额国际化投资给滴滴的现金流带来压力，需要从外部不断获得新的融资，这也蕴藏着融资成本高、股权遭到稀释的风险。

（2）滴滴出行 GBS 中心建设内容。第一，基于 GBS 理念的新型财务战略。滴滴提出了以 GBS 为理念的新财务策略，促使财务系统与集团发展模式及战略定位相匹配。一是业务财务。业务财务是从深层次强调业财融合，财务要深入理解企业项目支撑业务，业务则要在专业、精细的财务视角下把控全局，减低财务风险和经营风险，促进增值业务的快速发展。二是全球共享财务平台。该平台要求在基本的会计账务核算和交易处理得到满足的基础上，建立一套全球统一标准的机制。随着平台的建立与完善，逐渐加强对非结构数据的运算和分析，提高平台运营效率，最后在实践中逐步形成最优模式，支持赋能业务快速增长。三是战略财务。战略财务涵盖集团财务规划与分析，强调纵向与横向两个层面上业务与项目的互联互通。这些都需要对财务数据进行高效的整合与分析，都需要在全球财务共享的层面上实现财务信息对管理决策的精准支持。综上所述，滴滴的财务策略从战略层面支持了集团 GBS 中心建设，企业财务管理不再局限于成本控制，而是包含业务的赋能增值、集团的风险管控和企业的转型升级。

第二，GBS 中心实现全球标准统一。在滴滴国际化进程中，GBS 中心一直致力于解决不同国情背景下存在的文化冲突、会计制度差异等一系列难题。滴滴 GBS 中心坚持统一标准的管理理念，要求使用统一的会计科目、在统一的会计规范下进行业务核算，保证财务数据信息的一致性，便于全面反映集团的真实营业状况，提高财务决策的效用性，并会有效降低财务管理风险。

第三，基于 GBS 下的业财资税一体化。将先进的智能技术引入企业财务共享服务应用过程已成为业界共识。但是，仅实现财务核算自动化、业财融合，就支撑企业发展战略目标而言，仍远远不够，企业需要追求更深层次的源头化财务管理，供应链融资和税务筹划也应涵盖在 GBS 框架里。当前，滴滴在传统的财务共享服务基础上，引入业财资税一体化的理念，为财务共享数字化生态体系建设注入新的活力，并通过上述创新，打破了以往的僵化思维，将传统的财务共享模式升级为业财资税一体化的共享生态建设，全面推进 GBS 中心建设。

（3）滴滴出行 GBS 中心国际化投资风险管控内容。第一，针对行业层面的风险。滴滴国际化投资行业层面的风险主要集中在市场选择与同业竞争上，但其通过 GBS 中心实现数据共享，利用技术使得社会中的每个人的行为变得可以量化、预测，帮助企业选择市场与投资对象，了解客户需求提升核心竞争力。

选择市场与投资对象。企业的海外战略布局是一个极其复杂的过程，滴滴 GBS 中心能通过整合来自不同业务领域、职能部门、地区的数据和信息，在滴滴进行国际化投资时，为其选取最适宜进军的市场与最佳投资对象，帮助企业获得更高价值。一是更精准地制定跨境投资策略。滴滴利用 GBS 平台汇聚的海量信息与数据，对其所处的行业地位和环境进行深入分析，明晰自身的优劣势，进而选取适宜的跨境投资策略，并根据策略的方向，了解该行业的发展前景以及与之相关的国家政策，选择目前收益最大、投资效果最好的国家或地区作为海外拓展下一步的计划。二是更精准地选择投资目标。滴滴借助 GBS 平台的大数据，可以因地制宜地选择技术过硬、市场潜力大的目标公司进行长线投资，避免过度投资。

提升核心竞争力。除了对企业所处的市场进行分析，GBS 平台还可以通过集成数据与信息技术结合，做到将后台海量的用户与交易数据可视化，通过数据可视分析工具预测得到的调研结果，根据不同的客户群体需求开发多个地图应用程序，实时了解供应和需求分布信息，以便更好地了解这个城市的市场营销活动，以空前的速度实现用户体验的提升，增加滴滴的产品竞争力。例如，顺应员工出差报销程序烦琐，特别是境外项目报销流程更为复杂、不透明化的问题，滴滴出行推出企业版，主要体现在 B 端产品的服务提升，通过丰富的产品形态，为企业出行提供差异化服务，并借助用车报告把企业管理员从繁重的手工用车分析工作中解放出来。GBS 中心可以实现汇聚交易信息，实现全球业务数字化，各种维度的报告，配合丰富的筛选器，可以十分方便地洞察到各种的用车细节，也为企业提供了从用车状况洞察业务的管理价值。如客户可以从销售人员用车目的地热点的变化，察觉到了城市内部各区域对不同的产品偏好程度，为企业的销售策略调整提供了依据。同时用车分析报告，还会从总费用单量、成本节约、出行里程、出行时间地点等多维度进行详细分析诊断，帮助企业看清出行费用的去向、更好地辨别用车是否合规；同时通过出行费用的分析，能帮助企业洞察出行背后的业务。并且，滴滴还利用大数据、AI 等新一代信息技术开发智能运营系统，提高车主体验，优化订单匹配。作为全球领先的一站式出行服务平台，在国际化进程中，滴滴已经与多个城市合作，对传统信号灯、交通诱导屏等进行智能化改造，通过智慧交通建设提升城市交通运行的效率。同时，依托滴滴智能科技进行智慧交通建设的"中国方案"也将会在海外地区落地，为当地交通行业赋能，提高滴滴对抗本土品牌与潜在进入者的竞争力。

第二，针对企业角度的风险。

一是统一标准支持全球化管理。

滴滴 GBS 中心搭建了一个统一全球标准的平台，形成支持全球化经营的财务管理体系，可以帮助企业更好地处理跨国的业务，实现全球财务共享基础上业务的统一处理，降低滴滴国际化进程中的整合风险与运营风险。首先，GBS 中心在符合中国会计准则和当地会计法则的前提下，统一了集团的全球会计政策。对于同一类的业务，总部和海内外子公司可以在统一的会计政策下处理，即便存在国情、文化的差异，会计处理也是在一定范围内进行选择，能够保持适度的统一。由此，合并的财务报表才能更加真实有效地反映集团的经营成果。其次，GBS 中心完成了集团全球会计科目名称与编码的统一，做到了财务语言表达一致，财务数据口径保持一致。这不仅满足了集团全球统一会计核算的要求，而且也满足了集团精细化财务管理的需求。再次，GBS 中心构建了集团全球统一的信息平台，集团每一家子公司的运营核算系统都建立在该平台上，既便于将所有财务数据与信息汇总到集团总部，也有利于子公司和集团总部进行动态管理分析，进而支持即时决策。最后，GBS 中心可以帮助集团在其跨境并购整合过程中快速分析双方财务报表，确定双方在会计准则、会计方法等方面的差异，及时调整方案，建立统一的会计核算标准，避免并购后因差异而导致效率低下的问题，有效地降低运营成本。

二是流程系统化助力业务整合。

在 GBS 中心建设下，滴滴实现了流程系统化，完善全业务流程规范运作，有利于降低对外投资后的运营风险与整合风险。在全球统一标准的财务管理基础上，滴滴通过 GBS 中心逐步梳理了所有业务的核算处理流程。首先，以应付的几个流程为核心，包括从采购到付款（purchase to payment, PTP）流程、工薪福利应付款、应付发票认证管理等，细化拓展与之相关的子流程，并且每一流程下都有与之对应的操作节点集合。其次，将流程范围延伸到其他业务领域，如应收业务、税务申报等，从而完成对所有业务流程的梳理。在上述流程管理系统下，滴滴国内外所有子公司的员工都只需按照流程的内容进行分工，这颠覆了以往依据分支机构划分业务流程的分工模式。如果一位员工负责的是某流程下某个节点的业务，那么他处理的就是全球范围内同一业务流程下同一节点的业务，由此加强了集团对全球子公司的业务管控，减少了内控风险，进而更好地实现了集团全球业务知识积累和持续改善。

三是资金集中管理降风险。

滴滴通过 GBS 中心建立资金池，实现全球资金集中管理，可以助力降低财务风险。滴滴采用的是资金集中管理模式，即利用 GBS 中心构建全球资金池，形成了资金统收统付系统，实现集团内资金的统一调用与收付。在资金集中管理模式下，GBS 中心可以及时将各分部、子公司的资金需求、资金存量向总部资金管理部门反映：当集团成员资金不足，但是集团资金充足时，集团成员可以及时将融资需求反馈到集团总部，资金由资金内部调剂，如果内部资金池不够的话，由集团统一向银行借款，然后再统一偿还（张丽华，2019）。如此，GBS 统一管理集团整体的资金预算和筹融资需求，避免出现存贷款双高的情况，有效降低企业的融资成本。当前，国际经济形势变化瞬息万千，市场汇率波幅巨大。通过 GBS 中心，滴滴可以及时了解资金集中管理系统收集的数据和信息，统一规划境外资金的分配与使用，在集团内部调度境外资金的盈余与短缺，并且依据集团进出口币种、金额以及期限的情况，将企业内部资产和负债的币种与金额与之相匹配，优化境外资金的构成结构，减少外汇风险给公司带来的影响。在跨境并购中，滴滴可以通过资金集中管理，梳理目标公司的融资渠道并纳入到集团中，统一融资行为，促进境内外融资成本最小化和效益最大化。

四是业财资税融合实现全球财务共享。

滴滴 GBS 管理模式是以实现业财资税一体化为方向，依托 GBS 中心下的全球财务共享平台，通过与成本系统、资金系统、税务管理系统的全面集成和有机链接，实现数据互联互通，业财数据全链条管理，在跨国业务处理、财务管理中进行风险管控，实现公司收益最大化。

打造独特的、符合自己需求的业务财务团队（见图 7 - 10）：从财务中选拔代表加入业务部门作为业务单位的合作伙伴，一方面负责监督集团相关财务战略、制度在业务部门落实执行，从财务的角度为一线员工提供经营建议，发挥协同支持的作用；另一方面，向财务管理组织及时反馈基层单位的运转问题，同时也为管理层决策提供即时信息。简而概之，业务财务团队在集团起到了传输纽带的作用，在业务和财务之间搭建了信息沟通的桥梁，提供全价值链的财务管理服务，实现流程固化和事前预算控制，深度促进业财一体化的同时也降低了企业的运营风险。

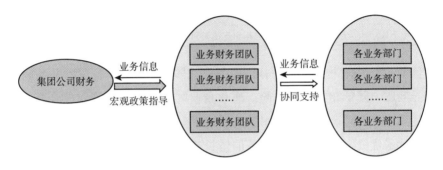

图 7 - 10　业务财务团队模式

通过滴滴支付深化其金融布局。共享型互联网企业的业务基本在线上完成，需要借助金融布局减少支付过程中的风险，尤其是跨国业务中的外汇风险等。由于缺少支付牌照，滴滴原先的线上支付业务只能通过微信支付、QQ钱包、支付宝、招商银行一网通等第三方平台完成。2017 年底，滴滴斥资 3 亿元买下北京一九付支付科技有限公司，曲线获得支付牌照。2018 年 2 月，滴滴金融事业部成立，目前已取得支付、网络小贷、融资租赁、商业保理、保险代理 5 块金融牌照，紧密贴合出行场景，形成金融生态。同时，涉猎金融业务能够帮助滴滴更好地立足海外市场。中非、拉美等不发达地区银行服务昂贵，第三方支付不发达，约 40% 的人口完全依赖现金。于是滴滴与当地的金融机构和连锁便利店展开合作，为当地乘客和司机推出借记卡和"钱包"服务（见表 7 - 12）。此类生活服务创新不仅有助于降低安全隐患，还能让签约司机更方便地收取订单费用、提现和消费。目前，海外的滴滴用户可以用现金在便利店为账户充值，还可使用滴滴支付水电费和话费，助力滴滴与当地目标企业更好地开展业务整合工作，并有效跨越文化差异的壁垒，缓解消费者的基础情绪，快速占领市场。

表 7-12 滴滴出行金融布局

时间	内容	类型
2015 年 12 月	出资设立深圳北岸商业保理有限公司	商业保理牌照
2016 年 3 月	在上海设立众富融资租赁公司	融资租赁牌照、自营
2017 年 8 月	成立重庆市西岸小额贷款有限公司	网络小贷牌照、自营
2017 年 12 月	收购"一九付"间接持牌第三方支付	第三方支付牌照
2018 年 4 月	发布信贷产品"滴水贷"	部分自营 + 导流
2019 年 4 月	上线 to B 端产品"全桔"系统	自营
2019 年 7 月	与巴西和墨西哥金融机构和连锁便利店合作	导流

借助 GBS 中心构建三位一体的税务管理体系，有效降低国际业务间的税务差异问题，降低相关税务风险。通常企业可以通过税务筹划、减税退税等税收优惠政策合理避税，减少财务成本，提升企业的竞争优势，还可以帮助企业设计最优资金结构。滴滴业务的增长速度和规模，需要税务组织架构的持续转型，如税务政策研究中心、国际税与投融资支持中心、税务筹划及支持中心、税务合规中心等（王腾，2018）。当前不同国家的税务体制大相径庭，如何减少会计政策差异引起的税务风险至关重要，滴滴也不例外。在财税创新方面，依托技术方面优势，开发基于电子发票的新产品，持续迭代以提升客户无纸化报销体验。

五是技术助力数字化管理与信息安全防护。

当前云计算、大数据、AI 等高科技已深度融入到企业的基础业务核算、财务报告生成、数据信息分析等财务活动中，优化了财务管理流程，减少了人力与时间损耗，大幅提升管理效率并削减企业成本。滴滴利用自身掌握最前沿的核心技术优势，快速建立了一套支撑集团整体财务运转的核心技术集成模块系统，保障了集团 GBS 中心的建设与数字化管理，助力推动集团国际化进程。利用先进信息技术自动化处理大量重复的操作性业务，跨越不同岗位分析整体最优需求，促进财务管理的数字化、智能化；借助 GBS 中心构建一个平台，不需编程就可以满足企业基本的核算需求，将员工从烦琐重复的工作中解放出来，帮助其向管理型、技术型等高层次人才方向转型升级。在共享的视野下，促进集团与司机、客户等之间的协同工作，促进业财一体化，将业务的核算、款项支付集中在一套系统里自动处理，及时生成和更新财务报表，为管理决策提供实时准确的信息。同时，技术的更新也使得滴滴的数据防护能力日益增强。滴滴的国际化生态体系里，数以万计的黑客通过恶意访问以寻找安全漏洞，试图窃取数据。为此，滴滴通过 GBS 平台着力建立一套防御体系，即滴滴出行安全应急响应中心（DSRC），其是有着国内外数千名网络安全人才参与的平台，网络安全人才在发现漏洞后可以第一时间通过平台通知滴滴，集合各方之力服务于整个生态安全。寻找出漏洞之后，利用智能数据模型与大数据风控系统进行安全检测，排查出数据泄露的源头，有针对性地解决漏洞，加强防护措施。DSRC 的建立意味着滴滴从害怕发现漏洞，到主动挖掘安全风险点，不断探索解决信息安全问题的方向。并且，滴滴有着一套完整的实践机制与理念，如推出数据安全合作伙伴计划、成立数据安全研究院，将信用机制引入数字经济时代的网络安全治理中等，都是滴滴重视保护数据安全的创新实践。

7.3.3.3　滴滴出行借助财务中台促进风险管控愈益智能化

自从阿里巴巴提出中台概念以来，中台模式在互联网领域日益流行。作为衔接前台与后台的信息架构平台，中台模式包含业务中台、数据中台与智能中台三大模块（见图 7 - 11），从不同层次为财务管理、风险控制、降本增效等方面提供支撑。

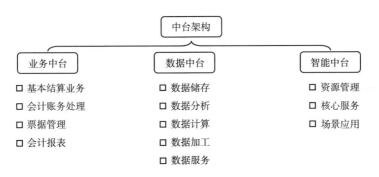

图 7 - 11　财务中台基本组成

GBS 理念是由业财一体与财务共享等概念演进而来，因此衔接前后端的财务中台建设其实是 GBS 中心这一全球化管理模式的延伸与升级。滴滴在 2015 年就开始尝试搭建中台，初期是从比较务实的角度出发，提出基于出行业务线去孵化中台的思路建立业务中台。滴滴业务会有高峰期的概念，工作日的早晚高峰、节假日的高峰期，中台对于业务的支撑也会加大支持力度；而跨国业务面临的时差问题需要数据平台不间断地分析与处理海量且有差异的信息，针对不同背景的服务、业务输送不同的解决方案，因此业务中台是非常重要的一环。滴滴构建了订单中心、计价中心、支付中心、账号中心（passport）、用户中心、触达平台六大能力，满足对各个业务线的支撑，将业务联结起来，做到业务之间的协同与创新。

业务中台建设的同时，滴滴经历了业务信息化、信息数据化、数据资产化、资产变现化四个阶段后逐步构架数据中台。大量的数据洞察与分析能够帮助各国地区的企业、用户实现用车数据随时可查、可分析；用车透明合规，可以规避不合规的用车或者是潜在的风险；获取数据之后，借助人工智能和大数据分析，可以对用车行为进行评估，助力企业实现出行成本管理提效。同时，对滴滴而言，海内外各部门之间相互对工作进度推卸责任，需要大数据平台打破藩篱，实现企业内容信息及时共享和传递。数据中台打破了传统企业组织架构下 IT 和业务只能分属不同部门的屏障，将业务与技术融合协同，省去业务数据跨部门传递步骤，同时将基于技术的数据分析结果直接转化为业务优化方案，实现降本增效（见图 7 - 12）。

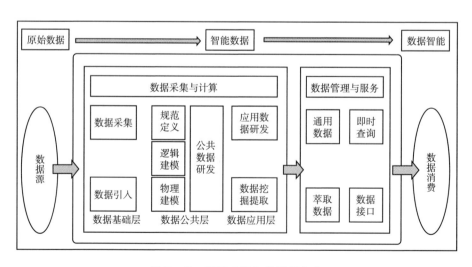

图 7 - 12 滴滴出行智能数据中台

综上所述，滴滴在其构建的 GBS 体系中，也在不断搭建契合自身特点的财务中台，驱动 GBS 下的财务共享数据化转型，从业务服务的需求出发，实现企业更合理、高效、智能化地调配内外部的社会化资源，真正做到决策即运营，同时帮助滴滴更科学地进行国际化布局。

7.3.4　小结

滴滴出行从成立至今，一直致力于成为全球化智能出行平台，通过战略投资、合并收购、结盟协作等方式，勾勒出一张国际化布局与海外扩张的全景图。针对国际化投资中面临的各种复杂风险，滴滴出行践行了业财资税一体化的战略理念，通过搭建 GBS 中心，利用技术与平台优势及大数据分析工具，实现了精准的海外布局与智能风险管控，从而为中国企业国际化投资风险管控提供诸多启示。

第 8 章

完善我国互联网企业国际化
投资风险管控的对策建议

在建设"数字丝绸之路"的过程中，我国互联网企业面临错综复杂的各类风险，需要母国政府、东道国政府、行业协会、市场中介、新闻媒介、主并企业、目标企业、竞争对手等各利益相关者协调合作，共同管控风险。

8.1 母国政府"保驾护航"，多措并举改善海外营商环境

母国政府对于互联网企业国际化投资的主要职责就是"保驾护航"。因此，对于互联网企业"出海"过程中遭遇的国家风险、法律风险、社会文化风险、东道国舆情等不可控风险，母国政府需要从国家利益出发，制定长远的发展战略，面对重大风险事件及时出手援助。

8.1.1 高质量共建"数字丝绸之路"

中国在推进"数字丝绸之路"建设要因国而异、因时而动、因地制宜开拓创新。一是构建"数字命运共同体"。"数字命运共同体"将促进中国与相关国家在数字经贸、数字文化、数字安全、数字科教等方面的交流沟通，在更大范围、更深层次推动人类命运共同体建设。政府应主动参与各类国际组

织数字经济议题谈判，推进多边数字经济治理机制，加强多边数字治理合作，及时阐述中国立场，提出中国方案。二是坚持多边主义原则。发展数字经济是"一带一路"共建国家的一致愿望。要摒除国家中心主义的传统思维，积极引导与协调非国家行为主体参与数字治理；增强发展中国家的数字能力，明确平台企业的数字责任；加强数字安全保障的多领域多层面沟通，打破数字贸易壁垒。三是重视东南亚"数字海上丝绸之路"。东南亚地区是数字经济的巨大潜在市场，也是"海上丝绸之路"的重要枢纽，更是中美互联网大国的必争之地。2020～2023年，东盟已连续四年与中国互为最大贸易伙伴，中国—东盟信息港建设稳步推进，许多中国互联网"出海"企业把总部或分部设在新加坡，"数字丝绸之路"在东南亚势头强劲。中国政府要继续巩固我国互联网企业在当地的优势，与东南亚各国政府进一步增强政治互信，协商解决数据跨境流动、产业竞争、税收等争议问题。四是拓展中东、非洲及拉美地区"新蓝海"。当前60%中国"出海"信息与通信技术（ICT）企业首选目的地是东南亚、欧洲和北美，同时有近半企业开始布局拉美、非洲及中东地区。随着中美科技脱钩等，欧洲在高科技和通信领域不断筑高围墙及在数字领域设置较大隐形阻力，中东、非洲及拉美地区因为对华关系相对较好而成为建设"数字丝绸之路"的"新蓝海"。中国政府要帮助互联网企业积极对接中东地区各国数字化转型愿景，了解当地特有的法律与宗教文化风险，将国内市场成功的商业模式和解决方案带到当地，逐步实现"中国方案＋本土产能"的双赢局面；通过中非合作论坛、共建"一带一路"、数字丝绸之路以及其他合作机制，积极响应达喀尔行动计划，为"数字非洲"建设开启新篇章；秉承"共商、共建、共享"的原则，寻求解决中拉数字合作之间的政策和法规差异、拉美ICT基础设施相对落后、拉美政治和经济中不确定因素增多等问题，推动拉美地区"数字丝绸之路"建设成为可持续发展源泉之一。

8.1.2 适时调整国内法律法规

适时调整国内法律法规以保护本国企业免于东道国政府的无理打压也是一种有效策略。如抖音国际版被美国政府强制出售之际，中国政府适时发布

新版《中国禁止出口限制出口技术目录》（商务部科技部公告 2020 年第 38
号），增加了限制"基于数据分析的个性化推送技术"出口的条款，也添加
了限制量子密码技术、无人机技术、语音合成等 AI 技术等条款。此举有力
地支持了字节跳动应对美国政府的压力。与此同时，随着"数字丝绸之路"
建设的持续推进，跨境数据流动更加频繁，在隐私保护、数据安全、产业竞
争和税收等领域对当地各国政策提出挑战。这需要中国和"数字丝绸之路"
建设各东道国政府加强合作，完善跨境数据传输立法，建立争端解决机制，
强化网络安全和风险预警，统一技术标准，制定配套法律法规，强化互信，
共享数字经济发展成果

8.1.3　完善国内数据保护制度

欧盟出台的 GDPR 已成为当今各国政府或组织在制定数据保护法律方面
竞相模仿的范本，越南、印度、巴西等国已纷纷跟进，美国的 CCPA 则基于
本国情况开创了数据保护的新方向。目前，我国数据保护制度建设尚不完善，
尽管 2016《中华人民共和国网络安全法》为个人信息保护奠定了法律基础，
《中华人民共和国个人信息保护法》《中华人民共和国数据安全法》《儿童个
人信息网络保护规定》等已陆续正式出台，但政府需要系统考虑各项条文与
GDPR、CCPA 等之间的衔接问题，密切关注世界各地数据保护法规执行方面
的新进展，从而在制度层面为我国互联网企业跨国并购的数据风险管控提供
法律保障，减少不必要的合规成本。此外，随着新一轮中国市场开放力度的
加大，"数字服务税"等也需要加紧出台，必要时成为一种反制其他国家数
据安全审查的武器。

8.1.4　改善企业海外营商环境

互联网企业建设"数字丝绸之路"需要一个良好的海外营商环境。对
此，中国政府可以从以下几个方面予以支持。一是营造国际营商环境。政府
要积极搭建数字领域开放合作新平台，深度参与联合国（UN）、世界贸易组
织（WTO）、亚太经合组织（APEC）、二十国集团（G20）、上合组织（SCO）、

金砖国家（BRICS）等全球多边数字领域合作组织，参与制定数据跨境流动等相关国际规则，努力拓展我国互联网企业的数字领域国际发展空间。必要的时候坚决捍卫本国互联网企业的正当权益，建立国际投资风险预警平台，加强国家形象宣传，帮助我国互联网企业营造良好的国际营商环境。二是政府可以出面与东道国政府进行对话与磋商，通过签署双边或多边投资协定、积极塑造良好的国家形象（孔子学院等）、强化企业海外投资合规化建设及企业社会责任落实等，共同改善中国互联网企业海外营商环境。其中，母国与东道国的双边外交关系属于主动性制度安排，对于增加"出海"互联网企业在东道国市场的合法性进而促进其海外市场绩效意义重大。当前网缘政治成为地缘政治的新形态，中国"出海"互联网企业不仅需要直面美国互联网企业的激烈竞争，而且时刻防备遭受美国政府及其盟友的无理打压，我国政府需要及时加强与东盟、中东、非洲、拉美等区域及国家的数字经济合作，促进数字区域化、国际化发展。

8.1.5　引导企业建设 GBS 中心

中国互联网企业国际化投资是推动我国经济高质量发展的关键驱动力。政府部门应发挥引领作用，出台相关扶持政策，积极促进我国顶尖企业采用符合数字经济时代要求的国际化管控模式，并使其财务管理体系达到世界一流水平。同时，鼓励互联网企业加大力度推进智能前瞻的财务数智化、业财资税一体化等建设，并对已建立或正在构建全球财务共享服务中心的企业提供支持和协助。

8.1.6　助力企业改善东道国舆情

鉴于东道国舆情大数据对互联网企业国际化过程中的市场进入模式、海外子公司绩效具有显著的影响，中国政府应帮助互联网企业改善东道国舆情，减少媒体关注风险。首先，由于语言障碍，大量互联网中小企业难以准确了解东道国详细的舆论动向，因此中国政府应着力动态追踪、分析和量化各主要投资目的国的舆论偏向，以帮助企业在更好地进行风险评估。其次，中国政府应从宏观上多途径塑造中国国家形象，进一步加强与各国的文化交流，尤其是数字文化传播模式，从而增进"数字丝绸之路"共建国家的民众对中国文化的了解，把新时代中国形象传播到全世界，减少来源国劣势和后来者劣势，增加中国互联网企业的海外合法性。

8.2 企业构建全面风险管理体系，针对源头灵活应对外部风险

8.2.1 建立健全风险管理体系

面对错综复杂的多维国际化投资风险，互联网企业需要顶层设计、制度先行，根据自身国际化投资状况，选取 COSO – ERM （2017） 等风险管理框架，构建适宜的企业风险管理体系。

（1）树立战略目标指导地位。互联网企业在国际化投资过程中，需要建立清晰的战略目标，并在此基础上确定相应业务目标，借助多种运营渠道和技术手段实现多元产品生态向海外市场复制。互联网企业需要在此全球化战略的指导下形成与之契合的风险管理体系，针对自身海外布局面临的特有风险及一般风险，采取有效的应对防范措施，最大限度地弱化风险。通过明确的战略目标，发挥其指导作用创建一个高效的风控机制。

（2）发挥信息技术尖端优势。互联网行业聚集了优秀的研发团队与先进技术，互联网企业可以依托其在专业领域的技术沉淀，运用大数据、云计算等手段采集、分析风险因素，利用多种技术建立风险控制系统，做到精准预测卓效弱化风险敞口。同时，在国际化投资前后阶段都应充分发挥行业的技术优势，资金、产品、服务等输出的全过程都充分利用尖端信息技术保障维护，最大限度地防范风险的发生。对于互联网行业，信息与资金传输的安全性以及征信等是核心问题，企业要灵活运用区块链、大数据等技术防范与控制此类风险。

（3）因地制宜投资本土化。蚂蚁集团、今日头条等优秀互联网企业"出海"的经验教训揭示着在国际化进程中必须要做好本土化工作的道理，无论

是投资方式、运营模式还是技术输出，都要因地制宜，结合当地的发展情况、法律条规及金融市场现状等制定相应策略，以减少法律法规、运营、文化整合等风险的发生。针对互联网行业特有的牌照问题，在海外布局的过程中，企业要根据不同国家的政治背景和法律条文，选取最佳合作对象开展投资或并购活动，从而缓解风险管理难题。

（4）风险管理持续动态优化。互联网企业在海外投资的过程中，对国际化投资风险的管理一直处于动态调整的状态。面对不同国家经济基础、监管政策和科学技术发展水平，确立不同的投资进入模式，采取不同的风险应对措施，并且当外部环境变化时，它的风险应对手段也相应进行改动，以契合市场的情况。其他企业应当借鉴其经验，为国际化投资风险管理体系注入活力，使其能够随时调整以应对不同国情、不同时段下的东道国市场环境。

8.2.2　国家风险应对策略

（1）提前做好"反遏制"预案。互联网企业需要主动意识到"出海"环境的改变，密切观察海外市场游戏规则的变化，以便更好地应对可能来临的暴风骤雨。新冠疫情后世界秩序的转变，从逆全球化到自由市场的倒退等，企业决策层需要做好足够心理准备，配置多种策略来迎接海外市场政治、经济、法律等方面的多重挑战。互联网企业需要积极进行国际市场分散化布局，欧美市场、新兴市场与国内市场并举选择未来"出海"的方向，考虑从以前的首选美国等国，转移到地缘政治相对宽松与东道国舆情相对友好的区域，如东南亚、中东、非洲、拉美等"数字丝绸之路"共建国家。

（2）寻求母国政府国家力量支持。互联网企业国际化投资中的国家风险表现的是国家层面的经济对抗，超越了一般企业的风险承受范围，需要母国政府、行业协会、"出海"企业多方协同、群策群力，从不同层面共同应对各类国家风险，如强化双边政治关系、对等反制威慑、政治游说等。

（3）合理利用公开游说策略。欧美国家公开的"游说"制度为互联网企业缓解国际化投资中的政治阻力提供了一条新路径，鉴于游说公司对跨国并购的润滑作用，借力游说公司确是润滑政企关系的良好手段。一是培养游说团队。大型互联网企业最好培养自己的游说队伍，系统了解东道国相关方案的各种限制措施,聘请内行人士担任游说顾问,预防触及法律底线。二是综合运用游说方式。中国互联网企业可以考虑采用间接游说与直接游说相结合的方式影响东道国政府决策,这样既可以重点影响少数关键人员,又可以从社会面影响决策群体,最终达到游说目的。三是增加国际化投资交易透明度。游说活动需要全面统筹与详细规划,东道国政治与法律状况、产业敏感度、政府相应的审查部门及关键决策者、竞争对手的反应等均需要事先谋划,同时互联网企业国际化投资交易条款也应足够透明以便于游说沟通。四是保持游说持续性。游说活动是一个潜移默化的过程,中国互联网企业应该提前了解并购东道国的政治环境,做好充足的准备,制定游说战略,保持游说活动的持续性。

(4)控制并购股权比例或迁移注册地。首先,鉴于控制并购股权比例有助于缓解国家风险,建议中国互联网企业在跨国并购过程中可以分阶段投资,避免整体并购带来的不可控风险。其次,"出海"互联网企业可以采用双品牌或多品牌战略来隔绝风险,即在国内与国外采用不同的品牌进行运营。如抖音与抖音国际版、飞书与 Lark、拼多多与拼多多国际版、欢聚时代与虎牙、快手与 K3(Kwai、Zynn、Snack Video)等。最后,迁移注册地。部分中国互联网企业国际化获得成功后,为规避国家风险则将公司总部注册地迁至第三国,如抖音国际版、希音、茄子科技等将全球总部迁至新加坡、拼多多国际版将都柏林作为海外业务法律注册地。部分"天生全球化"中国互联网企业更是直接将总部设在国外,如 Yalla 雅乐设在阿联酋,虎牙、Lark 设在新加坡等。这些"去中国化"策略固然有多重考虑,但也可能蕴含一些新的风险。

8.2.3 法律风险应对策略

(1)基于反垄断前沿把控市场竞争态势。互联网企业需要针对不同法律体系、不同国家的反垄断跨境申报做好全面部署。一是初步咨询国内律师,对交易国家、域外申报、申报标准等问题进行初始判断,拟定申报时间表。二是选聘外国反垄断律师,初步进行沟通咨询。三是审阅外国反垄断律师提供的文件清单,准备申报资料。四是制定反垄断应对策略,协调东道国申报方案，力争申报成功。

（2）做好前置性预防性数据隐私保护。互联网企业应该增强数据法律意识，密切关注国内外数据立法动向和舆情动态，参考国内外法律要求中较高的标准和合规的数据应用办法，尽快制定完善用户数据隐私"舆评"体系及应急预案，切实把握好应用研发、市场策略和数据隐私的平衡。为降低数据负面舆情风险，互联网企业可进行如下前置性和预防性工作：首先，制定处理数据隐私保护相关的规章制度；其次，建立数据隐私保护管理体系，获得相关认证并设置专门部门和专职人员；再次，搭建针对传统信息安全事件（安全漏洞、木马病毒攻击、数据泄露等）及个人信息安全事件（非法提供、个人信息大规模泄露等）的应急处理机制和预案；最后，申请办理 ISO /IEC 27001 信息安全管理体系认证，参考 ISO/IEC 27002 及 ISO/IEC 27701 等关于个人信息合规处理及安全保护的最新国际标准的要求，构建、完善内部数据安全管理制度体系。

（3）提前制定数据安全战略。首先，应让公司董事会意识到数据保护的重要性，提升合规的优先级。研究各国关于数据保护的法律法规，定期更新全球立法与合规动态以及企业面临的风险，立足现状对跨国并购业务进行调整规划，以便能更好地应对未来的发展与变化。其次，在跨国并购战略规划阶段，针对跨国并购政府审查过程中可能遭受的数据安全审查进行预先安排，如关闭部分区域市场业务、加强沟通交流等。再次，数据风险管理涉及隐私技术、人员内控、网络与系统安全，需要公司内部多个部门的统筹配合，建议设置数据保护官（DPO），全方位、全流程进行跨国并购各阶段的个人数据保护，独立监控企业合规情况，能够使用风险评估方法，进行数据保护评估，留存企业跨国并购中数据活动的记录。最后，企业内部定期开展合规审计，提前捕捉自身项目的漏洞，并在发生违规或遭遇投诉时，向监管机构展现出自身的尽职努力。

（4）加强数据风险管控体系建设。数据风险贯穿互联网企业跨国并购的各个流程，互联网企业应该进行数据风险管控体系建设。首先，在跨国并购准备阶段，对于数据合规的尽职调查，着力于帮助收购方筛查和甄别标的公司是否存在数据泄露等违规情形，从而避免因此承担目标公司的历史遗留的法律责任和风险，或通过估值调整、协议明晰责任分担等方式进行调整。其次，在跨国并购交易阶段，并购交易中的任何一方在获取或使用个人信息时，均应采取适当安保措施，签署保密协议，并以仅供满足交易需求为限度进行。在并购交易中如涉及数据资产转让、共享和整合时，建议并购交易方均应做好数据融合筹划，其中包括并购交易各方可以事先更新隐私政策让用户知悉数据存在转让和共享的可能性以及交割前应当以确认函或其他方式"旗帜鲜明"地让用户知悉并购交易及其伴随的数据融合情况，给予用户选择同意或拒绝的权利，避免"踩雷"。最后，在跨国并购整合阶段，为了最大限度地发挥目标公司的数据价值，收购方应尽早对交割后的数据整合进行筹划，在收购完成后，由技术团队、法律团队以及业务团队通力合作，对交割后的过渡期及数据融合进行合规操作。

8.2.4 市场竞争风险应对策略

（1）厘清企业"出海"竞争独特优势。中国"出海"互联网企业需要想明白终极问题，企业商业模式究竟是什么？"出海"的钱到底是跟当地人挣，还是跟欧美人挣或跟中国人挣？"出海"的需求会长期存在，毕竟逆全球化不意味闭关锁国，而把效率高的产品或服务模式输出到效率低的地区是一种客观规律，因此只要企业梳理好自己的独特优势，把握好国与国之间的生态落差，就有"出海"的空间。从中国互联网企业"出海"的顺序来看，先是工具类，然后是内容类，再到当前的生态类，如抖音国际版、希音等，持续性技术创新才是中国互联网企业"出海"实现从模仿到引领的核心密码。

（2）坚持"全球化就是本土化"的理念。当前中国互联网"出海"企业的各个细分领域均强调对"本地化"的重视，几乎所有的互联网"出海"企业都在讨论本地化。回顾国外互联网产品进入中国时的案例，便能很好地理解本地化的重要性。如微软网络服务、雅虎、谷歌等纷纷败走中国，重要原因之一就是没有适应中国用户的习惯。中国互联网企业"出海"可以借鉴抖音国际版"产品全球化，内容本地化"的运营策略，依靠本地运营团队，挖掘市场的文化特色，开发适合本地用户的线上线下活动，并对这些活动进行精细化运营。

（3）重视商业伦理与行业监管政策。部分中国"出海"互联网企业的软肋在于习惯把国内的管理风格带到国际市场，从而引发一系列口碑倒伐的事件。在当前国际严峻形势下，中国互联网企业只有更加努力修炼内功，提高商业伦理，采用国际现代化的企业与人才管理体系，才能在国际竞争的暴风骤雨下，好好地生存及发展。行业协会或科研机构应及时发布各国互联网行业监管政策变动信息，前瞻性预判国际互联网巨头的市场竞争动向，帮助互联网企业提前洞悉国际监管趋势，适时调整国际竞争策略。

（4）紧跟竞争对手相互学习或反击。互联网企业"出海"就是跟美欧互联网企业、本地互联网企业或国内同行直接进行市场竞争。对于良性竞争，中方需要学习竞争对手的优点，更加注重本土化和文化适应，加强技术创新和研发能力，加强与当地企业的合作，注重品牌建设和宣传推广，争取以优质的产品体验与精准服务树立自身优势。对于恶意竞争，中方则要提高警惕，合理运用法律武器维护自身正当权益，借助媒体揭发对方的恶意做法，大力反击违背商业伦理的不正当竞争行为。

8.2.5　社会文化风险应对策略

在中国文化"走出去"的背景下，通过举办"一带一路"峰会、世界互联网大会等高级别会议及论坛，采取国家形象宣传、孔子学院、中国影视媒体输出等多种形式的海外传播，讲好中国故事、传播中国声音、建构中国国家形象、彰显中华文化软实力。

（1）继续发挥孔子学院的文化交流作用。对于与中国文化距离较大的区域，孔子学院需要加强办学模式创新，注重与当地文化的融合和交流，积极缓解文化壁垒的消极影响。对于设置在制度环境较差国家的孔子学院，应注重将其打造成为双方民间或官方友好交流的样本，为中国互联网企业到该国投资提供有益的决策信息。对于"一带一路"共建国家，孔子学院应倾向于单纯的语言文化交流，适当回归办学初衷，由此打消这些国家对其文化交往角色的疑虑。

（2）利用海外华人资源缩短文化距离。鉴于制约互联网企业国际化投资的风险因素已从投资主体、行业准入、经营和退出等传统壁垒逐渐转向一些形式更加隐蔽的壁垒。合理利用海外华人资源缩短文化距离至关重要。海外华人同时携带母国和东道国的知识和信息，能够消除认知偏差弥补文化差异，弱化或抵消文化距离的阻力。对于企业家移民、投资移民等侨胞，政府可通过搭建各类平台协助疏通并拓宽其与当地企业的联系，以海外华人华商团体建立健全互联网企业海外投资网络。

8.3 企业打造 GBS 智能风控平台，发挥技术优势管控内部风险

8.3.1 并购财务风险应对策略

（1）打造 GBS 智能风控平台。互联网企业本身拥有技术优势，针对国际化投资中面临的财务风险，应该践行业财资税一体化或业财融合的数字化管控理念，通过搭建 GBS 中心，利用技术与平台优势及大数据分析工具，实现精准的智能财务风险管控。互联网企业在国际化投资各阶段都要发挥好新技术优势，如大数据、人工智能、区块链等，最大限度地管控风险。同时，建立全球统一标准的 GBS 平台，实现会计账簿、会计科目编码等标准化，支撑企业的全球化财务风险管控。针对 GBS 中心进行国际化投资财务风险管控存在的一些不足，如尚未借助 GBS 中心形成科学全面的风险识别评估体系，对国际化投资风险仅能进行定性分析、无法精准定量评估等，互联网企业应该在未来的发展过程将这些缺陷逐步进行完善。

（2）探索多元化预警风险因子体系。从机器学习的实证来看，企业营运能力、现金流量、盈利能力、负债能力和技术创新等传统型财务指标依然是首选指标，但股吧评论、股价波动率、网络搜索、企业内控质量与东道国投资开放度等创新型非财务指标也具有重要的预警价值。因此，我国互联网企业应发挥自身技术优势，持续探索财务指标与非财务指标相结合的国际化投资风险预警因子体系，尤其在 AI 技术及风控大模型飞速发展的当前，纳入媒体关注等实时大数据指标，开发出更好的智能风控平台，提前预警各类风险，防患于未然。

8.3.2 社会责任风险应对策略

互联网企业应对海外社会责任风险需要多管齐下。首先，强化社会责任理念。互联网企业应增强企业价值观与企业文化建设，不唯利是图，以员工福祉为出发点，树立大局观，构建符合自身特点的社会责任行为规范，并不断与时俱进进行完善。其次，重视开展对投资区域的尽职调查。互联网企业要全面分析企业海外投资的社会、文化、法律等环境，同时积极参与社会责任国际标准指南的制定，提高中国企业在社会责任领域的国际话语权。再次，完善社会责任评价和信息披露。政府应该倡导或强制互联网企业加强社会责任信息披露，完善企业社会责任评价体系，鼓励利益相关方多方了解互联网企业社会责任践行实情。最后，灵活调整海外社区沟通方式。在传统的以修建学校、诊所，或捐赠物资等"自上而下"以中国投资者为主导的海外社区沟通方法基础上，尝试"自下而上"等创新方法，即从识别本地社区需求出发，以民众生计为核心要义，进行参与式社区发展项目的评估，并凸显民众和本土创新企业在其中的主导地位，强化社区在项目中的"所有权"，中国投资方则作为社区生计项目开发的"合伙人""投资人""陪跑者"。

8.4 建立舆情预警与处置机制，利用大数据信息进行风险管控

8.4.1 加强东道国情感及其舆情管理

随着民族主义情感的扩散和逆全球化思潮的蔓延，中国"出海"互联网企业越来越多地受到由社会运动兴起和社交媒体抵制引发的治理审查，东道国情感成为塑造中国互联网跨国公司在国外市场的战略行动和结果的重要力量。与此同时，中国互联网企业建设"数字丝绸之路"存在思维惯性，在本地化过程中容易注重"经济逻辑"而忽视"社会逻辑"，这在一些传统价值观极为盛行的"一带一路"共建国家可能招致当地民众的"反对"。因此，

首先，中国互联网企业需要积极关注东道国的社会情感。管理者需要系统地理解企业战略行动如何触发东道国的社会情感，并深入理解利益相关者的话语系统与企业战略后果之间错综复杂的相互作用。其次，中国互联网公司在进行国际化投资决策时，应将目标国家的社会情感纳入评价范围，包括目标国家利益相关者对中国的情感、对公司自身的情感以及对收购交易的情感。这样有助于公司管理者判断在国际化投资过程中是否存在与情感相关的合法性风险，并避免制定错误的收购决策。再次，中国互联网公司在跨境收购过程中需要关注和管理东道国情感的结构和动态变化。中国互联网企业的跨境收购很容易演变成为一个社会公共问题，有时甚至会引发政治或社会骚动。对东道国情感的关注和管理将直接影响收购计划的成败。最后，东道国良好情感的建立与维护是一个长期渐进的过程，国家层面的数字文化传播和企业层面的社会责任履行可以成为中国互联网跨国企业缓解东道国媒体负面情绪的长期战略举措。

8.4.2 建立舆情预警与危机处置机制

（1）全面协调东道国媒体情绪。一是做好预案，加强沟通。做好舆情监控，加强与东道国媒体的沟通，要做好应急处理预案，学会利用社交媒体等新手段，加强自我宣传力度，团结更多友善力量，营造积极的舆论氛围。二是积极回应，增强互信。积极回应东道国关于国家安全、核心技术、战略资源等敏感问题，积极宣传跨境并购能为东道国民众创造新的就业机会、提供优质的社区服务等效益，与东道国高校合作拓宽双边民间交往渠道。三是做好信息披露，提高企业透明度。互联网企业要积极主动地宣传自己在东道国履行企业社会责任的成绩，宣扬自己为东道国社区经济文化发展所作出的努力及成效。四是塑造品牌形象，提升企业国际化知名度。树立 ESG 理念，兼顾项目的经济性、环保性和对当地社会民生的改善；找准定位，重点传播、突出自己作为全球国际化公司的身份；教育内部员工，使之对企业产生归属感，加强凝聚力；重视创新，以新技术、新功能、新服务等作为产品生产、宣传的元素。

（2）建立海外舆情处置预警机制。互联网企业必须做好事前防范，将海外舆情风险扼杀在摇篮中。一是建立合理、完备的海外舆情处置与预警机制。在做国别市场调查时应注意收集当地政治、经济、民俗信息，特别是当地媒体的自由度、民间对华情绪信息。要建立从上至下、多部门联动的舆情处置机制，注意"一国一策"。舆情预警人员应采取翻译和宣传人员双重配置，以便对舆情及时锁定。要定期撰写舆情分析报告，以便推断出近期舆情爆发风险的大小及范围。对与中国有利益冲突，民间有反华情绪的国家，要做到实时监控、每日分析。二是做好与外媒日常沟通，搭建话语同盟。三是融入属地，履行社会责任。

（3）制订海外舆情危机过程控制方案。一是理性分析，准确判断。面对舆情危机，互联网企业应该对舆情危机的成因、影响范围、扩散速度等快速研判。二是积极响应，快速决策。互联网企业不要坐等舆情危机自我消除，应该积极响应公众的呼声，根据舆情成因和主要受众，快速进行危机公关处理。三是敢于发声，主动引导。互联网企业要敢于担责，不要任由舆情自我扩散，要主动引领舆论导向。例如，及时发布信息，公开舆情成因，阐明自身立场，充分利用新媒体建立自己的信息发布机制；积极寻求专家或意见领袖、公关公司、行业协会等当地社会中介力量的帮助。四是妥善修复企业形象，总结危机应急机制。海外舆情危机度过后，互联网企业应该借助网络技术、利用新媒体、加强与权威机构的合作等多种渠道修正舆情危机对企业、公众的负面影响。分析和总结舆情危机处置经验，对危机应急机制进行评估和改进，包括实时跟进此次舆情危机的事后走向、通过海外舆情监控系统进行大数据分析、反思企业深层问题等。

（4）提高透明度应对国内舆情风险。首先，互联网企业要重视国内舆情反应。"三人行，必有我师"。由于信息不对称或过度自负等诸多因素影响交易决策过程，互联网企业国际化投资风险难以避免，而国内媒体报道及股吧评论等从善意的角度发出各自的声音，乃至在一定时间内汇聚成支持或反对的舆情，这在一定程度发挥了监督职能、信息中介与声誉机制的媒体治理效应，有利于互联网企业查漏补缺或亡羊补牢。其次，互联网企业要加强信息披露。互联网企业要在不违反保密协议的情况下将国际化投资情况公之于众，积极、客观地做好信息披露，增加透明度，主动引导舆论导向，避免新闻媒体因为信息不对称而引起的误解、误判，或者不良媒体以偏概全、谣言惑众。

8.4.3　运用大数据技术进行风险管控

数智化时代,互联网企业运用机器学习方法对国家风险评价、东道国负面舆情、母国新闻媒体及网吧评论等大数据信息进行互联网企业跨国并购风险预警是一种新思路。首先,风险预警因子选择要财务指标与非财务指标相结合。企业营运能力、现金流量、盈利能力、负债能力和技术创新等传统型财务指标依然可以作为首选指标,但股吧评论、股价波动率、网络搜索、企业内控质量与东道国投资开放度等创新型非财务指标也具有重要的预警价值。其次,机器学习方法选择谋定而后动。相对于逻辑斯回归、岭回归、极端梯级提升树、轻量级梯度提升机、随机森林等机器学习模型,堆积集成学习模型的财务风险预警效果更好。未来可以考虑引入聊天生成式预训练转换器(ChatGPT)等人工智能大模型。再次,挖掘更多的大数据风险预警因子。互联网企业国际化投资风险瞬息万变,各种风险错综复杂,基于互联网企业GBS 平台数据,结合全球事件、语言和音调数据库等实时新闻信息,挖掘更多的大数据风险预警因子值得探索。最后,以全球事件、语言和音调数据库为代表的东道国情感大数据具有实时、数据海量、采集广泛等优点,实证研究也显示其对互联网企业国际化投资具有较为显著的关联关系,互联网企业可以重点关注其风险预警与管控功能。

主要参考文献

［1］Akamai. 从中国企业出海的"加速器"到"必备清单"［J］. 36 氪出海，2020（6）.

［2］Akamai. 中国企业出海的"护航者"［J］. 36 氪出海. 2020（7）.

［3］安永. 2019 年全年中国海外投资概览［R］. www. ey. com. 2020（2）.

［4］白彦锋，张琦. 我国电子商务税收稽征问题探讨［J］. 税务研究，2014（2）：65 – 68.

［5］彼得·A. 巴恩斯，H. 大卫·罗森布鲁姆，陈新. 数字税：我们如何陷入这一迷局，又应如何摆脱困境？［J］. 国际税收，2020（8）：8 – 13.

［6］卜亚. 金融科技新生态构建研究［J］. 西南金融，2019（11）：51 – 59.

［7］蔡昌，马燕妮，刘万敏. 平台经济的税收治理难点与治理方略［J］. 财会月刊，2020（21）：120 – 127.

［8］蔡翠红. 国际关系中的大数据变革及其挑战［J］. 世界经济与政治，2014（5）：124 – 143，159 – 160.

［9］车培荣，王范琪. 互联网企业价值创造新路径：从价值链到价值网［J］. 北京邮电大学学报（社科版），2019，21（4）：63 – 73.

［10］陈菲琼，钟芳芳. 中国海外直接投资政治风险预警系统研究［J］. 浙江大学学报（人文社科版），2012（1）：87 – 99.

［11］陈奉先，段宇云，李娜. 双边政治关系与中国企业海外并购［J］. 金融经济学研究，2022，37（6）：84 – 98.

［12］陈耕，黄俊杰. 隐秘的通途：中国科技公司游说华盛顿［N］. 晚点财经，2020 – 07 – 20.

［13］陈菡，张佳林，罗冬秀. 拼多多的崛起路径与创新机理［J］. 财会月刊，2021（1）：155 – 160.

［14］陈珏．中国互联网企业社会责任的国际议程研究［D］．上海：上海外国语大学，2018．

［15］陈强．高级计量经济学及 stata 应用［M］．二版．北京：高等教育出版社，2016．

［16］陈强远，赵浩云，李晓萍．国际舆情传播、信息失真与外商直接投资［J］．国际贸易问题，2023（4）：18 – 36．

［17］陈铁明，马继霞．一种新的快速特征选择和数据分类方法［J］．计算机研究与发展，2012，49（4）：735 – 745．

［18］陈岩，郭文博．制度风险与跨国并购成败：大国外交和经济"软实力"的调节作用［J］．世界经济研究，2018（5）：51 – 64，136．

［19］陈艺云．基于文本信息的上市中小企业财务困境预测研究［J］．运筹与管理，2022，31（4）：136 – 143．

［20］陈胤默，孙乾坤，张晓瑜．孔子学院促进中国企业对外直接投资吗［J］．国际贸易问题，2017（8）：84 – 95．

［21］晨哨网．2018 ~ 2019 中资跨国并购年报［R］．www. morningwhistle. com，2019 – 3 – 14．

［22］笪兴．中国互联网的盛世危言［J］．财经，2018（2）．

［23］戴长征，鲍静．数字政府治理——基于社会形态演变进程的考察［J］．中国行政管理，2017（9）．

［24］丁玎等．海外反腐，美国为何成"黑心"判官［N］．环球时报，2019 – 01 – 31．

［25］丁剑平，方琛琳．"一带一路"中的宗教风险研究［J］．财经研究，2017，43（9）：134 – 145．

［26］丁岚，骆品亮．基于 Stacking 集成策略的 P2P 网贷违约风险预警研究［J］．投资研究，2017，36（4）：41 – 54．

［27］丁一兵，刘紫薇．中国人力资本的全球流动与企业"走出去"微观绩效［J］．中国工业经济，2020（3）：119 – 136．

［28］董青岭．机器学习与冲突预测——国际关系研究的一个跨学科视角［J］．世界经济与政治，2017（7）．

［29］杜晓君，刘赫．基于扎根理论的中国企业跨国并购关键风险的识

别研究 [J]. 管理评论，2012 (4)：18 - 27.

[30] 段珊珊，朱建明. 基于网络舆情的企业财务危机动态预警 [J]. 北京邮电大学学报（社会科学版），2016，18 (6)：31 - 38，73.

[31] 樊秀峰，闫奕荣，王增涛. 中国与"一带一路"国家贸易投资研究 [M]. 西安交通大学出版社，2017.

[32] 方英，池建宇. 政治风险对中国对外直接投资意愿和规模的影响 [J]. 经济问题探索，2015 (7)：99 - 106.

[33] 冯迪凡. 2019 数据保护执法元年：美国如何追赶欧盟 GDPR 脚步 [N]. 第一财经日报，2019 - 01 - 28.

[34] 冯乾彬，向姝婷，蒋为. 数字经济背景下互联网金融企业海外市场进入模式研究——以蚂蚁金服进入"一带一路"沿线国家为例 [J]. 技术经济，2023，42 (4)：34 - 54.

[35] 高梦滢. 基于大数据与 GBM 模型的互联网行业财务危机预警改进与应用研究 [D]. 杭州：杭州电子科技大学，2020.

[36] 高翔，李凌. 中国企业跨国并购区位选择影响因素研究 [J]. 国际商务研究，2019，3：39 - 48.

[37] 龚为纲，朱萌，张赛，等. 媒介霸权、文化圈群与东方主义话语的全球传播——以舆情大数据 GDELT 中的涉华舆情为例 [J]. 社会学研究，2019，34 (5)：138 - 164，245.

[38] 关静怡，朱恒，刘娥平. 股吧评论、分析师跟踪与股价崩溃风险 [J]. 证券市场导报，2020 (3)：58 - 68.

[39] 郭晗，廉玉妍. 数字经济与中国未来经济新动能培育 [J]. 西北大学学报（哲学社会科学版），2020，50 (1)：65 - 72.

[40] 郭宏宝.《BEPS 行动计划》背景下跨国公司的避税行为与应对策略研究 [J]. 国际经贸探索，2018，34 (6)：67 - 77.

[41] 国家风险评级课题组. 2013 年中国海外投资国家风险评级报告 (CROIC - IWEP) [J]. 国际经济评论，2014 (1)：123 - 136.

[42] 国家信息中心"一带一路"大数据中心."一带一路"大数据报告（2018）[M]. 北京：商务印书馆，2018.

[43] 韩洪灵，陈帅弟，陈汉文. 瑞幸事件与中概股危机——基本诱因、

监管反应及期望差距 [J]. 财会月刊, 2020 (18): 3 - 8.

[44] 韩洪灵, 刘思义, 鲁威朝等. 基于瑞幸事件的做空产业链分析——以信息披露为视角 [J]. 财会月刊, 2020 (8): 3 - 8.

[45] 韩霖. OECD 应对经济数字化税收挑战的工作计划: 简介与观察 [J]. 国际税收, 2019 (8): 19 - 24.

[46] 何大安. 互联网应用扩张与微观经济学基础——基于未来 "数据与数据对话" 的理论解说 [J]. 经济研究, 2018 (8): 177 - 192.

[47] 何宇健. Python 与机器学习实战 [M]. 北京: 电子工业出版社, 2017.

[48] 何渊. 中国数据立法, 该参考欧盟模式还是美国模式? [N]. 澎湃新闻, 2020 - 01 - 02.

[49] 贺娅萍, 徐康宁. "一带一路" 国家经济制度对我国 OFDI 的影响 [J]. 国际贸易问题, 2018 (1): 92 - 100.

[50] 黑马程序员. Hadoop 大数据技术原理与应用 [M]. 北京: 清华大学出版社, 2019.

[51] 黑马程序员. Python 数据分析与应用: 从数据获取到可视化 [M]. 北京: 中国铁道出版社, 2019.

[52] 胡必亮, 潘庆中. "一带一路" 沿线国家综合发展水平测算、排序与评估 [J]. 经济研究参考, 2017 (15): 4 - 15.

[53] 胡杰武, 韩丽. 东道国国家风险对我国上市公司跨国并购绩效的影响 [J]. 外国经济与管理, 2017, 39 (9): 113 - 128.

[54] 华为云, 白鲸出海. 2020 年中国互联网企业出海白皮书 [R]. 未来智库, 2020.

[55] 黄健雄, 崔军. 数字服务税现状与中国应对 [J]. 税务与经济, 2020 (2): 85 - 90.

[56] 黄莉玲. 互联网行业再传并购! 专家称需加强反垄断事前审查以维护竞争活力 [N]. 南方都市报, 2020 - 06 - 25.

[57] 黄嫚丽, 张慧如, 刘朔. 中国企业并购经验与跨国并购股权的关系研究 [J]. 管理学报, 2017 (8): 1134 - 1142.

[58] 黄梅波, 唐正明, 李行云. 投资经验是否影响了中国异质性企业的 OFDI 模式选择 [J]. 国际贸易问题, 2019 (7): 128 - 141.

［59］黄庆华，陈婉莹．基于互联网金融平台的大数据征信应用研究——以蚂蚁金服为例［J］．科技与经济，2017，30（3）：55－59.

［60］黄世忠．创新型企业财务分析的困惑与解惑——以蚂蚁集团为例［J］．财会月刊，2020（19）：3－8.

［61］黄益平．数字经济的发展与治理［R］．未名湖数字金融研究，2023.

［62］黄勇．数字丝绸之路建设成为新亮点［N］．人民日报，2019－04－22.

［63］黄志雄．网络空间治理：国际法新疆域［J］．蔡拓，刘贞晔主编．全球治理变革与国际法治创新［M］．北京：中国政法大学出版社，2014.

［64］计金标，梁昊光主编．“一带一路”投资安全蓝皮书：中国“一带一路”投资安全研究报告（2018）［M］．北京：社会科学文献出版社，2018.

［65］贾开．互联网全球治理的中国方案［N］．学习时报，2016－10－13.

［66］江小涓．服务全球化的发展趋势和理论分析［J］．经济研究，2008（2）：4－18.

［67］江小涓．高度联通社会中的资源重组与服务业增长［J］．经济研究，2017（3）：4－17.

［68］江小涓，罗立彬．网络时代的服务全球化——新引擎、加速度和大国竞争力［J］．中国社会科学，2019（2）：68－91，205－206.

［69］江小涓．网络空间服务业：效率、约束及发展前景——以体育和文化产业为例［J］．经济研究，2018（4）：4－17.

［70］蒋殿春，唐浩丹．数字型跨国并购：特征及驱动力［J］．财贸经济，2021（9）：129－144.

［71］蒋冠宏，蒋殿春．绿地投资还是跨国并购：中国企业对外直接投资方式的选择［J］．世界经济，2017，40（7）：126－146.

［72］蒋冠宏．中国企业对“一带一路”沿线国家市场的进入策略［J］．中国工业经济，2017（9）：119－136.

［73］蒋墨冰．跨国并购的政治经济学研究——基于游说竞争的视角［D］．杭州：浙江大学，2016.

［74］金碚．论经济全球化3.0时代——兼论“一带一路”的互通观念［J］．中国工业经济，2016（1）：5－20.

［75］金刚，沈坤荣．中国企业对“一带一路”沿线国家的交通投资效

应：发展效应还是债务陷阱 [J]．中国工业经济，2019（9）：79－97．

[76] 柯银斌，翟崑，林子薇．国际商业共同体："一带一路"企业理论探索 [R]．"一带一路"百人论坛网站，2018－12－17．

[77] 雷蕾．由蚂蚁金服收购美企速汇金失败案例引发的思考 [J]．对外经贸实务，2018（5）：71－73．

[78] 李翠平．非结构化大数据分析 [M]．北京：中国人民大学出版社，2018．

[79] 李方一，肖夕林，刘思佳．基于网络搜索数据的区域经济预警研究 [J]．华东经济管理，2016（8）：60－66．

[80] 李嘉亮．我国应积极参与国际税收规则重塑 [N]．中国会计报，2020－12－25．

[81] 李俊江，朱洁西．"一带一路"沿线国家风险、双边投资协定与中国 OFDI 区位选择 [J]．哈尔滨商业大学学报，2022（4）：3－20．

[82] 李美玉，刘洋，王艺璇等．基于 Stacking 集成学习的用户付费转化意向预测方法研究——以免费增值游戏为例 [J]．数据分析与知识发现，2023，8（2）：143－154．

[83] 李倩楠．文化距离对中国企业投资"一带一路"国家区位选择的影响 [D]．南京：南京大学，2017．

[84] 李善民，李昶．跨国并购还是绿地投资？——FDI 进入模式选择的影响因素研究 [J]．经济研究，2013，48（12）：134－147．

[85] 李树文．互联网金融风险管理研究 [D]．大连：东北财经大学，2016．

[86] 李玉刚，毛鑫鑫，陈琳．制度距离对中国企业跨国收购股权选择的影响 [J]．亚太经济，2017（1）：127－137．

[87] [美] 里德·霍夫曼（Reid Hoffman）-[美] 叶嘉新（Chris Yeh）．闪电式扩张（Blitzscaling）[M]．路蒙佳，译．北京：中信出版集团，2019．

[88] 励贺林．迎接数字服务税挑战成为全球性议题 [N]．中国会计报，2020－07－71．

[89] 廖益新，宫廷．英国数字服务税：规则分析与制度反思 [J]．税务研究，2019（5）：74－80．

［90］林季红，张璐．中国企业跨国并购的股权策略选择［J］．财贸经济，2013，34（9）：76－84．

［91］林萍，吕健超．基于Stacking集成学习的在线健康社区问答信息采纳识别研究［J］．情报科学，2023，41（2）：135－142．

［92］林薇．TikTok海外受挫，中国企业出海何去何从？［N］．FT中文网，2020－8－5．

［93］刘柏，卢家锐．互联网平台经济领域垄断的潜在风险及防范［J］．财会月刊，2021（3）：140－144．

［94］刘宝成，张梦莎．中国企业"走出去"社会责任研究报告［M］．北京：对外经贸大学国际经济伦理研究中心，2018．

［95］刘皓琰．数据霸权与数字帝国主义的新型掠夺［J］．当代经济研究，2021（2）：25－32．

［96］刘建伟．国家"归来"：自治失灵、安全化与互联网治理［J］．世界经济与政治，2015（7）：107－125．

［97］刘俊霞．海外投资的腐败风险及应对——基于中亚五国投资条约仲裁案件的实证研究［J］．国际经贸探索，2018（12）：81－94．

［98］刘鹏飞．用户数据隐私保护成为企业舆情风险因素［R］．人民网，2018．

［99］刘青，陶攀，洪俊杰．中国海外并购的动因研究［J］．经济研究，2017（1）：28－43．

［100］刘薇，姜青山，蒋泓毅等．基于FinBERT－CNN的股吧评论情感分析方法［J］．集成技术，2022，11（1）：27－39．

［101］刘文勇．对外直接投资研究新进展［J］．经济学动态，2020（8）：146－160．

［102］刘晓，周荣喜，李玉茹．基于Stacking算法集成的我国信用债违约预测［J］．运筹与管理，2023，32（3）：163－170．

［103］刘岩，谢天．跨国增长实证研究的模型不确定性问题：机器学习的视角［J］．中国工业经济，2019（12）：5－22．

［104］刘杨钺，杨一心．网络空间"再主权化"与国际网络治理的未来［J］．国际论坛，2013，15（6）：1－7，77．

[105] 楼润平，李贝，齐晓梅.中国互联网企业的成长路径、公司战略及管理策略研究 [J].管理评论，2019，31（12）：11-24.

[106] 吕峻.基于不同指标类型的公司财务危机征兆和预测比较研究 [J].山西财经大学学报，2014，36（1）：103-113.

[107] 吕秀梅.大数据金融下的中小微企业信用评估 [J].财会月刊，2019（13）：22-27.

[108] 马述忠，吴鹏，房超.东道国数据保护是否会抑制中国电商跨境并购 [J]中国工业经济，2023（2）：93-111.

[109] 孟为，姜国华，张永冀.汇率不确定性与企业跨境并购 [J].金融研究，2021（5）：78-96.

[110] 孟醒，孙聪.孔子学院影响我国对外投资区位选择的研究 [J].现代商贸工业，2023（16）：57-59.

[111] 莫纪宏.加强数据安全制度保障维护国家安 [N].新华社，2019-4-15.

[112] 那朝英.国际社会关于"数字丝绸之路"的认知与评价 [J].国外理论动态，2023（5）：37-47.

[113] 宁宣凤，吴涵，李沅珊."一带一路"背景下中国企业境外并购的网络安全和数据合规问题 [J].汕头大学学报（人文社会版），2017，33（7）：112-118.

[114] 潘越，张中天，李昕旸等.基于人工智能技术构建动态财务预警系统 [J].财务与会计，2019（11）：74-75.

[115] 齐卿.企业在考虑海外市场的进入战略时并购或合资？[J].中欧商业评论，2015.12.

[116] 钱鸿钧.反思美国科技反垄断热潮：宏观考量和三大挑战 [R].澎湃新闻，2020.

[117] 丘俭裕."一带一路"视域下制度距离对中国对外直接投资的影响研究 [D].长春：吉林大学，2022.

[118] 邱泽奇，张樹沁，刘世定.从数字鸿沟到红利差异——互联网资本的视角 [J].中国社会科学，2016（10）：93-115，203-204.

[119] 屈蕊.我国互联网行业的跨国并购研究 [D].北京：首都经济贸

易大学，2018.

[120] 让·梯若尔. 公共利益经济学 [M]. 普林斯顿：普林斯顿大学出版社，2017.

[121] 任婷婷，鲁统宇，崔俊. 基于改进 AdaBoost 算法的动态不平衡财务预警模型 [J]. 数量经济技术经济研究，2021，38（11）：182－197.

[122] 上海社会科学院互联网研究中心. 全球数据跨境流动政策与中国战略研究报告 [R]. www.secrss.com. 2019. 8. 28.

[123] 沈逸. 后斯诺登时代的全球网络空间治理 [J]. 世界经济与政治，2014（5）：144－155，160.

[124] 史佳琪，张建华. 基于多模型融合 Stacking 集成学习方式的负荷预测方法 [J]. 中国电机工程学报，2019，39（14）：4032－4042.

[125] 史志钦. "一带一路"研究在中国：成果、挑战与建议 [R]. 清华大学一带一路战略研究院，2017.

[126] [美] 斯科特·加洛韦（Scott·Galloway）. 互联网四大 [M]. 郝美丽，译. 长沙：湖南文艺出版社，2019.

[127] 宋彪，朱建明，李煦. 基于大数据的企业财务预警研究 [J]. 中央财经大学学报，2015（6）：55－64.

[128] 宋昱恒. 出海行业白皮书——出海行业研究报告 [R]. 36 氪研究院，2017.

[129] 孙楚仁，何茹，刘雅莹. 对非援助与中国企业对外直接投资 [J]. 中国工业经济，2021（3）：99－117.

[130] 孙海鸣. GDPR VS 加州隐私法：欧美这两部个人数据保护法规有什么差异？[Z]. 搜狐网，2019－05－23.

[131] 孙军，高彦彦. 网络效应下的平台竞争及其后果分析 [J]. 管理世界，2016（5）：182－183.

[132] 唐晨曦，杜晓君，冯飞. "一带一路"倡议与中国企业对外投资绩效——基于来源国合法性溢出视角 [J]. 技术经济，2023，42（4）：125－136.

[133] 唐昀. 蚂蚁金服在美并购缘何遇挫？[N]. 南方周末，2018－01－12.

[134] 腾讯研究院. 迷雾中的新航向——2018 年数据治理报告 [R]. www.tisi.org. 2018－12－29.

［135］腾讯研究院．云深处的数据规则——CLOUD 法案与它的蝴蝶效应［R］．www. tisi. org. 2020. 1. 8.

［136］滕晓东，宋国荣．智能财务决策［M］．北京：高等教育出版社，2021.

［137］田丰，王迎春，刘骏．全球数字经济变局：英日欧为首的数字经济"第三极"已独立成团［N］．经济观察报，2020.

［138］汪涛，贾煜，崔朋朋等．外交关系如何影响跨国企业海外市场绩效［J］．中国工业经济，2020（7）：80 – 97.

［139］汪涛，贾煜，王康等．中国企业的国际化战略：基于新兴经济体企业的视角［J］．中国工业经济，2018（5）：175 – 192.

［140］汪莹，张畅，芦翠杰．我国矿产资源企业国际化发展的资本运营风险研究——基于跨国并购的分析［J］．国际贸易，2015（5）：47 – 52.

［141］王碧珺，杜静玄，李修宇．中国投资是东道国内部冲突的抑制剂还是催化剂［J］．世界经济与政治，2020（3）：134 – 154.

［142］王碧珺，高恺琳．制度距离对中国跨国企业海外子公司绩效的影响［J］．数量经济技术经济研究，2023，40（8）：111 – 130.

［143］王炳焕．蚂蚁金服对印度投资的经验与启示［J］．对外经贸实务，2019（1）：82 – 85.

［144］王海军．政治风险与中国企业对外直接投资——基于东道国与母国两个维度的实证分析［J］．财贸研究，2012，23（1）：110 – 116.

［145］王化成，刘金钊．企业组织结构的演进与财务管理发展——基于"点—线—面—网"发展轨迹的思考［J］．财务研究，2020（2）：3 – 14.

［146］王化成，刘金钊，孙昌玲等．基于价值网环境的财务管理：案例解构与研究展望［J］．会计研究，2017（7）：11 – 19，96.

［147］王舰，张帆，徐儒慧．财务共享中心"三中台"模式构建研究［J］．商业会计，2019（9）.

［148］王静．我国企业跨国并购的现状、问题及对策建议［J］．技术经济，2020，39（2）：73 – 78.

［149］王娟娟，汪海．数据跨境流动：面临截获篡改泄露风险［N］．经济日报，2019 – 05 – 15.

[150] 王明国. 全球互联网治理的模式变迁、制度逻辑与重构路径 [J]. 世界经济与政治, 2015 (3): 47 - 73.

[151] 王腾. 从电子发票看滴滴的财税创新 [J]. 首席财务官, 2018, 3 (10).

[152] 王言, 周绍妮, 石凯. 国有企业并购风险预警及其影响因素研究——基于数据挖掘和 XGBoost 算法的分析 [J]. 大连理工大学学报 (社会科学版), 2021, 42 (3): 46 - 57.

[153] 王妍. 警惕网络 "信息茧房" 效应 [N]. 人民论坛网, 2020 - 04 - 17.

[154] 王耀辉, 苗绿. 中国企业全球化报告 (2017) [M]. 北京: 社会科学文献出版社, 2017.

[155] 王业斌, 高慧或, 郭磊. "数字丝绸之路" 的发展历程、成就与经验 [J]. 国际贸易, 2023 (10): 56 - 65.

[156] 王义桅. 如何化解 "一带一路" 威胁论 [O/L]. 求是网, 2016 (8).

[157] 王益民. 我国互联网企业国际竞争力提升路径研究 [J]. 中国市场, 2017 (2): 12 - 16.

[158] 王永钦, 杜巨澜, 王凯. 中国对外直接投资区位选择的决定因素: 制度、税负和资源禀赋 [J]. 经济研究, 2014 (12): 126 - 142.

[159] 王卓, 李健. 跨境电商与互联网金融的融合 [J]. 中国金融, 2019 (23): 62 - 63.

[160] 魏江, 王丁, 刘洋. 来源国劣势与合法化战略 [J]. 管理世界, 2020 (3): 101 - 119.

[161] 魏江, 王诗翔, 杨洋. 向谁同构? 中国跨国企业海外子公司对制度双元的响应 [J]. 管理世界, 2016 (10): 134 - 149, 188.

[162] 魏江, 杨佳铭, 陈光沛. 西方遇到东方: 中国管理实践的认知偏狭性与反思 [J]. 管理世界, 2022, 38 (11): 159 - 174.

[163] 魏江. 中国企业 "走出去" 面临三大隐性劣势 [R]. 搜狐网, 2017 - 08 - 03.

[164] 温忠麟, 叶宝娟. 中介效应分析: 方法和模型发展 [J]. 心理科学进展, 2014, 22 (5): 731 - 745.

［165］吴春雷，马林梅．上市公司最佳资本结构：基于财务预警的实证研究［J］．经济纵横，2007（10）：23－25．

［166］吴剑峰，宗芳宇．实物期权、动态能力与海外敌意并购：基于中钢并购澳大利亚中西部矿业的分析［J］．管理学报，2010（11）：1652－1659．

［167］吴先明，黄春桃．中国企业对外直接投资的动因：逆向投资与顺向投资的比较研究［J］．中国工业经济，2016（1）：99－113．

［168］吴先明．跨国企业：自 Hymer 以来的研究轨迹［J］．外国经济与管理，2019，41（12）：135－160．

［169］吴小节，谭晓霞，汪秀琼，邓平．新兴市场跨国公司国际扩张：知识框架与研究综述［J］．南开管理评论，2019，22（6）：99－113．

［170］吴晓波，雷李楠．天生全球企业：中国的崛起［J］．哈佛商业评论，2016（8）．

［171］吴晓波，李竞，李文等．正式制度距离与非正式制度距离对海外进入模式影响［J］．浙江大学学报（人文社会科学版），2017，47（5）：169－183．

［172］吴绪亮．当经济学遇见互联网［R］．腾讯研究院，2018－05－05．

［173］夏杉珊，王明宇，李晓．蚂蚁金服的发展现状与趋势研究［J］．中国商论，2015（36）：94－97．

［174］肖漫．中美巨头瑟瑟发抖！全球掀起互联网反垄断大潮［R］．雷锋网，2020．

［175］肖毅，熊凯伦，张希．基于 TEI@I 方法论的企业财务风险预警模型研究［J］．管理评论，2020，32（7）：223－235．

［176］谢洪明，章俨，刘洋，程聪．新兴经济体企业连续跨国并购中的价值创造：均胜集团的案例［J］．管理世界，2019，35（5）：167－184．

［177］谢孟军．政治风险对中国对外直接投资区位选择影响研究［J］．国际经贸探索，2015（9）：66－80．

［178］谢敏茹．并购交易中的数据合规要点［Z］．君泽君律师事务所，2019．

［179］谢志华，敖小波．管理会计价值创造的历史演进与逻辑起点［J］．会计研究，2018（2）：3－10．

［180］熊鸿儒，韩伟．全球数字经济反垄断的新动向及启示［J］．改革，

2022 (7)：49 - 60.

[181] 徐继伟，杨云. 集成学习方法：研究综述 [J]. 云南大学学报（自然科学版），2018，40（06）：1082 - 1092.

[182] 徐晓彤. 中国互联网企业的海外媒体呈现——以《金融时报》对百度、腾讯和阿里巴巴的报道为例 [D]. 北京：北京外国语大学，2017.

[183] 许陈生，王永红. 孔子学院对中国对外直接投资的影响研究 [J]. 国际商务，2016（2）：58 - 68.

[184] 许可. 印度封禁中国应用：网络主权的坏实践 [N]. FT 中文网，2020 - 07 - 06.

[185] 许文. 税收公平内涵的历史演变及理论发展前瞻 [J]. 财政研究，2004（6）：25 - 27.

[186] 薛安伟. 后全球化背景下中国企业跨国并购新动机 [J]. 世界经济研究，2020（2）：97 - 105，137.

[187] 薛澜，俞晗之. 迈向公共管理范式的全球治理——基于"问题—主体—机制"框架的分析 [J]. 中国社会科学，2015（11）：76 - 91，207.

[188] 薛智. 民粹主义挡不住全球化 4.0 [N]. 环球时报，2019 - 01 - 31.

[189] 阎大颖. 中国企业对外直接投资的区位选择及其决定因素 [J]. 国际贸易问题，2013（7）：128 - 135.

[190] 晏艳阳，汤会登. 东道国媒体情绪对中国企业跨境并购的影响研究 [J]. 国际贸易问题，2023（1）：158 - 174.

[191] 杨勃，刘娟. 来源国劣势：新兴经济体跨国企业国际化"出身劣势" [J]. 外国经济与管理，2020，42（1）：113 - 125.

[192] 杨勃，齐欣，张宁宁. 新兴市场跨国企业国际化的来源国劣势研究——基于组织身份视角 [J]. 经济与管理研究，2020，42（1）：113 - 125.

[193] 杨德明，史亚雅. 内部控制质量会影响企业战略行为么？——基于互联网商业模式视角的研究 [J]. 会计研究，2018（2）：69 - 75.

[194] 杨德新. 国际投资的政治风险及管理 [J]. 经济研究，1996（9）：70 - 74.

[195] 杨剑锋，乔佩蕊，李永梅等. 机器学习分类问题及算法研究综述 [J]. 统计与决策，2019，35（6）：36 - 40.

［196］杨京.巨头动辄"封杀"违背了互联网精神［N］.长江日报，2019 - 01 - 31.

［197］杨连星.反倾销如何影响了跨国并购［J］.金融研究，2021 (8)：61 - 79.

［198］杨连星，刘晓光，张杰.双边政治关系如何影响对外直接投资——基于二元边际和投资成败视角［J］.中国工业经济，2016 (11)：56 - 72.

［199］杨子晖，张平淼，林师涵.系统性风险与企业财务危机预警——基于前沿机器学习的新视角［J］.金融研究，2022 (8)：152 - 170.

［200］姚凯，张萍.中国企业对外投资的政治风险及量化评估模型［J］.经济理论与经济管理，2012 (5)：103 - 111.

［201］叶建木，潘肖瑶."一带一路"背景下中国企业海外投资风险传导及控制——以中国铁建沙特轻轨项目为例［J］.财会月刊，2017 (33)：96 - 102.

［202］叶楠，胡玲.腾讯公司跨国并购的绩效分析——基于事件研究法［J］.金融理论探索，2020 (1)：61 - 68.

［203］尹慧敏，王姝.滴滴并购巴西"99出租车"的效应与风险分析［J］.市场周刊，2018 (9).

［204］余永定.高度重视投资"巴基斯坦们"的经济风险［R］.走出去智库，2017.

［205］俞锋，池仁勇.中国企业跨国并购法律风险评价及"浙江模式"总结［J］.技术经济，2015，34 (5)：86 - 93.

［206］［美］约瑟夫.熊彼特.经济发展理论［M］.张力派，高原，译.上海：上海译文出版社，2022.

［207］岳云嵩，齐彬露.欧盟数字税推进现状及对我国的启示［J］.税务与经济，2019 (4)：94 - 99.

［208］曾磊.TikTok事件背后的"数据本地化"浪潮，中国企业如何应对？［N］.FT中文网，2020 - 10 - 16.

［209］曾婷，朱博闻，潘宁.数字丝绸之路建设：价值、挑战与进路［J］.北方经贸，2023 (5)：32 - 35.

［210］［美］詹姆斯·S.科尔曼/著，邓方/译.社会理论的基础［M］.

北京：社会科学文献出版社，2008.

[211] 张晨颖. 对协议控制（VIE）下互联网平台企业未经申报违法实施集中处罚的案例分析 [N]. 经济日报，2020 – 12 – 21.

[212] 张春燕. 法国数字服务税法案的出台背景及影响分析 [J]. 国际税收，2020（1）：53 – 57.

[213] 张戈. One – Hot 编码在学生选课数据分析中的应用研究 [J]. 网络安全技术与应用，2019（10）：65 – 66.

[214] 张海波，李彦哲. ODI 进入模式对跨国企业海外经营绩效影响研究 [J]. 科研管理，2021，41（9）：209 – 218.

[215] 张明，陈伟宏，蓝海林. 中国企业"凭什么"完全并购国外高新技术企业——基于 94 个案例的模糊集定性比较分析（fsQCA）[J]. 中国工业经济，2019（4）：117 – 135.

[216] 张明，王喆，陈胤默. 全球数字经济发展指数报告（TIMG2023）[M]. 北京：中国社会科学出版社，2023.

[217] 张宁宁，杜晓君. 组织污名与中国企业海外市场进入模式选择研究——基于上市公司的实证分析 [J]. 当代财经，2020（1）：77 – 88

[218] 张庆龙. 数字经济背景下的财务思维创新 [J]. 财务与会计，2020（13）：83 – 85.

[219] 张顺，费威，佟烁. 数字经济平台的有效治理机制 [J]. 商业研究，2020（4）：49 – 55.

[220] 张威，唐郡，张颖馨等. 监管蚂蚁：十六年博弈史详解 [J]. 财经，2020（24）.

[221] 张未然. 新形势下孔子学院的舆情困境：特征、原因与对策 [J]. 现代传播（中国传媒大学学报），2021，43（3）：20 – 26.

[222] 张先锋，郭伟，蒋慕超. 东道国负面舆论偏向与企业 OFDI——基于东道国主流新闻媒体的情感量化分析 [J]. 产业经济研究，2021（5）：69 – 82.

[223] 张孝昆. 大数据风控 [M]. 北京：机械工业出版社，2018.

[224] 张效羽，中国互联网 + 与数字丝绸之路报告 [R]. 海外网，2017（5）.

[225] 张元钊. 政治风险影响了中国企业跨国并购吗——基于面板负二项回归模型的实证分析 [J]. 国际商务（对外经济贸易大学学报），2016（3）：

129 – 138.

[226] 张铮，杜晓君，唐晨曦. 中国企业进入"一带一路"国家的投资区位决策——基于非市场环境与市场环境的双元视角 [J]. 技术经济，2022，41（8）：81 – 92.

[227] 赵会如. 中国互联网企业的危机管理研究 [D]. 北京：北京邮电大学，2018.

[228] 赵明昊. 大国竞争背景下美国对"一带一路"的制衡态势论析 [J]. 世界经济与政治，2018（12）：4 – 31，156.

[229] 赵毅，乔朋华. 企业海外收购动因会影响股权选择吗？——兼谈企业盈利能力的调节效应 [J]. 外国经济与管理，2018，40（2）：51 – 67.

[230] 郑必坚. 以建设"数字丝绸之路"为引领打造"一带一路"升级版 [R]. 国际财经网，2019 – 04 – 25.

[231] 郑冰洁. 基于 AHP – GRAM 模型的企业跨国并购法律风险评价 [J]. 统计与决策，2019（5）：179 – 182.

[232] 郑琳倩，吴益兵. 我国互联网企业并购潮成因解析 [J]. 财务与会计，2014（10）：13 – 16.

[233] 中国互联网络信息中心（CNNIC）. 第 41～46 次中国互联网络发展状况统计报告 [R]. www. cnnic. net. cn，2018. 01. 30 – 2024. 8. 29.

[234] 中国社科院世经政所. 中国海外投资国家风险评级报告（2017）[M]. 北京：中国社会科学出版社，2017.

[235] 中国信保. 全球投资风险分析报告（2017）[R]. 中国出口信用保险公司，2017.

[236] 周经，张利敏. 制度距离、强效制度环境与中国跨国企业对外投资模式选择 [J]. 国际贸易问题，2014（11）：99 – 108.

[237] 周矍铄. 大型互联网企业进入金融领域的潜在风险与监管 [N]. 金融时报，2020 – 11 – 02.

[238] 周瑞峰. "要么买了你要么埋了你"，Facebook 遭反垄断诉讼 [J]. 中国经济周刊，2020（12）.

[239] 周婷婷，王舒婷. 财务共享、丝路联结与"一带一路"跨国并购绩效 [J]. 南京审计大学学报，2021（3）：102 – 111.

［240］周婷婷，张浩. COSO ERM 框架的新动向——从过程控制到战略绩效整合［J］. 会计之友，2018（17）：82 - 85.

［241］朱青. 美国"301 条款"与数字服务税［J］. 国际税收，2021（1）：43 - 48.

［242］朱兴龙. 中国对外直接投资的风险及其防范制度研究［D］. 武汉：武汉大学，2016.

［243］祝继高，王谊，汤谷良."一带一路"倡议下的对外投资：研究述评与展望［J］. 外国经济与管理，2021，43（3）：119 - 134.

［244］庄树青，袁伟. 跨国并购全流程税务风险管控和规划［J］. 中国外汇，2016. 12.

［245］宗芳宇，路江涌，武常岐. 双边投资协定、制度环境和企业对外直接投资区位选择［J］. 经济研究，2012（5）：71 - 82.

［246］邹军. 全球互联网治理的新趋势及启示——解析"多利益攸关方"模式［J］. 现代传播（中国传媒大学学报），2015，37（11）：53 - 57.

［247］邹统钎，梁昊光主编."一带一路"投资安全蓝皮书：中国"一带一路"投资与安全研究报告（2016～2017）［M］. 北京：社会科学文献出版社，2017.

［248］走出去智库（CGGT）. 全球投资并购案例与实务［M］. 北京：机械工业出版社，2017.

［249］Adner R. , Levinthald A. What Is Not a Real Option: Considering Boundaries for the Application of Real Options to Business Strategy［J］. Academy of Management Review，2004，29（1）：74 - 85.

［250］Ahammad, M. F. , Z. Konwar, N. Papageorgiadis, C. G. Wang, and J. Inbar. R&D Capabilities, Intellectual Property Strength and Choice of Equity Ownership In Cross-Border Acquisitions: Evidence from BRICS Acquirers In Europe［J］. R&D Management，2018，48（2）：177 - 194.

［251］Ahern, K. R. , D. Daminelli, and C. Fracassi. Lost In Translation? The Effect of Cultural Values on Mergers Around the World［J］. Journal of Financial Economics，2015，117（1）：165 - 189.

［252］Ahmad, M. F. , and T. Lambert. Collective Bargaining and Mergers and Acquisitions Activity Around the World [J]. Journal of Banking and Finance, 2019, 99: 21 – 44.

[253] Alexander Cooley. The Emerging Political Economy of OBOR [J]. CSIC working paper, 2016 (10).

[254] Banisar, David. National Comprehensive Data Protection/Privacy Laws and Bills [J]. Ssrn Electronic Journal, 2018.

[255] Barlow, John Perry. A Declaration of the Independence of Cyberspace, 1996.

[256] Büthe, T., H. V. Milner. The Politics of Foreign Direct Investment Into Developing Countries: Increasing FDI Through International Trade Agreements [J]. American Journal of Political Science, 2008 (4).

[257] Chari M. D. R., Chang K. Determinants of the Share of Equity Sought In Cross-Border Acquistions [J]. Journal of International Business Studies, 2009, 40 (8): 1277 – 1297.

[258] Cheng, L. K. Three Questions on China's "Belt and Road Initiative" [J]. China Economic Review, 2016, 40 (9): 309 – 313.

[259] CHEN L., CHEN J., XIA C. Social Network Behavior and Public Opinion Manipulation [J]. Journal of Information Security and Applications, 2022 (64): 103060.

[260] Chen S. F. S., Hennart J. F. A Hostage Theory of Joint Ventures: Why Do Japanese Investors Choose Partial Over Full Acquisitions to Enter the United States? [J]. Journal of Business Research, 2004, 57 (10): 1126 – 1134.

[261] Chowdhury N., Cai X., Luo C. BoostMF: Boosted Matrix Factorisation for Collaborative Ranking [C] // ECML/PKDD. Springer-Verlag, New York, Inc, 2015.

[262] Click R. W. Financial and Political Risks In US Direct Foreign Investment [J]. Journal of International Business Studies, 2005, 36 (5): 559 – 575.

[263] Coase, R. H. The Nature of the Firm. Economica, 1937 (4): 386 – 405.

[264] Conklin D. W. Analyzing and Managing Country Risks [J]. Ivey Business Journal, 2002.

［265］Daniel Gozman, Wendy Currie, Jonathan Sedden. The Role of Big Data In Governance: A Regulatory and Legal Perspective of Analytics In Global Financial Services ［R］. SWIFT Institute working paper, 2015 (2).

［266］Daphen W. Yiu, William P. Wan, Kelly Xing Chen, Xiaocong Tian. A Theory of Host Country Sentiments: An Illustration In Cross-Border Acquisitions ［J］. Academy of Management Journal, 2023, 00 (11): 1 – 31.

［267］Dasarathy B. V. , Sheela B V. A Composite Classifier System Design: Concepts and Methodology ［C］. Proceedings of the IEEE, 1979, 67 (5): 708 – 713.

［268］Don Tapscott. Growing Up Digital: How the Net Generation Is Changing Your World ［M］. New York: McGraw Hill, 1998.

［269］Dunning J. H. Trade, Location of Economic Activity and the MNE: A Search For An Eclectic Approach ［J］. International Allocation of Economic Activity, 1977, (1023): 203 – 205.

［270］Elango, B. , S. Lahiri, and S. K. Kundu. How Does Firm Experience and Institutional Distance Impact Ownership Choice In High-Technology Acquisitions ［J］. R&D Management, 2013, 43 (5): 501 – 516.

［271］Elizabeth C. Economy, "Beijing's Silk Road Geos Digital," Asia Unbound, Council on Foreign Relations, 2017 (6).

［272］Gleason, Kimberly C. Wiggenhorn, Joan. "Born Globals, the Choice of Globalization Strategy, and the Market's Perception of Performance," Journal of World Business, Elsevier, 2007, 42 (3): 322 – 335.

［273］Goldsmith, J. L. Against Cyberanarchy. The University of Chicago Law Review, 1998: 1199 – 1250.

［274］GU L. , YANG G. , ZUO R. Dual Liability and the Moderating Effect of Corporate Social Responsibility-Evidence from Belt and Road Investment of Chinese Firms ［J］. Emerging Markets Review, 2022 (50): 10083.

［275］HAN X. Risk Management, Legitimacy, and the Overseas Subsidiary Performance of Emerging Market MNEs ［J］. International Business Review, 2021, 30 (4): 1 – 14.

［276］Hymer, S. H. The International Operations of National Firms： A Study of Direct Investment ［M］. Cambridge, MA： MIT Press, 1976.

［277］J. A. Mathews. Competitive Advantages of the Latecomer Firm： A Resource-based Account of Industrial Catch-Up Strategies ［J］. Asia Pacific Journal of Management, 2002, 19 (4)： 467－488.

［278］Jia, Z. , Y. Shi, C. Yan, and M. Duygun. Bankruptcy Prediction With Financial Systemic Risk ［J］. The European Journal of Finance, 2020, 26 (7)： 666－690.

［279］JIN XJ, CHEN C. , YANG XL. The Effect of International Media News On The Global Stock Market ［J］. International Review of Economics and Finance, 2023 (89)： 50－69.

［280］Johnson, D. R. , Post, D. Law and Borders： The Rise of Law In Cyberspace. Stanford Law Review, 1996： 1367－1402.

［281］Justin Grimmer. We Are All Social Scientists Now： How Big Data, Machine Learning, and Causal Inference Work Together ［J］. Political Science and Politics, 2015 (1).

［282］KONARA P. , MOHR A. Cultural Bridging and the Performance of International Joint Ventures ［J］. International Business Review, 2023, 32 (4)： 102109.

［283］Lai M. Analysis of Financial Risk Early Warning Systems of High-Tech Enterprises Under Big Data Framework ［J］. Scientific Programming, 2022 (1)： 1－9.

［284］Lessig, L. Code and Other Laws of Cyberspace (Vol. 3). New York： Basic Books. 1999.

［285］LI J. , LIU H. K. , XIE Q. Bilateral Relations and Exports： Evidence from Google Big Data ［J］. China and World Economy, 2023, 31 (1)： 182－210.

［286］Li, J. T. , and Z. Z. , Xie. Examining the Cross-Border Acquisition Strategy of Chinese Companies： The Moderating Roles of State Ownership and Institutional Transition ［J］. Journal of Leadership and Organizational Studies, 2013, 20 (4)： 436－447.

［287］Liu Y. , Woywode M. Light-Touch Integration of Chinese Cross-Border

M&A: The Influences of Culture and Absorptive Capacity [J]. Thunderbird International Business Review, 2013, 55 (4): 469 –483.

[288] Luo Y. New OLI Advantages In Digital Globalization [J]. International Business Review, 2021, 30 (2): 101797.

[289] Luo Y. , SHENKAR O. , NYAW M K. A Dual Parent Perspective On Control and Performance In International Joint Ventures: Lessons From a Developing Economy [J]. Journal of International Business Studies, 2001, 32 (1): 41 –58.

[290] MARSCHLICH S. , INGENHOFF D. The Role of Local News In Constructing Media Legitimacy: How News Media Frames the Sociopolitical Efforts of Multinational Corporations In Host Countries [J]. Corporate Communications: An International Journal, 2022, 28 (7): 1 –18.

[291] Mary Meeker Internet Trends 2017 – Code Conference [R]. www. kpcb. com, 2017 (5).

[292] Mary, Meeker. Internet Trends (2019) [R]. https: //tech. sina. com. cn, 2019. 6. 12.

[293] Meyer, K. E. , S. Estrin, S. K. and Bhaumilk. Institution, Resources and Entry Strategic In Emerging Economies [J]. Strategic Management Journal, 2009, 30 (1).

[294] Mudambi R. , Navarra P. Political Tradition, Political Risk and Foreign Direct Investment In Italy [J]. Mir Management International Review, 2003, 43 (3): 247 –265.

[295] Mueller M. L. Ruling the Root: Internet Governanoe and the Taming of Cyberspace. MIT press, 2009.

[296] Myers, S. C. Determinants of Corporate Borrowing [J]. Journal of Financial Economics, 1977, 5 (2): 147 –175.

[297] Nicholas Negroponte. Being Digital [M]. New York: Alfred A. Knopf, 1995.

[298] Oetzel J. M. , Bettis R. A. , Zenner M. Country Risk Measures: How Risky Are They? [J]. Journal of World Business, 2001, 36 (2): 128 –145.

[299] Peng M. W. The Global Strategy of Emerging Multinationals from China

[J]. 2012, 2 (2): 97 –107.

[300] Sigletos, Paliourasg, Spyropuloscd, 2005. Combining Information Extraction Systems Using Voting and Stacked Generalization [J]. Journal of Machine Learning Research, 2005, 6 (3): 1751 –1782.

[301] Stewart M. Patrick. Belt and Router: China Aims for Tighter Internet Controls with Digital Silk Road [J]. Council on Foreign Relations, 2018. 7. 2.

[302] Tapscott. Growing Up Digital: HOW the Net Generation Is Changing Your World [M]. New York: McGraw Hill. 1998.

[303] Tharwat A. Principal Component Analysis-a Tutorial [J]. Int. J. of Applied Pattern Recognition, 2016, 3 (3): 197 –240.

[304] Tibshirani R. , Regression Shrinkage and Selection Via the Lasso [J]. Journal of the Royal Statistical Society Series B (Statistical Methodology). 1996, 58 (1): 267 –288.

[305] Tukumbi Lumumba. Kasongo, China-Africa Relations: A Neo-Imperialism or a Neo-Colonialism? A Reflection [J]. African and Asian Studies, 2010, 2 (10): 234 –266.

[306] UNCTAD (a). World Investment Report (2017) [R]. www. unctad. org, 2017 (6).

[307] UNCTAD (b). Information Economy Report (2017) [R]. www. unctad. org, 2017 (10).

[308] Vecchi A. , Brennan L, 2022. Two Tales of Internationalization-Chinese Internet Firms' Expansion Into the European Market [J]. Journal of Business Research, 152: 106 –127.

[309] Vivienne Bath. "One Belt, One Road" and Chinese Investment [J]. www. ssrn. com, 2016 (11).

[310] Wolpert, D. H. Stacked Generalization [J]. Neural Netw, 1992, 5: 241 –259.

[311] Y. Luo & R. L. Tung, "International Expansion of Emerging Market Enterprises: A Springboard Perspective," Journal of International Business Studies, 2007, 38 (4): 381 –498.

［312］Zaheer, S. Overcoming the Liability of Foreignness ［J］. Academy of Management Journal, 1995, 38 (2): 341 –363.

［313］Zaheer, S. The Liability of Foreignness, Redux: A Commentary ［J］. Journal of International Management, 2002, 8 (3): 351 –358.

［314］Zuckerberg. Building Global Community ［O/L］. www. facebook. com, 2017 (2).